김재영 인생노트

흐르는 강물처럼

김재영 인생노트

흐르는 강물처럼

초판 1쇄 발행 2020년 6월 5일
초판 2쇄 발행 2020년 8월 10일
증보판 1쇄 발행 2022년 4월 13일

지은이 | 김재영
펴낸이 | 김경옥
디자인 | 류요한
펴낸곳 | 도서출판 온북스

등록번호 | 제 312-2003-000042호
등록일 | 2003년 8월 14일
주소 | 서울시 은평구 은평로 194-6, 502호
전화 | 02-2263-0360
팩스 | 02-2274-4602

ISBN 978-89-92364-77-5 03990

잘못 만들어진 책은 교환해 드립니다.
이 출판물은 저작권법에 의하여 보호받는 저작물이므로
무단 전재와 무단 복제를 할 수 없습니다.

흐르는 강물처럼

김재영 인생노트

온북스
ONBOOKS

증보판을 내면서

나는 글 쓰는 게 원래부터 자신이 없었다. 그래서 아주 오래 전부터 살아온 이야기를 하겠다고 비망록이나 자료를 챙겨 놓고도 글 쓸 엄두를 내지 못했다. 그러다가 국제구호활동가인 한비야의 "이야기 하듯 쓰라"는 글을 보고 왠지 쓸 수 있을 것 같았다. 예전에 공무원 연수원이나 대학에서 강의할 때 가급적 내용을 쉽고 재미있게 이야기 하려 애썼고 이에 따른 평도 좋았던 기억이 용기를 더해주었다.

그리고 책을 출간하고는 주변 사람들로부터 무슨 소리를 들을런지 걱정이었는데, 다행히 책을 읽은 분들이 전화나 메일 또는 편지 등으로 보내온 소감이 예상 밖으로 좋았다. 여기에 마음으로 읽어준 분들도 있어 고맙고 기뻤다. 그런데 책이 출간되고 예기치 못한 흥미로운 일은 정작 나에게 일어났다.

나는 왜 내가 그토록 살아온 이야기를 하고 싶어 했는지 그 이유를 "이 세상에 온 흔적을 남기고 나와 함께한 인연에 고마움을 전하고 싶어서다"라고 했지만, 그 이유만으로는 뭔가 빠진 것 같아 또 다른 이유가 있다는 것을 느꼈다. 그러나 아무리 생각해도 그 느낌이 무엇인지를 알 수 없었는데 출간된 책을 읽고서야 그게 무엇인지 비로소 알게 되었다.

나는 말을 삼키는 성격에다 자신을 아끼거나 보듬어 주질 못하고 늘 자신을 짓누르며 살아왔다. 그 반동으로 "내가 누구인지"를 찾고 싶은 마음이 내면 깊숙이 자리하고 있었음을 깨달았다. 그러고 보니 나의 인생 노트인 《흐르는 강물처럼》은 내 삶의 진정한 의미와 가치를 찾아가는 내 나름의 생의 마지막 순례였던 셈이다.

　이런 가운데 출판사 온북스 사장이 책을 출간하고는 주위의 평이 너무 좋다고 하며 중앙 일간신문에 광고를 내면서 3쇄를 하게 되었다. 이를 계기로 그동안 동료나 선·후배들이 읽고 지적해 준, 그러니까 내가 빠트리거나 잘못 쓴 내용을 보태거나 바로잡고 나 또한 다듬고 싶은 문장과 내용이 있어 함께 정리하기로 마음먹었다.

　그래서 나로서는 꼼꼼히 살펴서 약간의 첨삭도하고 꽤 긴 문장이나 새로운 내용을 삽입하기도 하였다. 여기에 초판을 읽고 보내준 서평 가운데 몇 편은 내가 자랑하고 싶은 마음에 감히 이 증보판에 실었다. 삶이란 결코 혼자 가는 것이 아니라 더불어 가는 길임을 실감하면서 내 삶에 함께한 모든 인연들에게 거듭 거듭 고마움을 전한다.

메밀꽃 고장 봉평에서
2022년 봄　김 재 영

책을 열며

　새삼스레 내 삶을 돌이켜 본 인생노트인 《흐르는 강물처럼》은 내가 살아온 그대로의 행적과 생각들을 담았다. 언제부터인지는 기억이 확실하지 않지만 아주 오래전부터 죽기 전에 살아온 이야기를 하겠다는 생각을 지니고 있었다.

　은행원을 거쳐 늦깎이로 시작하여 30년간의 공직생활로 점철된 내 삶이 결코 자랑스러운 것도 아니었다. 그렇다고 공직자들의 여느 회고록이나 자서전처럼 내 경험을 후배들에게 보탬을 주기 위한 목적도 없었다. 그러면서도 그 생각을 버리지 못하는 것을 스스로도 이상하다고 생각하였다. 그래서 그저 막연하게 이 세상에 온 흔적을 남기려는 욕심이려니 했다.

　이렇듯 벼르고 벼르다가 살아갈 날이 길지 않은 나이가 되고 나서야, 내 삶에 대한 책임은 내가 지지만 많은 인연이 나와 함께한 것임을 깨닫게 되었다. 그리고 부모님을 비롯하여 수많은 인연들이 준 도움에 고마움을 전하고 싶은 마음도 있었다.

특히 내 부모님은 말 수가 적었고 밥상머리에서나 긴 겨울밤에도 나와 살갑게 이야기를 나눈 적이 거의 없었다. 이젠 부모님은 이 세상에 계시지 않지만 못해드린 이야기를 이렇게라도 들려 드리고 싶다.

그리고 내 이야기를 하면서 흥미로운 것은 자식들과 세상을 향해 못다 한 이야기를 하고 있는 자신을 곧잘 보곤 한다는 것이다. 따라서 이 책 속에서 내가 쓴 얘기들은 온전히 내가 살아온 모습 그대로의 표현이다.

이 책 속에 나오는 나와 함께 한 모든 유정(有情)과 무정(無情)의 인연(因緣)들에 진정으로 감사하고 있다. 그 인연들이 없었다면 내 이야기도 없었을 것이기 때문이다. 끝으로 내가 살아오는 동안 나로 인해 마음에 상처나 서운함이 남아있는 분들께는 이 책을 통해 진심으로 고개 숙여 사죄드린다.

메밀꽃 고장 봉평에서
2020년 봄 김 재 영

Contents

증보판을 내면서   **004**
책을 열며   **006**

제1부 공직인생 30년

1장. 세상에 개꿈은 없다   **015**

2장. 전국의 롤모델, 설악동 개발사업   **027**
    Episode 1   설악산을 좋아한 박정희 대통령
    Episode 2   잊지 못할 설악동 사람들

3장. 대통령께 건의한 그린벨트 정책   **057**
    Episode   대통령 선거로 무너진 그린벨트

4장. 지방교부세 배분, 최초로 전산화   **077**
    Episode   신생아 출생기념 저축통장

5장. 원주시의 얼굴, 원일로 정비사업   **095**
    Episode 1   사랑과 희망의 도시, 우리 원주
    Episode 2   나를 감싸준 원주의 어르신들

6장. 삶의 질을 높이는 소프트 행정   **127**
    Episode 1   너와 나 우리 되어 살기 좋은 과천
    Episode 2   민선 시장의 꿈을 접다

7장. 45년만에 영·포 한 뿌리로 통합 151
Episode 1 푸른 파도·푸른 꿈·푸른 포항
Episode 2 가뭄과 천년 거북이 이야기
8장. 아쉽게 좌절된 전자주민카드 사업 179
9장. 인사는 권한이 아니라 책임이다 193
Episode 내무부 장관 독대 보고
10장. 안전한 나라는 안전문화가 있다 215
Episode 세월호 사고에 대한 유감
11장. 나에게 공직이란 과연 무엇이었나 235
12장. 지적 기술자들과 보람찬 3년 251
13장. 내가 바라는 조국 269

Contents

제2부 나의 인생단상

1장. 인생, 산다는 것은 무엇일까   **301**

2장. 나는 어떤 사람이고 싶었는가   **309**
    장부의 잔상 1   군 복무 때 있었던 에피소드
    장부의 잔상 2   2개의 시위에 얽힌 에피소드
    장부의 잔상 3   '88서울패럴림픽 때 에피소드
    장부의 잔상 4   살아오면서 참았던 눈물

3장. 나의 가훈, 만족하고 참을 줄 아는 것   **327**

4장. 흐르는 강물처럼 순리대로 살고 싶었다   **337**

5장. 운명도 바꾸는 적선 이야기   **347**

6장. 바람처럼 다가와 구름처럼 머문 인연   **355**
    풍경 흔들고 가는 바람 같은 인연 – 학우 김정명
    목마름 가시게 하는 샘물 같은 인연 – 목사 원영희
    연꽃 만나고 가는 구름 같은 인연 – 비서관 김종구

7장. 내 인생에서 빼놓을 수 없는 것들　　　　**371**
    7-1　나를 즐겁게 한 만화와 무협지
    7-2　내 삶을 넉넉하게 해준 영화
    7-3　추억을 부르는 대중가요와 팝송
    7-4　내가 즐기는 네 가지 내기 놀이
    7-5　나의 공직생활과 경상도 사투리
    7-6　내가 남보다 잘하는 것, 잠

한 장의 사진을 바라보면서　　　　**429**

책을 덮으며　　　　**435**
책을 읽고 나서　　　　**439**

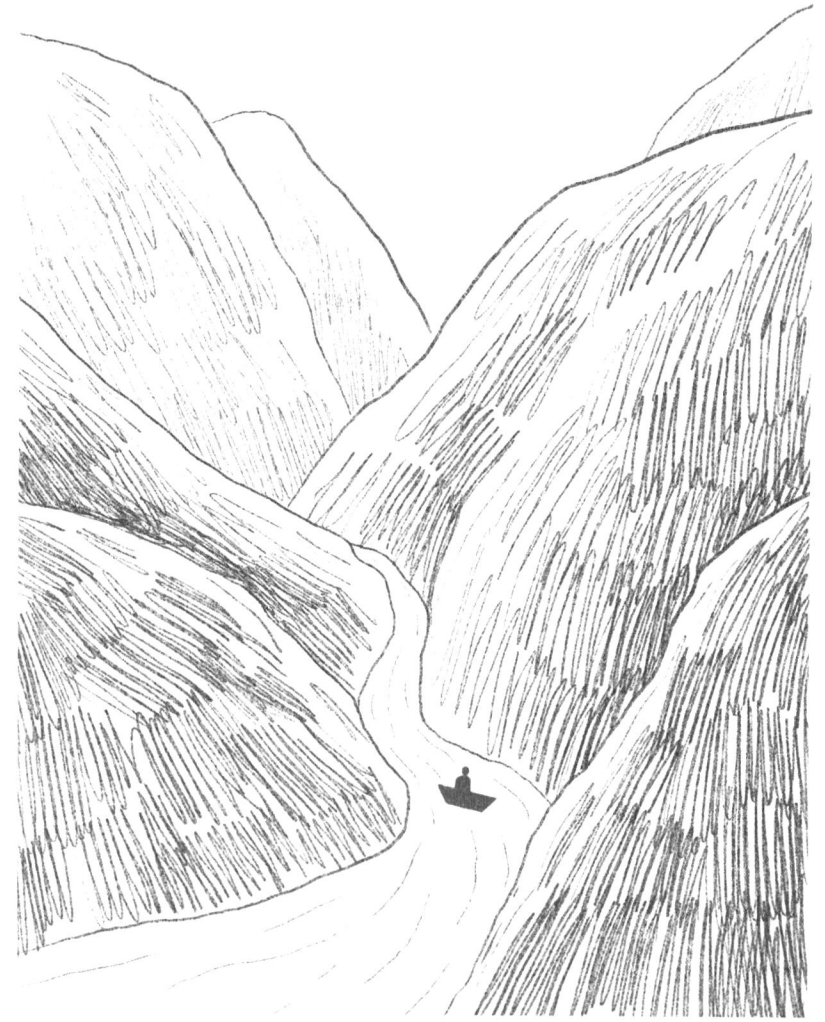

산과 강물을 스케치 기법으로 표현하여 깨끗하고 밝은 분위기를 담았다.

제1부

공직인생 30년

1장
세상에 개꿈은 없다

한일은행 성동지점 당좌계장
·
1968. 12. – 1970. 7.

흐르는 강물을 간결하고 감성적으로 표현하여
흘러간 옛 자취에 대한 분위기를 살렸다.

은행 밖에 또 다른 세상이 있었다

1970년 4월 어느 화창한 봄날, 서울 성동구 약수동에 있는 한일은행(현 우리은행) 성동지점에서 근무한지 1년이 조금 넘었을 때이다. 예비군 훈련을 가려고 문을 밀고 나서는 순간 갑자기 눈부신 햇살이 쏟아져 들어와 나도 모르게 눈을 감았다.

잠시 후 눈을 뜨니 마치 느리게 움직이는 영화의 한 장면처럼 새로운 세상이 펼쳐졌다. 밝은 햇살은 키가 높다란 플라타너스의 작은 연둣빛 잎새 사이로 쏟아지고, 소리사 가게에서는 펄 시스터즈의 님아가 꿈결같이 흘러나오고 있었다.

그리고 행인들은 가벼운 발걸음으로 분주히 움직이고 자동차 또한 경쾌하게 지나가고 있었다. 마치 모든 것이 예전에는 전혀 본 적이 없는 풍경처럼 아름답고 경이롭게 느껴졌다. 그래서 은행 문밖에는 또 다른 세상이 있다는 것을 문득 새삼스럽게 느꼈다.

그동안 은행 창구 근무를 1년 넘게 하면서 어쩐지 갇힌 것 같은 구속감을 느꼈던 감정의 반동인가 싶기도 했다. 그리고 나이를 10년 단위로 구분하는 속성 때문에 다음 10년으로 넘어가는 아홉수가 되어, 생각이 많아진 탓인가 싶기도 했다.

그날 이후 '내가 지금 여기서 무엇을 하고 있나'를 스스로에게 물어보면서 지나온 세월을 곱씹어 보았다. 그리고 이제 은행 문밖 다른 세상으로 나가야 할지 말아야 할지에 대한 고민이 줄곧 뇌리를 떠나지 않았다.

나라 지키는 군인이 되고 싶다

대구 중앙초등학교 6학년 때로 기억된다. 방과 후 같은 반 친구 집에 꽤 여러 명이 놀러 갔었다. 대학교수였던 친구 아버지가 우리를 널찍한 방에 빙 둘러앉게 하고는, 너희들은 장래 무엇이 되고 싶으냐고 한 사람 한 사람씩 돌아가면서 물었다.

모두들 우물쭈물하는데 의외로 숫기가 없는 내가, 선뜻 "나라를 지키는 군인이 되고 싶다"고 대답했더니 기특하다고 칭찬해 주었다. 그리고 장래에 무엇이 되고 싶다는 꿈을 갖는 것이 앞으로 살아가는데 얼마나 중요한지를 자상하게 설명하였다.

당시는 항일 독립투사들의 영웅담이 회자되고 우리 집에도 위국헌신군인본분(爲國獻身軍人本分)이라는, 왼손 약손가락 첫마디가 잘

린 대한국인(大韓國人) 안중근(安重根)이라는 수장인(手掌印)이 찍힌 안 의사의 유묵 복사본이 벽에 걸려 있었다.

그리고 비록 휴전은 되었지만 6·25 전쟁으로 국군 용사들의 무용담이 사람들 사이에서 널리 퍼져 있었다. 그러나 내가 꿈꾸는 군인은 북한 인민군과 싸우는 군인이 아니라 언제나 일본군을 무찌르는 독립투사였다.

봉사활동하며 애국심을 키우다

내가 경북중학교를 거쳐 경북고등학교 2학년에 다닐 때의 일이다. 나를 비롯한 학교 친구 여섯 명[1]이 조국과 민족 발전의 주춧돌이 되겠다는 뜻으로 '주춧돌회'라는 모임을 만들었다.

저자의 매형(장수천)이 그린 고교시절 초상화

주춧돌회에서 맨 처음 솔선수범하기로 한 일은 각자 새벽에 일어나 동네 골목 청소를 하는 것이었다. 아침 일찍 일어나기가 무척 힘들었지만 참고 며칠간 꾸준히 봉사활동을 했었다. 그랬더니 동네에서 칭찬이 자자해진 탓에 어쩔 수 없이 꽤 오랫동안

---

[1] 김정명·김택구·박삼옥·안석환·하광원·저자

열심히 할 수 있었다.

또 굶주리는 절량민들을 돕기 위해 정월 대보름을 앞두고는 복조리 장사도 했다. 시장에서 산 복조리를 보름 전날 밤에 부유해 보이는 집 담장 너머로, "복 많이 받으세요. 주시는 복조리 값은 굶주리는 절량민을 위해 쓸려고 합니다. 경북고등학교 주춧돌회 회원 일동"이라고 쓴 쪽지와 함께 던져 놓았다. 그리고 이튿날 방과 후에 그 집을 다시 찾아가서 복조리 값을 받았는데, 쌀 한 가마니와 보리 한 말 값이 되었다. 이를 대구 매일신문사[2)]에 기탁하고, 교회에서 나온 구호물품과 모은 헌 옷들을 노숙하는 난민에게 나누어 주기도 했다.

또 생활 형편이 어려운 항일 독립투사의 집에 생필품을 가져다드리고, 독립군의 전투담도 들으면서 나름대로 애국심을 키우기도 했다. 그때 내가 좋아했던 시는 파인(巴人) 김동환(金東煥)의 '거지 꿈'이었다. 거지 꿈이 조국과 민족을 위해 온몸을 던지는 시로 느껴졌기 때문이다.

      헌 모자 헌 구두 헌 양복입고
      다리 아래 졸고 있는 저 젊은 거지
      왕이 될 꿈을 꾸나 장가갈 꿈을 꾸나
      아니네 아니네 왕도 장가도 다 싫어

---

2) 대구매일신문(현 매일신문) 1961. 3. 10. '꽃과 샘' : 경북고 '주춧돌회' 쌀 기탁, 노숙 난민들에 의류 제공

나팔 불고 북치고 내달을 때에
앞장서서 만세 부를 그런 꿈꾸네.

학업을 중단하고 육군에 입대하다

그즈음 나의 대학 진학을 놓고 집안에서 논의가 있었다. 그런데 아버지는 별다른 말씀이 없었고, 어머니는 의과대학으로의 진학을 희망하였다. 당시 나는 천성적으로 숫자에 어두워 수학은 인수 분해도 제대로 이해하지 못하는 수준이었다. 그래서 이과 방면은 애초에 자신이 없었다. 마침 아버지가 변호사인 내 친구가 "변호사가 되면 힘없고 불쌍한 사람들을 도울 수 있다"고 말해주었다. 바로 그 말이 솔깃해서 결국은 법학과를 선택했고 연세대학교 법정대학 법학과에 지원해서 합격하였다.

한편 꿈 많고 무엇이든지 할 수 있을 것 같았던 좋은 시절은 내가 고등학교를 졸업함과 동시에 사라졌다. 왜냐하면 대구의 우리 집에서 커튼을 만들던 가내 수공업 공장이, 대량으로 제품을 생산·공급하는 기계식 공장에 밀려 운영이 어려워졌기 때문이다.

그래서 막상 대학교에 입학해서 상경했지만 하숙비가 없어 뚝섬 친척집에서 한 학년을 보냈다. 그해 겨울 부모님은 더 이상 견디지 못하고 대구의 집과 공장을 처분한 후 채무관계를 정리하고 서울로 오게 되었다. 그런데 수중에 남은 돈이 별로 없어 내 등록금을 겨우 마련해 주셨을 뿐이었다. 그리고 아버지는 뚝섬에 있는 조그마한 창고를 빌려 커튼 제조기 1대만 놓고 다시 일을 시작하였다.

 이렇듯 어려운 집안 형편이 이어짐에 따라 학업을 계속할 수가 없었다. 그즈음 3일간 단식 기도로 인연을 맺은 서울 우이동 법화사의 주지 스님이 일본 유학을 제의하였다. 여러 날 고심을 거듭하다가 스님의 제안을 거절하고 육군에 지원 입대했다. 그리고 2년 후 군 복무를 마치고 제대를 했지만, 막상 집안 사정은 더 어려워져 단칸방에서 온 가족이 지내야만 했다.

군에서 제대한 후 막노동을 하다

 따라서 나는 학비를 벌기 위해 가정교사를 해보았다. 그러나 성격에 맞지 않았고 차라리 막노동을 하는 것이 마음 편했다. 그래서 주말이면 뚝섬경마장에서 잡부로 일하거나 때로는 구호 양곡사업을 하는 사업장에서 일하였다.

 무더운 어느 여름날 하천 보수공사장에서 손수레로 모래 운반하는 일을 하는데, 운반 횟수에 따라 지급해주는 밀가루의 양이 달랐다. 그래서 밀가루를 많이 탈 욕심으로 여름 땡볕에 상의를 벗은 채 쉬지 않고 열심히 일했다. 그날 내가 얼마나 열심히 했든지 작업자 중에서 가장 많은 밀가루를 받게 되어 주위 사람들도 놀랐다. 그날 밤 햇볕에 탄 등이 아파서 밤새 잠을 못 이루고 끙끙거리는 나를 보고, 어머니께서는 돌아누워 소리 죽여 흐느끼셨다. 그리고 얼마 후 형님이 해외 근로자로 월남(越南)에 가서 돈을 보내준 덕에 집도 장만하고 나와 아우도 학업을 마칠 수 있었다.

어느덧 대학교에 입학해서 은행원이 되기까지 8년이라는 세월이 훌쩍 흘러갔다. 곰곰이 생각해보니 군 복무 기간을 제외하더라도, 5년이 넘는 기간 동안 별로 특별하게 한 것이 없었다. 고작 한 것이라고는 졸업을 앞두고 취직 공부를 해서 은행원이 된 것이 전부였다. 그런데 당시 은행원은 안정된 직업으로만 인식되었을

형 월남 가던 날 김포공항에서
어머니와 함께 (1966. 7.)

뿐, 금융인도 사회와 나라 발전에 매우 중요하고 큰 몫을 한다는 것을 미처 인식하지 못하는 상황이었다.

그래서 은행 문밖의 다른 세상으로 나가고 싶었다. 그런데 집 안 일은 형님이 있어서 부담이 없었지만, 내 나이가 공부하기에는 너무 늦은 것 같아서 딱히 마음을 정하지는 못했다.

마음을 다잡아 준 소년 때 '개꿈'

흔히 사람들은 자면서 꾼 어수선한 꿈을 '개꿈'이라고 한다. 그렇지

만 나는 마음속의 바램이 간절하지 않거나, 머리나 가슴에만 있고 이루려고 힘쓰지 않는 꿈도 개꿈이라고 생각한다. 그런 의미에서 나라를 위해 일하거나 힘없고 불쌍한 사람을 돕고 싶다는 고교시절의 내 꿈은, 떨어지는 별똥별을 보면서 소원을 빌 만큼 간절하지 않았던지 나도 모르게 하나의 개꿈이 되어있었다. 그러나 세상에 버려진 개꿈은 없었다. 망설이고 있는 내 마음을 다잡아 준 것은 밤톨머리 어린 소년 시절의 바로 그 개꿈이었다.

드디어 행정고시 공부를 하기로 결심하고 부모님께 말씀드렸다. 그랬더니 어머니는 내가 하고 싶은 대로 하라고 하셨고, 아버지는 난세에는 은행원처럼 안정된 직업도 괜찮다고 하면서 말끝을 흐리셨다. 그래서 걱정하는 두 분께 은행에 있으면 지점장이 되는 나이 쯤에, 고향에서 군수(郡守)를 하겠다고 약속드렸다. 이런 과정을 거쳐 나름대로 정들었던 은행원 생활을 접었다.

늦깎이로 행정고시에 합격하다

그리고 1970년, 눈부신 햇살에 아찔했던 봄이 가고 무덥기 시작한 어느 여름날, 봇짐을 지고 멀리서 저녁밥 짓는 연기를 시골버스 차창으로 바라보면서, 충북 괴산군 화양계곡(華陽溪谷)에 있는 채운암(彩雲庵)을 찾아갔다. 내가 29살 되던 해였다.

나는 채운암에 머물면서 불철주야로 행정고시 준비에 매진했다. 그 결과 파울로 코엘료가 《연금술사》에서 "스스로 자신의 삶의 목표를 깨달아 무언가를 간절히 원할 때 온 우주가 그 소망이 이루어지도록 도와준다"고 하는 초심자의 행운인지, 아니면 생전에 어머니께서 "머리는 형과 아우만 못해도, 운은 네가 억세게 좋다"고 하셨던 그 말이 참말이였던지, 나는 단번에 1971년 7월 제10회 행정고시에 합격하였다.

그렇지만 나는 대학 재학 중에는 2년 동안 군 복무를 했고, 제대하고 복학해 대학을 졸업한 후에는 2년 동안 한일은행에서 은행원으로 근무했기 때문에, 아주 늦진 않았지만 굳이 말하자면 늦깎이로 공무원이 된 셈이다.

아무튼 행정고시에 합격하면 자기가 근무하고 싶은 부처를 적어 내는데, 나는 부모님께 한 약속을 지키기 위해 내무부를 희망했다. 그리고 내무부에서 수습할 시·도는 집이 서울이라 가까운 강원도 춘천을 선택하였다. 이리하여 강원도청 수습 사무관을 시작으로 나의 늦깎이 공무원 생활은 전개되었다.

30년간 줄곧 공직생활을 하다

그 이후 강원도 지역계획계장·과장, 내무부 공기업과 관재계장, 청와대 경제비서관실 행정관, 내무부 재정과장, 강원도 기획관리실장, 원주시장, 과천시장, 내무부 연수원 기획부장, 국무총리실 국장, 포항시장, 내무부 공보관·지방행정국장, 민방위 재난통제 본부장, 행정자치부 차관보·차관을 거치며 30년간 줄곧 공직생활을 했다. 그리고 공직을 떠난 이후에는 대한지적공사 사장과 극동대학교 초빙교수 등을 차례로 역임했다.

　내 공직 생활에서 특이한 것은 강원도와의 인연이다. 공직생활 30년 가운데 10년 동안 강원도에서 근무했다. 행자부 차관이 되었을 때 강원도민일보[3]에서 내 고향은 경북 의성이지만, 공직생활 대부분을 강원도에서 보냈다며 '강원도에서 잔뼈가 굵은 정통관료'라고 소개했다. 그리고 퇴임을 앞뒀을 때는 강원일보[4]에서 인터뷰 기사를 통해 나와 강원도의 인연을 자세하게 소개하기도 했다. 또한 제6회 강원도민의 날에 김진선 도지사와 도민 1천3백여 명이 함께한 자리에서 강원도 명예도민이 되었다. 이처럼 강원도가 제2의 고향이 되었으나 제대로 돕지 못하면서 사랑만 듬뿍 받은 셈이다.

　이 책의 1부 '공직인생 30년' 편에서는 내가 오랫동안 공직생활을 하면서 특별히 내세울 것은 없지만, 나름대로 보람 있게 추진했거나 또는 좌절했거나 잘못 판단하였던 일들을 간추려서 진솔하게 담아보았다.

　그리고 2부 '나의 인생단상' 편은 인생에 대한 사색을 간간이 메모한 것을 정리해 실었다. 자기가 한 일이나 생각을 스스로 쓴다는 것이 한편으로는 매우 쑥스럽기도 하였다. 그러나 또 한편으로는 냉정하게 내 자신을 되돌아보는 자기반성의 기회가 되기도 하였다.

---

[3] 강원도민일보 1997. 2. 19. : '나도 강원인, 내무부 김재영 지방행정국장'
　　강원도민일보 2000. 1. 28. : '강원도에서 잔뼈 굵은 정통관료'
[4] 강원일보 2001. 3. 31. : '못다 한 강원도 사랑 실천하겠습니다'

2장

전국의 롤모델, 설악동 개발사업

강원도 지역계획계장·과장

·

1975. 1. – 1978. 10.

강원도청에서 수습사무관을 한 것이 인연이 되어 강원도에서 햇수로 무려 10년간이나 근무하였다. 처음 수습사무관으로 와서 내무부 본부로 갈 때까지 8년(1971년-1978년), 내무부 재정과장에서 부이사관으로 승진한 뒤 강원도 기획관리실장(1988년)으로 1년 그 후 원주시장(1989년)으로 1년을 일했다.

강원도에 근무하면서 가장 기억에 남아있는 것은, 지역계획계장과 과장을 하면서 추진했던 설악동 개발사업이다. 지역계획과는 건설국 주무과로 기술직 인사를 비롯하여 국립공원 관리 및 개발, 도시계획과 중기사업관리 업무 등을 담당하는 부서였다.

'설악동 사업'을 추진하게 된 배경

일찍이 육당(六堂) 최남선(崔南善) 선생은 《설악기행(雪嶽紀行)》에서 '탄탄히 쌓인 맛은 금강산이 더 낫고, 너그러이 펴인 맛은 설악산이 도리어 낫다'고 했다. 설악산(雪嶽山 : 1,708m)은 편의상 정상인 대청봉(大靑峰)을 중심으로, 백두대간의 동쪽은 외설악·서쪽은 내설악·남쪽에 있는 오색 일대를 남설악으로 구분한다.

그리고 외설악의 대표적 관광지인 설악동(雪嶽洞)은, 동해에서 불어오는 거센 바닷바람이 권금성과 마등령을 넘지 못해 해풍이 고이고 쌓이는 곳으로, 예부터 외설악을 찾아오는 탐방객의 주막촌 역할을 해 왔다. 그런데 설악산 입구에서 설악동까지 우마차가 겨우 다니던 자갈길(12km)이 1959년에 확장·포장되면서 탐방객이 많아지자, 당시 속초에서 수산업을 하던 김연수(64세) 씨 등이 배를 팔아 이곳에 여관과 점포를 지었다.

이후 전국 각지에서 심신이 지쳐 설악산을 찾아왔다가, 그대로 정착하는 사람들이 늘어나면서 관광촌으로 자리를 잡게 되었다. 비록 대부분 무허가 시설들로 무질서하게 난립된 관광촌이었지만, 1970년대에 들어와서는 매년 신혼부부 5천 쌍이 신혼여행을 왔고, 학생 60만 명이 수학여행을 올만큼 유명한 관광명소가 되었다. 또한 세계 정상에 도전하는 알피니스트들의 산악훈련을 위한 도장이기도 했다.

설악동 개발사업(안)이 확정되다

이런 상황에서 1974년 박정희 대통령이 강원도를 연초에 순시하면서, "금년 영동고속도로 새말-강릉 구간이 착공되고, 내년에 영동 고속도로가 완전 개통되면 설악산을 찾는 관광객이 급증할 것으로 예상되므로, 설악산 국립공원 개발 방안을 서둘러 강구하라"는 지시가 있었다. 이에 정부에서는 그동안 교통부가 주관하던 큰 틀의 설악권 관광종합개발계획(안)을 토대로, 수차례에 걸친 정부 관계기관 회의를 거쳐 1975년 5월 '설악동 개발사업안'(이하 '설악동 사업'이라 한다)을 확정했다.

실제로 1975년 10월 14일 영동고속도로가 개통되자, 주말에 설악동에 몰려온 1일 관광객 수가 8만 4천 명으로 개통전보다 2.5배나 많았다. 이와 같은 상황에서 확정된 설악동 사업의 내용을 살펴보면 설악산 국립공원을 보호하자는 의도가 강했다.

영동고속도로 개통 후 첫 주말 대청봉 모습 (1975. 10. 24.)

먼저 기존 관광촌은 신흥사(新興寺)의 사찰부지 4만 8천 평에 여관 43동, 상점 64개 점포, 등산로 매점 20개소, 주택 93동 등으로 주민 2백38가구 1천8백60명이 거주하고 있었다. 그런데 이 시설들은 아예 공원 밖으로 철거·이전하고 그 자리는 소공원으로 조성하기로 했다.

이어서 새로 조성하는 신단지는 기존 관광촌에서 2㎞ 아래 국유지 10만 평에 조성하되, 여기에는 호텔 2개소·여관 99동·상점 2백48개소·국민주택 1백50세대·주차장 2개소와 자동전화 6백 회선·상하수도 시설과 설악산 입구에서 기존 관광촌까지의 진입로를 확장 포장하기로 확정했다.

강원도 주관으로 추진키로 하다

이와 같은 내용의 설악동 사업은 특히 규모가 크고 투자회수도 어려워, 당시 지방자치단체의 사업으로는 적합하지는 않았다. 하지만 사업의 중요성과 시급성을 감안하여 강원도가 주관하되, 빈약한 강원도 재정을 고려하여 관계기관에서 적극 지원토록 했다.

이에 따라 기존 관광촌 정비 사업에 따른 철거 보상비 4억 2천6백만 원은 국고로 지원하기로 했다. 또한 신단지 건설사업 중 도로, 상·하수도, 주택단지 등 기반 조성사업을 제외한 부지 조성공사는 교통부 산하 국제관광공사에 위탁하고, 국제관광공사에서 투자한 사업비는 강원도가 조성된 부지를 매각하여 변제하기로 결정했다.

또한 강원도는 문화공보부 및 신흥사와 협의하여, 기존 관광촌의 설악산 국립공원 관리사무소 주변 과수원 부지를 국제관광공사에 매도하고, 국제관광공사는 매입한 부지에 설악동 관광에 선도적 역할을 담당할 수 있는 국제 수준급의 호텔을 건설하기로 했다. 그리고 본 사업 시행으로 발생하는 신흥사 측의 수입 감소분에 관한 대책은, 강원도가 마련한다는 방침을 관계 부처 회의에서 확정하였다.

특기할 것은 당시 설악동 사업은 경주 보문단지나 제주 중문단지와는 달리, 기존 관광촌 주민들이 입주하는 대단위 관광단지 사업으로서, 당시 강원도에서 시행하는 공사 중 가장 큰 사업이었다. 민자시설 사업을 제외하고도 총사업비가 73억 7천8백만 원으로, 강원일보에서는 1977년부터 2년 연속으로 새해 특집으로 보도할 정도였다.

설악동 개발사업 현장 (강원일보, 1977년 새해특집)

당시 관광 개발사업은 기본적으로 자본 회임(懷妊) 기간이 길고, 연중 관광객이 찾아오는 관광지가 전무해 성공하기 어려운 사업이었다. 따라서 설악동 사업의 성패는, 첫째 영세한 기존 관광촌 사람들을 얼마만큼 원활하게 철거하여 이전하느냐와, 둘째 신단지 부지 매각이 제대로 되느냐에 달려있었다.

이런 가운데 설악동 주민들의 진정서가 처음으로 접수된 것은 1976년 1월이었다. 그런데 진정서의 내용은 다음과 같았다.

"삭막했던 설악산 기슭에서 20년 넘는 세월 동안 온갖 어려움을 겪으면서, 오늘의 생활기반을 간신히 마련했다. 그런데 새로운 단지로 이주하라고 하지만, 주민 대부분이 새로 여관을 짓거나 상가에 입주할 능력이 없고, 갈 수 있는 사람도 영업이 어쩔지 모르니 너무나 불안하고 억울하다. 그러니 설악동 주민들이 신단지에서도 살아갈 수 있도록 영업권과 충분한 시설물 보상, 신 단지 분양 시 연고권 인정과 수의계약, 분양 대금의 장기 저리 융자지원 같은 대책들을 마련해 달라."

당시 나는 주민들의 진정 내용이 무리한 요구라는 생각은 들지 않았다. 물론 현행 제도나 관행상 어려움이 예상되었으나, 그들의 진정을 최대한 반영하기로 방침을 정했다. 그래서 건설부·교통부·내무부 등 관계부처에 공문으로만 요청한 것이 아니라, 직접 찾아가서 설악동 주민들의 실정을 설명하고 도움을 요청했다.

나의 설명은 간단했다. 설악동 관광촌 사람들은 가을 한철 장사해서 1년을 살아야 하기 때문에, 일반인이 생각하는 것보다 훨씬 더 가난하다. 따라서 신단지에 새로 여관을 짓거나 상가에 입주할 능력이 없는데 국가관광정책으로 철거·이전시키려면, 그들이 신단지에서도 살아갈 수 있도록 특단의 대책을 마련해주어야 옳다는 것이었다. 이렇듯 설악동 사업에 관한 관계 부처 국장급 회의에서도, 내가 기존 관광촌 주민 대책을 강력하게 주장하다 보니, 마치 국가 관광정책을 비난하는 것처럼 보였는지 당시 건설부 담당 국장이 "당신 공무원이요, 설악동 주민대표요" 하고 소리치기도 했다.

이러한 일련의 과정을 통해 비록 관계부처 확답을 받거나 수의계약을 할 수 있도록 관련 규정을 개정하지는 않았지만, 설악동 주민들의 요구 사항을 어디까지 수용할 수 있을지 내 나름으로 판단하게 되었다. 그래서 1976년 12월, 주민들이 진정서에서 요구한 사항에 관해 답변하기 위하여 설악동에 소재한 보리수 다방으로 갔다. 말하자면 설악동 사업에 관한 주민과의 첫 공식적인 대화였다.

내가 다방에 들어가니 자리가 부족해서 반 이상이 서있는데 분위기가 어색하였다. 그래서 "제가 못 올 자리에 왔습니까"라고 물으니, 맨 앞에 앉아있던 깡마른 분이 "여기 정보과 형사 두 분이 와 있습니다"라고 했다. 그래서 형사들은 일단 내보내고 나니, 주민들이 설악동 사업에 대한 격한 감정을 쏟아내기 시작했다. 주민들의 감정이 좀 수그러든 연후에 주민 요구사항에 대해 다음과 같이 답변을 드렸다.

첫째, 영업권 보상은 할 수 없다. 특히 무허가 영업시설에 따른 영업권은 보상해줄 근거도 없고 보상한 사례도 없다. 둘째, 대신 신단지 분양 시 연고권을 인정하여 수의 계약토록 하겠다. 여러분이 분양받은 후 웃돈을 받을 수 있도록 하는 것이 내가 할 수 있는 영업권 보상이라 생각하고 최선을 다하겠다. 셋째, 기존 시설물 보상은 충분히 하겠다. 넷째, 분양대금은 3년 거치 5년 분할 상환하고 연리 10%인 장기 저리 융자로 지원하겠다. 다섯째, 요구사항은 아니지만 취득세를 면제하겠다.

첫 만남이었고 주민 진정에 대한 답변이었음에도 별다른 논란 없이 잘 마무리되었다. 그 자리에서 앞으로 개별 민원은 개별적으로 답변하면 되지만, 공동 민원은 주민대표를 구성해서 대화했으면 좋겠다고 했다.

이후 주민 요구사항을 이행하는 과정에서 보상업무는 항상 말도 많고 탈도 많지만 단 1건의 주민 불만도 없었다. 이는 평소 강직하기로 소문난 보상담당 공무원(박노웅)이 감정평가사에게 최고 감정가를 당부하는 등의 세심한 배려가 낳은 결과였다.

그리고 수의계약은 법 규정을 위반하고 체결했다. 그리고는 1년 후 내무부 관재계장으로 발령받고 가장 먼저 한 것이, 지방자치단체 잡종재산 매각 시에 철거민에게 연고권을 인정하여 수의계약을 할 수 있도록 지방재정법 시행령을 바꾼 것이었다.

3개 일간지에 분양 광고를 내다

그 당시 도유지의 매각은 공고만 하고 광고를 한 전례는 일체 없었다. 그러나 기존 관광촌 주민들에게 할당된 숙박 및 상가 필지를 제외한 일반 공개분양이, 본 사업성공과 직결된다는 인식으로 TV와 신문에 낼 도상 분양 광고계획(안)을 마련하여 도지사에게 보고했다. 그런데 도지사는 TV 광고는 하지 말자고 하였다. 그래서 본사업의 성패는 신단지 부지분양에 달려 있다고 간곡히 말씀드렸지만 끝까지 반대하였다. 그래서 할 수 없이 TV광고는 포기하고 조선일보·동아일보·서울신문에 5단 전통으로 광고를 내었다.

곧이어 시행한 일반 공개분양은 3차에 걸친 분양으로 대부분 매각되고, 국제관광공사의 대행사업비도 차질 없이 지불하였다. 이에 따라 기존 관광촌 주민에게 할당된 숙박 및 상가에 대한 특별 분양에도 웃돈이 붙을 것이라는 예측이 나오면서, 기존 설악동 주민들과의 분양도 원활히 이뤄질 수 있다는 기대를 갖게 되었다.

이런 가운데 1977년 10월 황금연휴에 설악동에 무려 13만 인파가 몰려 서울 명동보다 더 붐빈다면서, 국민 관광시대의 막이 열렸다고 중앙 주요 일간지가 보도했다. 특별 분양을 앞두고 이보다 더 좋은 홍보는 없었다.

현장에서 도상분양을 설명하는 저자 (푸른색 잠바. 1977. 3. 19.)

도지사가 백지위임을 하다

기존 설악동 주민에게 수의계약으로 분양할 계획(안)을, 일과 후 여관에서 보름 넘게 김진선 계장[5]을 비롯한 직원들과 작업을 했다. 그때 가장 논의된 것은 추첨 순위였다. 그 결과 추첨 순위를 1순위는

---

5) 김진선 : 강원도지사 3선, 2018년 평창동계올림픽대회 유치, 2018 평창동계올림픽 조직위원회 위원장을 역임하였다.

자기 건물에서 영업하는 사람(56명), 2순위는 타인 건물을 임대해서 영업하는 사람(96명), 3순위는 상가소유자로 임대료만 받는 사람(39명)으로 정했다.

그러나 그때 나는 건물주와 임차인의 관계를, 지주(地主)와 소작인(小作人) 관계로 보고 약자인 임차인을 위한 결정이 정의라고 믿었다. 물론 건물주도 가난한 사람이 있겠지만, 임대료가 수익의 30%에 달해 임차인이 더 가난하였다. 그래서 그들에게 자기 점포를 가질 수 있는 기회를 주기로 결심했다. 이렇게 내가 고집스럽게 만든 안을 들고 박종성 도지사의 결재를 받으러 갔다. 그런데 도지사가 "보고(안)대로 되겠느냐, 김 과장이 현장에서 처리한 대로 무조건 결재하겠다"면서 백지위임을 해주었다.

추첨방법이 확정되었다는 소식이 전해지고 나니, 현지 주민들의 분위기가 심상치 않다고 했다. 특히 3순위의 사람들은 감정이 매우 격양되어 있다는 보고가 올라왔다. 그래서 당초 하루에 다하려던 계획을 만약의 사태를 감안하여, 순위별로 3일간 나누어서 하기로 하고 하루 전날 직원 두 명(홍순환·박노웅)과 함께 현지로 내려갔다.

1977년 12월 7일(수)에 시행한 1순위자에 대한 추첨분양은 전원이 참가하여 순조롭게 마쳤다. 그러나 다음 날인 1977년 12월 8일(목)에 시행한 2순위자에 대한 추첨분양은 예상과 달리 반발이 심했다. 이유인즉슨 1순위자들이 목 좋은 자리를 다 가져갔다는 것이었다. 그래서 흥분이 좀 가라앉기를 기다렸다가 내가 다음과 같이 말했다.

"현행 지방재정법상 관광 개발사업에 따른 도 소유 부지를 매각하면서, 연고권을 인정하고 수의계약을 할 수 있는 규정이 없다. 따라서 지금까지 전국 어디서도 수의 계약한 사례가 없다. 강원도에서는 법에도 없는 연고권을 인정하고, 더구나 임차인에게까지 수의계약으로 분양하는 것은 훗날 책임질 각오로 하는 것이다 그리고 목 좋은 자리는 다 가져갔다 하는데 가져간 것이 20% 정도이고, 그나마 목이 좋은지 나쁜지는 실제 영업을 해봐야 판가름 나는 것 아니냐"라고 했다. 그랬더니 2순위 대표자가 잠시 기다려 달라 하고는 자기들끼리 숙의한 후에 추첨분양을 시작해 달라고 했다. 이후 별다른 소란 없이 점심 전에 무사히 잘 끝났다.

내 생애 가장 길었던 하루

다음으로 1977년 12월 10일(토)에 시행한 3순위자들의 추첨은 애초부터 분위기가 심상치 않았다. 그래서 만약의 사태에 대비해 국립공원 사무소 직원 10여 명과 파출소 경찰관 5명을 현장에 대기토록 했다. 10시 30분까지 추첨 대상자는 39명인데 1백여 명이 몰려왔다. 그리고 건물 소유자들은 "자기들이 왜 3순위자로 밀려나야 하는지 억울하다"고 주장했다.

나는 추첨분양권은 영업보상이라는 측면에서 배려된 것이므로, 현재 영업하고 있는 사람이 우선되어야 한다고 주장하였으니 원만한 대화가 진척될 수 없었다. 이윽고 11시에 추첨을 선언했다. 추첨 선언과 동시에 평소 말이 없고 조용하던 설악여관의 할머니가 울음을 터트리자, 그동안 쌓였던 3순위자들의 울분이 한꺼번에 폭발하였다.

"김 과장 죽여라"라는 고함소리와 동시에 억세기로 유명한 할머니가 쫓아와 추첨기를 내팽개치자, 한순간에 추첨 현장은 아수라장이 되었다. 현장에 배치된 직원과 경찰들이 나를 막고 서서 몸싸움이 시작되었다. 직원들이 급히 나를 뒤에 있는 현장 사무실 안으로 들어가게 하고는 사무실 문 앞을 지켰다.

사무실에 혼자 있으려니 참으로 난감했다. 얼마간 시간이 지나자 내가 사무실에 있다고 해서 피할 수 있는 사태가 아니고, 추첨 현장으로 돌아가야 한다는 것을 절감했다. 그래서 내가 사무실 문을 열고 나가니 설악동 주민들은 밀고 있고 직원과 경찰들은 막고 있는데, 덩치 크고 힘이 센 한 사람(반세준)을 여러 명이 붙잡고 있었다. 직원과 경찰들에게 "놓아주라"고 했는데도 듣지 못한 것 같아 다시 큰소리로 "그만 놓아주라"고 고함을 질렀다. 내 큰 소리 때문인지 현장이 갑자기 조용해졌다. 사무실로 피한 내가 다시 제 발로 자기들 앞으로 나온 것이 의외였던지, 가장 격렬하던 반세준 씨도 붙들고 있던 사람들이 손을 놓자 그 자리에 주저앉아 가슴을 치면서 울음을 터트렸다.

잠시 후 흥분된 분위기가 조금씩 가라앉는 듯했다. 그러나 남자들은 더 이상 소란을 피우지 않았지만 여자들은 나를 보고 입에 담기 거북한 별별 욕을 다했다. 그중 한 여자가 "돈 먹고 1순위 주고 돈 안 준 우리는 3순위를 주었다"라고 부르짖었다. 그러자 어느 남자가 "그런 소리는 할 필요도 없다. 김 과장이 돈 안 먹는 것은 우리가 다 아는 것 아니냐"고 큰소리로 말했다.

그런 가운데 11시 55분에 속초경찰서 기동대(20명)가 현장에 도착했다. 그러나 더 이상 추첨분양을 진행할 수 있는 상황이 아니었다. 그래서 오후 2시에 하겠다고 선언하였다. 12시 20분에 국립공원 관리사무소 소장실에서 속초시 부시장·설악동장·파출소 소장·속초서 수사계장·정보과 형사들이 참석한 가운데 대책을 숙의했다.

모두가 이구동성으로 추첨분양을 며칠 연기하고, 윗분과 논의해서 진행하는 것이 좋다고 했지만 내 생각은 달랐다. 도지사로부터 전권을 위임받고 왔기 때문에 풀어야 할 대안은 내가 제시해야만 했다. 그런데 아무리 궁리해도 마땅한 대안이 떠오르지 않았다. 그래서 피해 가기보다는 정면 돌파하기로 마음을 다잡고, 오늘 추첨분양을 할 수 있는 데까지 진행하기로 했다. 그래서 동장과 관리소장에게 동 직원과 관리사무소 직원 각 한 명씩 2인 1조로 3순위자들의 집을 방문해서, '오후 2시에 추첨분양을 속개한다. 불참하면 연고권 포기로 간주한다'고 통보하고, 누가·언제·누구에게 통보했는지 명단을 작성해 달라고 했다.

나는 점심을 먹는 둥 마는 둥 하고 현장 사무실에서 줄담배만 피웠다. 우리가 통보한 2시가 되어도 아무도 나타나지 않았다. 2시 30분쯤 되어 두 분이 왔다. 그들과 이런저런 얘기를 나누면서 기다렸더니, 3시쯤에는 열 분 가량이 되었다. 더 이상 기다릴 수 없어 추첨할 사람은 추첨기 앞으로 나오라 해서 추첨을 시작했다.

그런데 추첨이 진행되는 동안 계속 많은 분들이 참여해 마지막 추첨한 사람이 29번째였다. 그날 대상자 중 일곱 분만 불참했으나 후에 다섯 분이 추가로 분양을 받아 결국 분양을 포기한 사람은 두 분뿐이었다. 설악여관 할머니의 울음으로 시작된 소란이 마무리되기까지 겨우 6시간이었지만 내 생애에서 가장 긴 하루였던 것 같다.

김 과장 별명은 '강원도 맹견'

추첨분양이 끝나고 나서 며칠 후 지사실에서 결재를 받고 나오는데, 도경국장(현. 강원도 지방경찰청장)이 들어오면서 나를 보고 "경찰에서 당신 별명이 있는데 아느냐" 물었다. 모른다고 했더니 "당신을 강원도 맹견(猛犬)이라 부른다"고 했다.

해가 바뀌면서 허허벌판이었던 설악동 신단지 일명 노루목 일대의 10만 평 부지 위에 새 관광촌의 윤곽이 드러나기 시작했다. 당시 모습은 중앙일보 기자

설악산에 종합레저타운이 선다 (중앙일보, 1978. 5. 26.)

로 있던 친구(김영배)의 도움으로 상세하게 소개되었다.

그리고 여름으로 접어들면서 기존 설악동 관광촌 철거가 시작되었다. 철거 첫날 동원된 인력이 속초시 공무원과 경찰·철거 인부 등, 1백50여 명이나 되었으나 완강한 저항으로 철거를 하지 못했다. 이튿날은 저항이 첫날 같지는 않아서 오후부터 철거가 시작되자, 주민들은 저항 없이 부서지는 건물을 보면서 눈물만 흘렸다. 철거 13일째의 내 비망 노트(1978. 6. 21.)에는 이렇게 메모되어 있다.

> 수복의 땅 설악산 기슭에 관광촌이 형성되기까지, 이곳 주민들이 겪었던 숱한 애환들을 누가 있어 기억할까. 헌 누더기 같았지만 시간이 흐르면서 정겹게 느껴지던 관광촌의 모습은 간곳없고 몰골사나운 잔해만 남았구나. 주민들을 위해 무엇인가 더 할 수 있었던 일은 없었을까.

결국 기존 설악동 숙박업자는 43명 가운데 8명, 상가 영업자는 64명 가운데 30명이 신단지로 이전했을 뿐이다. 나머지는 분양권을 팔아 쥐꼬리만한 웃돈을 받고는 떠났다.

지금에서 보면 설악동 신 관광단지의 모습은 초라하게 느껴지기도 한다. 그런데 10여 년 전만 해도 그곳은 내 삼십 대의 열정이 묻어 있는 자랑스러운 현장이었다. 하지만 당시 힘없던 설악동 사람들을 생각하면 내 가슴 한편이 아리워 진다. 그러나 후회는 하지 않는다.

Episode 1 설악산을 좋아한 박정희 대통령

　1978년 10월 가을 단풍 시즌에 박정희 대통령이 주한 외국 대사들을 설악산으로 초청할 계획을 세웠다. 따라서 이에 맞추어 설악동 사업의 공사를 마무리 지어야 했다. 그래서 그 해 9월부터 강원도 건설국장과 도로과장을 비롯한 많은 관계 공무원들이 현장에 상주했다. 특히 건설국장이 저녁 6시가 되면 어김없이 1일 결산회의를 중재하면서 각종 공사를 끊임없이 독려하였다.

　그런 가운데 10월에 접어들면서 도로과장은 목에서, 산림기사는 소변에서 피가 나와서 병원 치료를 받으면서 근무하기도 했다. 이렇게 현장 공무원이나 건설공사업체 종사자 모두가 쉼 없이 열심히 하여 행사 기일에 맞추어 끝냈다. 그러나 민자(民資)로 추진하는 호텔 건축 공사가 늦어져 박 대통령의 외국대사 초청 행사는 취소되고, 박 대통령 가족들은 단풍시즌이 끝나고 11월 11일부터 14일까지 4일간 기존 설악산 관광호텔에 머물렀다.

　박 대통령의 초청행사에 앞서 설악동 사업이 마무리됨에 따라, 나는 1978년 10월 30일 자로 내무부 공기업과 관재계장으로 발령이 났다. 그래서 강원도 지역계획과장직을 떠나게 되었다. 실은 그전에도 경상북도와 내무부에서 전출 요청이 왔었다. 그러나 당시 박종성 도지사와 후임 김무연 도지사가, 설악동 사업을 마무리하고 떠나라고 해서 사업이 마무리된 이제 비로소 옮기게 된 것이다.

아무튼 박 대통령 가족들이 떠난 직후 강원도 기획관(석영철)이 전화로, "대통령이 설악동 사업을 격찬하고 떠나셨다"고 나에게 알려주었다. 나와 동료들이 설악동 사업을 추진하면서 힘든 일도 매우 많았지만 가슴이 뿌듯함을 느꼈다. 그리고 박 대통령은 청와대 수석비서관 회의에서 "설악동 사업을 모델로 전국 관광지를 개발하라"는 지시를 하였다.

새로 조성한 설악동 관광단지가 마음에 드셨는지, 박 대통령은 이듬해의 여름휴가(1979. 7. 27.-30.)도 설악동에서 보내셨다, 그리고 3개월 후 비극적인 10·26사건으로 운명하셨다. 1978년 10월 5일 설악동 사업이 마무리된 바로 그해에 자연보호헌장을 선포할 만큼, 자연을 깊이 사랑했던 박 대통령은 유난히도 설악산을 좋아하셨다. 따라서 자주 설악산을 찾다 보니 현대 정주영 회장이 박 대통령을 모시기 위해, 1971년 강릉 경포대에 호텔을 건설했다는 얘기가 돌기도 했다.

나는 설악동 사업은 바로 박 대통령의 설악산 사랑에서 비롯되었고 또 이루어졌다고 생각한다. 이렇듯 우리나라 관광단지 개발의 전국적인 롤모델이 된, 설악동 사업을 성공적으로 마무리할 수 있었던 것은, 바로 나와 함께 동고동락한 지역계획과 직원들과 당시 공사현장의 각 부문 감독관들이었다. 따라서 나는 이분들과 함께 찍은 사진을 지금도 간직하고 있다.

설악동 사업 감독관들 (1978. 9.)
(뒷줄 왼쪽부터) ○○○·이학용(산림)·○○○·유용익(행정)·김광규(산림)·저자·이상호(건설국장)·
이완우(산림)·이희남(토목)·김남벽(산림)·안원수(토목)·김기림(산림)·이대용(산림)
(앞줄 왼쪽부터) 박호석(행정)·이근상(토목)·김용기(토목)·박원규(건축)·○○○·홍순환(행정)·
함동기 ·안종구(산림)·○○○

> 에피소드 2   잊지 못할 설악동 사람들

내가 설악동 사업을 추진하면서 이런저런 이유로 많은 사람들과 인연을 맺게 되었다. 그 가운데 몇몇 분들은 지금까지도 잊을 수가 없는 분들이다. 이제 그분들의 이야기를 써서 남기려고 한다.

❖

설악동 번영회 이원창 회장

내가 이원창 씨(55세)를 처음 만난 날은 바로 설악동 주민과 처음 상견례를 하는 자리에서였다. 경상도 사투리를 쓰고 깡마른 체구에 강인한 인상으로 논리적이고 매우 공격적이었다. 당시는 유신체제로 주민들이 정부시책을 내놓고 반대할 수 있는 분위기가 아니었다. 그래서 주민대표단의 회장을 맡는다는 것은 결국, 하고 싶은 말을 못 하는 주민을 위해 이른바 총대를 메고 정부와 다툴 수밖에 없는 입장이었다. 그런데도 그는 주민들의 간곡한 요청을 거절하지 못했다.

그는 기존 설악동 관광촌의 철거 보상과 분양 과정에서 주민의 이해와 관련된 문제에는 한 치의 양보도 하지 않았다. 그래서 설악동 사업을 원만하게 진행시키기 위해서는, 이 회장의 이해와 설득이 전제되어야 한다고 판단하였다. 따라서 설악동에 출장 갈 때마다 그분으로부터 주민들의 분위기도 듣고, 나는 설악동 사업의 진척 상황을 들려주다 보니, 개인적으로는 자연스레 허물이 없을 만큼 상호 간에 신뢰가 쌓여졌다.

이 회장은 당초 건강을 회복하기 위해 골산(骨山)인 설악산에 왔었다. 이후 건강을 회복하고도 떠나지 않고 정착한 분으로, 보기와는 달리 설악산에 애착이 남달라서 틈틈이 설악산을 화폭에 담는 감성이 풍부하고 예민한 성품이었다. 그러나 장사 수완은 없어서 부산여관의 운영은 부인이 도맡아서 했다.

어느 날 이 회장의 부산여관에 갔다가 얘기가 길어져 부인이 차려 준 저녁까지 먹고 온 적이 있다. 그날 켄 키지(Ken Kesey)의《뻐꾸기 둥지 위로 날아간 새》를 읽은 소감을 매우 비감스럽게 말했다. 그래서 나도 그 책을 읽으면서 당시 유신체제라 정부에 대놓고 하고 싶은 말을 못 하는 주민들을 위해 총대를 멘 그분의 심정을 이해하게 되었다.

내가 내무부 본부로 떠날 때 이 회장은 신단지에 여관을 지을 형편이 되지 않아서, 분양 연고권을 팔고 속초시내 여관을 임대하려고 여러 여관들을 보러 다닌다는 얘기를 들었다. 그리고 9년 후 강원도 기획관리실장으로 다시 설악동에 갔었다. 그랬더니 옛날 강원도청의 김 과장 왔다고 사발통문이 돌아 신단지 내 다방이 사람들로 꽉 찼었다.

반갑게 인사를 나누기 바쁘게 이 회장의 얘기가 나왔다. 10·26이 나고 전두환 정권 당시 노령(58세)임에도 불구하고, 삼청교육대에 끌려갔다가 올곧은 성격에 모질게 매를 맞고 돌아와서, 시름시름 앓다가 작년 여름에 돌아가셨다고 했다. 그분과의 인연을 보게 하려 했는지 바로 그날이 둘째 딸 결혼식이라 다들 다녀왔다고 했다.

부인께서 딸과 속초시장 입구에서 식당을 한다고 해서 찾아갔다. 그런데 마침 여럿이 모여 결혼식 뒤풀이를 하고 있던 부인이, 나를 붙잡고 얼마나 서럽게 오랫동안 우는지 지금도 그 모습이 잊히지 않는다. 당시 이원창 씨가 삼청교육대에 끌려갈 때 그의 부인이 "김 과장님한테 연락하겠다"고 했더니, 폐가 된다고 연락하지 말라 하고는 폐인이 되어 돌아왔다고 했다.

그 후 속초 출장길에 다시 찾아갔으나 잡화 가게로 변해있었고, 부인은 경기도 일산시에 사는 딸네 집으로 가고는 아무도 소식을 아는 사람이 없었다. 옛날 설악동 관광촌 사람들이 힘들어할 때, 그들의 억울함을 등에 지고 온몸으로 항거하다 가신 이 회장. 이제 '뻐꾸기 둥지 위로 날아간 새'처럼 영혼은 자유와 평화를 찾았으리라고 믿는다.

❖

비선대 청운정 김상란 보살

설악동 비선대 등산로에서 팔각정으로 지은 청운정 휴게소를 운영하는 분이 김상란(48세) 보살이었다. 키가 크고 조금 뚱뚱한 듯한 체격에 얼굴은 부잣집 마나님처럼 훤했고, 불심이 돈독하여 보살님이라고 불렸다. 남편이 은행 지점장까지 하고 그 퇴직금으로 청운정을 지어 운영한다고들 했다.

설악동 사업이 본격화되고 설악동에 자주 가게 되면서 등산로 코스도 오고 가곤 하였다. 공원 관리사무소 직원과 함께 가면 등산로 주변 휴게소에서 예외 없이 감자부침이나 도토리묵을 먹고 가라고 붙잡고 했다. 그중에서도 청운정 보살님은 남에게 주기 좋아하는 성품으로 유명했다.

언젠가 새벽에 혼자서 비선대를 갔다 오는데, 보살님이 휴게소 앞에서 기다리다가 내 손을 끌고 팔각정 안으로 들어가서 식사를 대접하려고 해서, 간곡히 거절하고 둥글레차 한 잔을 마시고 일어섰다. 그런데 가게에 있는 관솔로 만든 작은 새(鳥) 목각 기념품을 손에 집어 주었다. 내 눈에도 장사가 잘 안되는 것이 뻔히 보이는데 한사코 선물로 주었다.

세월이 흘러 행정자치부 차관일 때, 강원개발연구원 주관으로 척산온천에서 세미나가 개최되었다. 간 김에 새벽에 비선대 코스를 산책하는데 이제는 청운정 휴게소를 다른 분이 장사를 하고 있었다. 후문에 의하면 청운정은 진작에 남의 손에 넘기고 내외가 속초 시내 반지하 전세방에 살다가, 남편이 돌아가시고 김 보살은 서울 딸네 집에서 지내다가 얼마 되지 않아서 돌아가셨다는 얘기를 들었다.

내 서재에 아직도 놓여 있는 새 목각을 바라보면서 김 보살님의 힘든 삶에는 여러 원인이 있었겠지만, 왠지 어렵게 장사하는 분들을 도와주기보다 더 힘들게 하는 나 같은 공무원도 한몫했으리라는 생각에 죄스러운 마음이 들었다. 삼가 김상란 보살님의 극락왕생을 두 손

모아 기원드린다.

❖

나를 부끄럽게 한 두 통의 편지
▸ 3순위자 반세준의 편지

내 생애에서 가장 긴 그날이 있은 지 열흘쯤 지나서 한 통의 편지를 받았다. 편지 내용은 다음과 같았다.

"소생은 속초시 설악동에 사는 반세준(43세) 3순위자입니다. 내 나이 스물다섯인 1959년 봄에 주머니에 돈 1천 원과 쌀 석 되를 가지고 설악동에 왔습니다. 밑천이 건강한 몸이라 날품팔이하거나 심부름 값을 벌기 위해 리어카와 자전거로 설악동 상점에서 주문하는 물건을 속초 시내까지 하루 왕복 2차례 백 리 길을 왔다 갔다 하면서 짐승처럼 살아왔습니다.

그 결과 1963년 지금 10평짜리 가게를 60만 원에 매입하였으나, 장사 재주가 없어 남에게 세주고 아직도 힘든 일을 하면서 살고 있습니다. 그런데 18년간 모은 전 재산인 가게를 설악동 사업으로 날리게 되었습니다. 이제 몸도 예전과 달리 그동안 배고픔과 막노동으로, 고혈압과 신경통에 시달리고 있어 일곱 식구가 어떻게 살지 막막합니다. 살길을 찾아주세요 눈물로 호소합니다."

마음이 아팠지만 깊이 고심하지도 않았고 돕지도 못했다. 물론 그 날 난동을 부렸기 때문이 아니라, 내 꽉 막힌 재주로 도울 방법이 없다고 지레 단정하고 피했기 때문이다. 지금 생각하면 그때 내가 고집한 추첨 방식의 희생자임을 알고 그를 마주 볼 용기가 없었던 것 같다. 비록 그를 돕지 못하더라도 상심한 그의 이야기도 듣고 사과를 했어야 하는데 부끄럽다.

후문에 의하면 반 씨는 신단지 상가를 매입할 능력이 없어서, 연고권을 팔고 많은 식솔을 데리고 속초 시내로 나가서 힘든 노동일을 계속한다고 했다.

▶ 비룡폭포 매점 김청옥의 편지

설악동 비룡폭포 등산로 주변에서 매점을 운영하는 김청옥(30세) 씨라는 여자분이 있었다. 언젠가 관리사무소 직원들과 함께 길을 걷는데 반대편에서 젊은 여자 한 분이 줄곧 땅만 내려다보면서 지나쳐 갔다. 힘이라곤 하나도 없어 곧 쓰러질 것 같은 모습이었다.

직원들이 비룡폭포 등산로 주변에서 매점을 운영하는 분이라 했다. 남녀공학인 고등학교를 함께 졸업한 직원에 의하면, 얼굴도 예쁘고 공부도 잘해서 인기 있는 여학생이었다고 한다. 그런데 졸업하고 통 소식이 없다가 어느 날 혼자서 아들을 데리고 설악동에 와서 매점을 한다면서, 공원 감시원과 실랑이가 벌어지면 옷을 모두 벗어서 단속하지 못한다고 했다.

어느 날 사무실로 온 한 통의 편지를 받았다. 큼직큼직한 글씨체로 비룡폭포 등산로변에서 매점을 운영한다고 자기소개를 했다. 그리고 설악산이 온통 푸른 숲인데, 왜 매점이나 휴게소 앞마당에 허용하는 파라솔마저 같은 색을 써서 매점 분위기를 우중충하게 하느냐. 오렌지색 같은 밝은 색상을 쓰면 비온 뒤의 무지개처럼 산뜻할 것이라는 건의였다. 그때 푸른 나무에 푸른 파라솔이 조화가 되고, 밝은 색상이 오히려 유치하다는 생각에 그분 제안을 모른 체 덮었다.

세월이 흘러 다시 강원도 기획관리실장으로 근무할 때이다. 아파트 관사에서 생활하다 주말이면 서울을 다녀오곤 했다. 그때 강촌 출렁다리 건너편 강촌역사 지붕이 오렌지색이었는데 한 폭의 그림 같았다. 그런데 어느 날 강촌역사의 지붕이 푸른색으로 바뀌었는데 그렇게 우중충할 수가 없었다. 그때서야 설악동 사업을 할 때 받았던 편지를 기억하고는 나의 무지함에 얼굴이 뜨거워졌다. 후문에 의하면 재혼에 실패하고 어느 날 갑자기 쓰러져 병원으로 이송했으나, 끝내 운명했는데 나이 마흔을 겨우 넘겼을 것이라고 했다.

이처럼 내가 궁금해하는 설악동 사람들의 안부를 물어보면, 하나같이 힘겹게 살다가 돌아가셨다는 가슴 아픈 소식들이었다. 내가 들은 이 같은 후문들은 설악동 사업 때 함께 근무한 동료가 속초 부시장(최상규)으로 재직하면서 전해준 소식들이다.

❖

신흥사 주지 설악 '무산' 스님
설악동에서 만난 인연 중에 가장 고마운 인연은 설악 무산(霧山)

스님이다. 내가 스님을 처음 찾아뵌 것은 1977년 설악동 사업이 시작되던 때에, 조계종 제3교구 본사인 신흥사 주지 스님으로 오셨을 때이다. 철거하는 기존 관광촌이 신흥사 부지라서 이전하면 사찰 수입 감소가 불가피하여, 이에 대한 의견을 듣고 대책을 마련하기 위해서였다.

그런데 스님은 "사업이 무척 힘들고 어려울 것 같으니 신흥사 걱정 말고 열심히 하라"고 격려해 주었다. 실제 사업이 끝날 때까지 신흥사 측에서는 아무런 요구 사항도 없었고, 오히려 도에서 협조 요청을 하면 거절한 적이 없었다. 오현 스님으로 더 잘 알려진 무산 스님은, 등단하여 조오현(趙五鉉) 시인(詩人)으로도 알려져 있다.

오현 스님과 저자

내가 큰일 하시려니 하고 예상한 대로 만해(卍海) 한용운(韓龍雲) 선사의 사상을 선양하는 일을 하시면서, 조선일보사와 만해대상과 만해축제를 매년 만해마을에서 개최하였다. 또한 어려운 학생들에게 장학금을 지급하는 등 어려운 이웃을 남몰래 돕는 보시를 생활처럼 하시면서, 내 아들이 대입시험에 실패하여 힘들어할 때 멘토 역할도 해주셨다.

어느 날 스님이 곡차(穀茶)를 듬뿍 드시고는 발리반통리수(鉢裏飯桶裏水), 즉 '바리때 속의 밥 물통 속의 물'이라는 뜻으로 쓴 선필(禪筆)을 나에게 주시면서, 훗날 귀중한 작품이 될 것이라고, 어린애처럼 환하게 웃으시던 얼굴이 그립다.

1977년 만나서 2018년 입적하실 때까지, 장장 40년이 넘는 긴 세월 동안 스님한테 받기만 하고 고맙다는 인사도 못하다가, 2018년 5월 26일 스님이 입적(入寂) 하시고 나서야, 영전에 분향하면서 "오현 스님 고맙습니다" 하고 인사드렸다. 오현 스님! 저 김재영, 스님의 극락왕생을 일심으로 발원합니다.

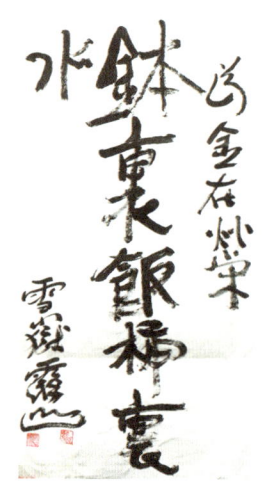

오현 스님 선필

▶ 스님 입적 후 아들이 페이스북에 올린 글
내가 오현 스님을 처음 뵈었을 때가 아마도 내가 중고등학교 시절이었지 싶다. 아버지의 오랜 지인이셨던 스님은 나를 자식처럼 챙겨 주셨다. 아니 나뿐만 아니라 많은 지인의 가족을 다 소중히, 당신의 가족처럼 챙기고 또 챙기셨다.

나는 참으로 염치없이 스님께 불쑥불쑥 놀러 갔고, 그때마다 스님은 나를 반갑게 그리고 편안하게 사찰에 머물 수 있도록 챙겨주셨다. 한 번은 오현 스님의 막연한 지인이셨던, 걸레 스님(중광)도 소개해주셔서 동자승 그림도 선물로 받고는 했었다.

오현 스님께서 낙산사에 계실 때였는데 찾아뵈면 낙산 솔길을 내 손을 꼭 잡고 걸어주셨다. 잠을 잘 때에도 당신 방에서 함께 재워주셨는데, 나의 유학시절에는 "네 아비 공무원이라 돈 없다"며 검정 비닐 봉투에 용돈을 담아주시면서, 어서 공부 마치고 들어오라고 몇 번을 당부하셨다.

귀국한지 지난 15년간 뭐가 그리 바빴는지 못 찾아뵌 것이 너무 슬프다. 작년에 식도암 수술을 받으셨다는 근황을 이제야 기사에서 검색해보고 있는 내 자신이 한없이 부끄럽다.

3장

대통령께 건의한 그린벨트 정책

대통령 경제비서실 행정관

1979. 2. – 1985. 3.

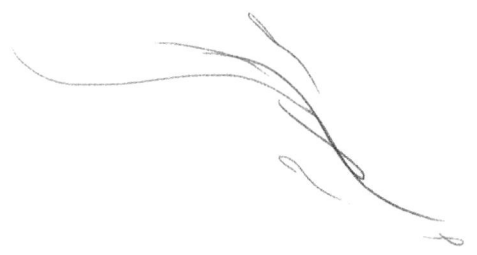

박정희 대통령은 설악동 사업으로 조성된 신 관광단지에서, 1978년 11월 11일부터 4일간 가족과 함께 보냈다. 그리고 청와대 수석 비서관회의에서 본격적으로 전개될 "국민 관광시대에 대비하여, 설악동 사업을 모델로 전국 관광지를 개발하라"는 지시를 하였다.

이에 따라 전국 관광지 개발을 총괄·지휘하기 위해 특정지역 종합 개발 추진위원회와 기획단을 설치하였다. 그리하여 기획단의 단장은 청와대 경제수석(서석준)[6]이, 부단장은 경제비서실 관광조경 비서관(오휘영)이 겸임하게 되었다. 그리고 얼마 후에 설악동 사업의 추진 실무를 담당했던 나에게 전입 요청이 왔다. 그러나 나는 이 제의를 에둘러서 거절했다.

---

6) 서석준(1938년-1983년) : 상공부 장관 역임 후 경제기획원 장관 겸 부총리로 재임 중 미얀마 아웅산 묘소 폭탄 테러로 희생되었다.

그랬더니 서석준 경제수석이 나를 불러 왜 오지 않으려 하느냐고 물었다. 그래서 나는 어쩔 수 없이 그 까닭을 말하였다. 즉 내가 은행에 다니다가 행정고시를 준비하기 위해 사표를 낼 때, 반대하시는 아버지께 은행에서 지점장 되는 나이쯤에 고향에서 군수를 하겠다고 말씀드리고 허락을 받았다. 이제 빠르면 1년 늦어도 2년이면 고향에 군수로 갈수 있어 내무부를 떠나고 싶지 않다고 대답했다.

내 말을 듣고 나서 경제수석이 고개를 끄덕이고는 이렇게 말하였다. 새로 조직되는 기획단도 1-2년이면 자리가 잡힐 것이다. 이쪽으로 오면 서기관으로 승진시켜서, 길어도 2년 내에 군수든 본부 과장이든 당신이 원하는 대로 보내주겠다고 말하였다.

그래서 곰곰이 생각해보니 내무부에 있거나 청와대 기획단으로 오거나, 1-2년이면 군수로 나가는 것은 마찬가지이고, 또 경제 수석이 이렇게까지 말하는데 끝까지 거부할 수가 없어서 좋다고 했다.

그리고 얼마 후 뜻밖에 국가적으로 큰 재앙이 일어났다. 바로 10·26 박 대통령 시해 사건이 발생한 것이다. 이 사건은 나의 공직생활에도 큰 변화를 가져왔다. 그 여파로 서석준 경제 수석이 청와대를 떠나게 되었다. 그래서 서 수석이 비서관들과 송별 만찬을 하는 자리에 행정관으로는 나 혼자만 동석시켰다. 그리고 술을 한잔 권하면서 '약속을 못 지켜 미안하다'고 말했다.

이런 어수선한 상황에서 기획단이 해체되었고, 나와 설악동 사업을 같이 하고 함께 파견 왔던 김진선 서기관을 비롯한 동료들은 모두 원 소속 부처로 돌아갔다. 그러나 청와대로 전입한 나 혼자만 남게 되었다. 그 이후로 나는 1985년 3월까지 줄곧 6년 동안 청와대 경제비서실에서 근무하였다.

건설과 교통 정책 업무를 담당하다

전두환 대통령이 취임하고 청와대 비서실에 대한 개편이 있었다. 내가 소속된 조경관광 비서관실이 폐지되고, 대신 건설부와 교통부 업무를 담당하는 국토개발 비서관실이 신설되었다. 그리고 담당 비서관으로 건설회사를 직접 운영하던 김종구 사장이 오고 연구관으로 홍철 박사가 왔다. 나를 포함하여 세 명이 모두 경북고등학교 동문이었다.

나는 청와대 재직기간 동안 김종구 비서관을 보좌하며 건설과 교통 관련 정책업무를 담당했다. 김종구 비서관이 부임해서 가장 역점을 두고 추진한 것이 건설공사 부실방지 대책이었다. 이를 위해 건설부와 건설업계 등이 참여하는 실무작업반을 편성하고 수립한 대책(안)을 대통령 재가(1980. 12. 11.)를 받았다.

그 구체적인 대책으로는 덤핑 방지를 위한 부찰제 시행·설계 및 시공 부실 방지를 위해 설계가격의 현실화·건축자재 규격화·물가연동제·감리제도 확대 등을 시행하여, 그동안 고질적인 건설 및 건축공사 부실화를 최소화할 수 있도록 제도를 보완했다. 이어서 지방건설업체 육성방안을 마련하여 실시했다.

그리고 현대 정주영 회장이 대통령에게 건의한 '서울지역 내 한강의 골재와 고수부지 활용방안'이 대통령 지시사항(1981. 10. 23.)으로 내려왔다. 이를 계기로 서울시에서 한강종합개발계획을 수립하여 추진하게 되는데 이 과정에서 비서관 역할이 컸었다. 이에 국토개발 비서관실에서 서울시로부터 한강종합개발사업의 진척 상황을 월별 보고를 받아 관리하였다.

아울러 교통 분야에서도 많은 업무개선을 이루어 내기도 하였다. 그 가운데 특히 기억에 남는 업무가 '선의의 규제와 사유 재산권이 충돌'하는 그린벨트 정책을, 정권 변화에도 불구하고 일관되게 유지되도록 대통령에게 건의하여 시행한 것이었다.

대통령이 꼭 알아야 할 정책, 그린벨트

1980년 9월 1일 전두환 제11대 대통령이 취임하였다. 그리고 바로 직후에 당시 경제수석(김재익)이 각 비서관실에서, 대통령이 꼭 알아야 할 업무를 1건씩 선정하여 보고해 달라고 요청하였다. 그런데 내가 근무하고 있던 국토개발 비서관실은, 건설부와 교통부 업무를 담당했던 관계로, 주택과 교통을 비롯한 현안 업무가 매우 많았다. 그 가운데 김종구 비서관이 자신의 의견을 다음과 같이 피력하였다.

우리 국토비서관실의 업무 특성상, 대통령의 확고한 의지가 절대적으로 필요한 정책은 '개발제한구역'(이하 '그린벨트 Green Belt')에 관한 것이다. 그런데 최근에 그린벨트의 일부가 해제되거나, 규제가 완화된다는 엉뚱한 소문이 유포되고 있다. 그러므로 그린벨트와 관련된 내용을 보고하자고 했다. 이에 대해서는 나도 기꺼이 동의했다.

그런데 비서관은 나에게 이런 견해를 제시하였다. 즉, 그린벨트의 지정 목적은 매우 바람직하였다. 그러나 지정 과정에서 야기된 불합리한 점이 현실적으로 너무 많다. 그리고 관리 측면에서도 그린벨트 내에서 할 수 있는 행위가 너무 제한적이고 엄격하다.

따라서 앞으로 그린벨트 면적의 80%인 사유지에 대한 정당한 보상 없이는, 현행 그린벨트 정책을 계속 밀고 나가기가 아주 어려울 것이다. 특히 언젠가 우리나라도 대통령 직선제가 시행되면, 일본의 경우처럼 그린벨트가 무너질 것이라 예상된다. 따라서 이번 기회에 불합리한 부분을 보완하는 것이 옳다는 것이었다.

그린벨트, 불가침 영역으로 이어지다

그러나 나는 대통령 직선제로 그린벨트가 무너지라는 우려보다는, 그린벨트에 대한 국민의식이 높아지면 자연스레 그린벨트의 관리와 보존도 나아질 것이라고 전망하였다. 따라서 그린벨트를 지정하고 10년이 됨에 따라, 이제 겨우 국민들이 그린벨트에 대한 인식이 자리 잡아가고 있다. 그런데 이 시점에서 다시 그린벨트를 보완한다고 하면 이해관계자들의 민원을 감당하기 어렵다. 어쩌면 자칫 출범 초기인 정부에 부담이 될 수도 있다. 그러니 국민 의식 수준이 선진화될 때까지 현행대로 밀고 나가는 것이 타당하다는 의견을 제시하였다.

그랬더니 비서관이 한참 동안 숙고한 다음에 이렇게 말하였다. "김 과장의 얘기도 일리가 있다. 그러니 현행대로 밀고 나가자"고 하였다. 그래서 그린벨트의 정책 기조를 현행대로 계속 유지하는 방향으로 내용을 정리하여 김재익 경제수석에게 보고하였다. 이에 따라 1980년 9월 12일 전두환 대통령은 정부 출범 후 첫 국무회의에서 다음과 같은 지시를 하였다.

"그린벨트는 후손에게 쾌적한 국토를 물려주고자 하는 국가의 백년대계이다. 따라서 앞으로도 계속 철저히 관리하여 한 평이라도 위법하게 사용되는 일이 없도록 하라."

이렇게 비서관의 결정과 나의 실무적인 정책 건의가 받아들여져서, 다행히 그린벨트 제도를 처음 시행한 박정희 정부에 이어 전두환 정부에서도, 그린벨트는 현행대로의 기조가 유지되어 불가침적인 영역으로 계속 이어지게 되었다.

그린벨트, 박 대통령의 환경철학 정책이다

인간은 본능적으로 보다 쾌적하고 살기 좋은 생활환경을 만들려고 노력해왔다. 그러나 더 나은 생활환경을 만들고 이를 후손들에게까지 물려주려는 정책은, 필연적으로 규제를 동반함으로써 언제나 풀기 어려운 난제가 되기도 한다. 대표적 사례가 바로 그린벨트가 아닌가 싶다.

그린벨트는 우리가 살고 있는 도시의 주변을 둘러싸고 있는 자연·푸른 산·전원·하천 등을 더욱 푸르고 아름답게 가꾸어서, 도시의 생활환경을 정화하고 이를 오래 보존하기 위해 누구도 이 자연 상태를 훼손하지 못하도록, 건설부 장관이 도시계획법(2003년 현 국토계획법으로 대체 됨)에 의거 지정한 지역을 말한다. 광의의 토지공개념인 셈이다.

그런데 우리나라에서 이 제도를 처음 도입하고 시행한 것은 1971년 박정희 정부 때였다. 잘 아는 바와 같이 우리나라는 지난 1962년부터 시작된, 경제개발 5개년 계획을 성공적으로 수행하여 비약적인 발전을 하게 되었다. 그러나 이 과정에서 많은 농촌 사람들이 새로운 일터를 찾아서 도시로 모여들게 되었다. 단적인 예로 1945년 광복 직후에 90만 명을 약간 상회하던 서울의 인구가, 25년이 경과한 1970년에는 5백40만 명에 이르러서 아주 심각한 인구 과밀 도시가 되었다.

따라서 이런 현상을 그냥 방치한다면, 부산·대구 등 주요 도시들도 멀지 않아 같은 문제가 발생될 것이 너무나 확실시 되었다. 이 같은 현상을 방지하기 위해 1971년 7월 서울을 비롯한 수도권을 시작으로, 1977년 4월까지 8차에 걸쳐 전국 21시 39군 1백86개 읍·면·동에, 국토의 5.5%인 5천3백97㎢를 그린벨트로 지정 고시하였다.

나는 박정희 대통령이 그린벨트 정책을 시행하게 된 근저에는 평소 자신이 일관되게 갖고 있던, 자연보호·산림녹화 같은 '자연사랑과 국토사랑'이라는 환경 철학이 바탕이 되었다고 믿고 있다.

선의의 규제와 사유 재산권의 충돌

그런데 그린벨트는 쾌적한 국토의 유지라는 국가의 백년대계를 위해서는 반드시 필요하지만, 가장 큰 문제는 그린벨트로 지정된 지역의 80%가 사유지로서 개인의 재산권을 제한하는 강력한 규제 정책이었다는 점이다. 그럼에도 불구하고 지정 과정이 치밀하지 못하여 주민들과의 소통이나 홍보 등 미흡한 점이 많았다. 따라서 그린벨트 무용론을 비롯하여 전국에서 끊임없이 민원이 제기되고 불법과 탈법이 성행하고 있었다.

그러나 그린벨트 보전을 최우선으로 하는 통치권자의 확고한 의지에 따른 엄격한 유지 관리로, 수많은 민원이나 건의는 일체 받아들여지지 않았다. 1971년 그린벨트 지정 이후 9년(1972년-1979년) 동안 무려 2천5백여 명의 공무원이 그린벨트 관리소홀을 이유로 징계를 받았다. 1979년 10·26이 일어났던 그 한 해에도 그린벨트의 관리 실태를 조사한 결과에 의하면, 시정 조치 건수가 1천6백18건이었고 문책된 공무원은 3백50명이었다.

내가 강원도 기획관리실장 때로 기억된다. 경기도 하남시장이 황급하게 전화를 했다. 내용인즉슨 "내무부 감사과에서 관내 그린벨트 관리에 문제를 지적하면서 경위서를 쓰라고 한다"면서, 청렴하고 깐깐하기로 소문난 감사반원(김동복)이 바로 내 친구가 아니냐며 도움을 요청했다. 이처럼 당시 그린벨트는 모든 공무원들이 처벌이 두려워 철저하게 관리하고 있었다.

군부대도 예외가 아니었다. 1977년 내가 그린벨트 관리 업무가 소관이던 강원도청 지역계획 과장으로 재직할 때는, 군부대에 의한 그린벨트 훼손을 막기 위해 청와대 행정관이 와서 2군단 지휘관들에게 집합교육을 하기도 했다. 이처럼 그린벨트는 단 한 번의 구역 변경 없이 신성불가침 지역으로 관리되어 왔다.

참고로 우리보다 앞서 무질서한 도시의 확산을 막고, 도시 주변의 자연환경을 보전하려는 제도를 도입한 외국의 대표적인 나라로는, 일찍이 도시가 발달한 영국의 경우를 들 수 있다. 영국은 1946년 수도 런던 주변에 폭 10-20㎞의 그린벨트를 설치하였다.

그리하여 일반 건축물과 토지의 형질 변경 등을 억제하고, 다만 영농을 위한 농경 사업과 주택은 방 한 칸 정도의 증축이나, 변소·목욕탕 같은 부속 건물만을 증축할 수 있도록 하였다. 이렇게 함으로써 오늘날 영국은 많은 녹지대를 확보하여 살기 좋은 생활환경을 누리고 있다.

그러나 이웃 일본의 경우는 1958년 수도 동경 근교에 폭 10㎞의 녹지 보전 지구를 특별법으로 지정하였다. 그러나 각종 선거로 인해 일관성 있는 관리 행정을 하지 못한 결과, 시가화 지역으로 잠식되어 오늘날 많은 도시 문제가 야기되고 있다.

❖

그린벨트 관리실태 사례, 과천시

내가 1980년에 청와대 경제비서관실 행정관으로서, 그린벨트의 지속적인 유지 정책을 입안하여 대통령께 건의한지 11년이 경과하였다. 그렇다면 실제로 그린벨트가 어떻게 관리 운영되고 있으며, 어떤 문제점을 안고 있는지에 대한 구체적인 사례를 과천시의 경우를 통해 소개하겠다.

1991년 내가 과천시장으로 부임해보니, 면적이 겨우 35.8㎢ 정도인 조그마한 도시의 92%가 그린벨트로 묶여 있었고, 이에 따른 그린벨트 내 불법 비닐하우스 처리 문제를 놓고 골머리를 앓고 있었다. 혹자는 기억하겠지만 비닐하우스는 1960년대 중반 박정희 대통령이, 도시 근교의 가난한 농민들이 신선한 채소와 과일을 생산하여 도시민에게 공급함으로써, 소득을 증가시키기 위해 내놓은 처방이었다.

그린벨트 내 불법 비닐하우스 성행

이에 따라 농촌을 떠나 도시로 나왔지만 막상 오갈 데가 없는 사람들이, 대도시 근교 비닐하우스에 살면서 채소와 과일을 생산하여 서울을 비롯한 대도시에 공급하기 시작했다. 이 같은 농업용 비닐하우스는 1980년대 후반부터 우루과이 라운드에 대처해, 일반농가가 화훼 재배로 전환하면서 더욱 늘어나기 시작하였다. 그리하여 과천을 비롯하여 경기도 하남·고양·양주 등 서울 근교에서 우후죽순처럼 비닐하우스를 설치하고, 용도를 주거와 창고로 사용하는 불법이 기승을 부리고 있었다.

과천시의 경우 그린벨트 내 비닐하우스를 전수 조사한 결과 총 2천165동 8백22세대로 나타났다. 그런데 전체 비닐하우스 중 95%는 야채나 화훼 재배 등 농업행위를 하면서 내부에 주거시설을 설치한 농업용 비닐하우스였다. 그리고 나머지 5%는 거의가 어려운 사람들로서, 그린벨트가 해제되어 개발되면 보상이나 입주권을 받을 수 있다는 기대감으로, 평당 50-100만 원 정도를 주고 입주해 살고 있는 불법 주거전용 비닐하우스(이하 '불법 비닐하우스')였다.

불법 비닐하우스 철거에 따른 고민

불법 비닐하우스는 청와대 경제비서관실에서 근무할 때 그린벨트 보전 관리에 첨병역할을 했던 나로서는 마땅히 철거해야 했다. 그러나 설악동 사업 당시의 주민과 이후 내가 원주시장 재직 시의 노점상들이 눈에 밟히기도 하였다. 솔직히 힘겹게 살아가는 사람들에게 어떤 대책도 없이 철거한다는 것이 썩 마음에 내키지 않았다. 그래서 관내 비닐하우스 전수 조사 결과를 놓고 여러 날을 궁리 끝에 처리 방침을 정했다.

먼저 그린벨트에서 적법한 화훼 재배에 관해서는, 그들이 요청하는 화훼 집하장 시설과 이에 따른 상하수도·도로 포장 등 기반시설을 적극 지원하여 그린벨트 내 화훼 재배를 활성화시켰다. 그리고 이미 발생된 불법 비닐하우스는 그냥 놓아두기로 하되, 신규 불법 비닐하우스는 절대 허용하지 않겠다는 방침을 세웠다.

미온적 그린벨트 관리는 악순환만 초래

이에 따라 새로 발생하는 불법 비닐하우스를 막기 위해, 그린벨트 단속계장을 책임감이 강하고 우직스러운 공무원(이창헌)으로 교체했다. 아울러 임시직인 그린벨트 단속원도 3명에서 5명으로 증원하고 그린벨트 감시 초소도 추가로 설치하였다. 그럼에도 불구하고 겨울철에 뜸했던 불법 비닐하우스가 날씨가 따뜻해진 5월부터 다시 늘어나기 시작했다. 어느 날에는 밤사이에 2동이나 새로 늘어나기도 했다.

그래서 7월에는 두 차례 8월에도 한 차례 철거했는데 그 속에서 피아노와 골프채도 나왔다. 이처럼 불법 비닐하우스가 성행하는 것은, 그린벨트 관리 공무원에게 산림·환경·위생 공무원들에게 주어진 준사법권이 없어서, 불법 행위자를 고발하지 못하는 것도 하나의 원인이기도 했다.

그런 가운데 단속 계장과 과천 동장이 함께 시장실에 와서, 기존 불법 비닐하우스를 그대로 두면서 신규 불법 비닐하우스만 철거하니까, 반발도 심하고 계속 발생하는 악순환의 원인이 되고 있으니 기존 불법 비닐하우스도 철거하자는 의견을 제시했다.

그러나 나는 철거하는데 계도 기간을 부여해 주면 날이 추워지니까 일단 그냥 두고 보자고 했다. 하지만 나의 내심은 임명직 시장들의 재임기간이 1-2년 밖에 안 되므로 피해 갈 수도 있다는 잠재적인 심리가 있었다.

관내 불법 비닐하우스 모두 철거하다

그러나 나는 연말 정기 인사에서 이동이 없었다. 4월에 들어서 기존 불법 비닐하우스에 교회가 생긴 것이다. 그리고 감사원 그린벨트 감사에서 작년 건설부 감사 때 철거 지시를 받고도, 아무런 조치를 하지 않고 방치하고 있어 엄중 문책을 검토하고 있었다. 원칙을 저버린 시장의 임기응변적인 미온한 대응으로 성실한 공무원들이 징계를 받게 되었다.

그래서 당초의 유연한 방침을 접고 기존 불법 비닐하우스를 철거하기로 했다. 철거 대상은 모두 115동 204세대나 되었다. 철거 일자를 통보하고 얼마 되지 않아 운동권 전문 시위자들이 몰려와서, 구호와 운동권 노래와 조직적인 대응 방법을 가르치기 시작했다.

그런 가운데 철거일이 가까워지자 철거민 120여 명이 시청 마당에서 집단농성을 연 사흘 이어갔다. 이젠 공무원들이 철거를 감당할 수 있는 상황이 아니라고 판단되어 철거 전문 업체에 의뢰하였다.

먼저 서울 양재동과 접해있어 관내 불법 비닐하우스의 반 이상이 밀집되어 있는, 주암리 속칭 용 마을 불법 비닐하우스의 철거를 강행했다.[7] 새벽부터 철거민 2백여 명과 운동권 학생 수십 명이 전문 시위 꾼의 지휘 아래, 도로에 나무와 고무 타이어와 가스통을 쌓아서 바리케이드를 치고 있었다.

오전 9시에 공무원과 철거 용역 팀이 마을에 진입하려고 하자, 그들은 바리케이드를 친 나무와 고무 타이어에 불을 지르고 가스통을 4통이나 굴렸다. 다행히 터지지는 않았지만 두 시간 동안 격렬한 저항이 있었다. 오전 11시에 경기도 경찰 3개 중대 병력이 투입되자, 전문 시위 꾼과 운동권 학생들이 몸을 피하면서 저항이 수그러들었다. 이런 주암리 철거를 지켜본 여타 지역에서는, 체념한 듯 별 저항이 없었고 일부는 스스로 비닐하우스를 떠나기도 했다.

후손들을 위해 그린벨트는 지켜야 한다

그런데 새로운 사태가 발생하였다. 철거민 2백4세대 가운데 갈 곳 없는 1백3세대가, 용 마을 4백여 평 공터에 세대 당 3평 크기의 천막을 치고 집단으로 생활 겸 농성을 시작한 것이다. 그들에 대한 대책이 여의치 않았다. 적극 지원하자니 장기화가 우려되고 외면하기에는 생활환경이 너무나 열악했다. 생계 대책으로 환경미화원으로의

---

7) 과천시대 1992. 6. 25. : 불법 비닐하우스 2백 세대 철거

취업 등을 알선한 것이 10명도 채 되지 않았다. 그리고 날이 추워지면서 화재 및 동사가 우려되어 동절기의 셋방 구입비로 월세 3개월분을 지급했을 뿐이다.

또다시 해가 바뀌고 제대로 된 대책도 없이 날씨가 따듯해지는 6월에는 텐트를 철거하겠다는 고지를 하였다. 그러나 철거가 되기 전인 3월에 내가 먼저 과천을 떠났다.

어떻든 과천시장 재임 중에 그린벨트의 탈법과 불법을 막는다는 것이 얼마나 힘든 일인지를 알았다. 그러나 아무리 힘들고 어렵다고 해도 공무원들은 후손들을 위해 그린벨트를 온전히 지켜내야 한다는 것이었다.

> Episode **대통령 선거로 무너진 그린벨트**

그린벨트는 박정희 정부 때 도입된 이래 전두환 및 노태우 정부, 그리고 김영삼 정부까지 25년 이상 큰 훼손 없이 비교적 잘 지켜져 왔다. 그러나 개발이 예상되는 그린벨트 땅의 주인은 그동안 돈 많은 외지인과 투기꾼으로 바뀌었다. 그리고 그들은 전국 그린벨트 주민 대책위원회를 결성하였다.

이후부터 그들은 이런 논리를 폈다. 즉 "그린벨트는 녹지 보전이란 명분 아래 정당한 절차나 보상 없이 도입되었다. 그리고 실제 녹지를 더 많이 보전하는 효과도 없이 개인 사유권만 침해하고 있다. 따라서 그린벨트는 마땅히 해제해야 한다"는 명분을 내세우고, 대통령 선거 때가 되면 각 후보 진영을 찾아가 전국 1백만 그린벨트 유권자가 있다면서 그린벨트 해제를 요구했다.

결국 1997년 제15대 대통령선거 때 김대중 후보가 그린벨트 조정을 대선 공약에 포함시켰다. 당선 이후 1998년 헌법 불합치 판결이 나왔다. 이에 따라 김대중 정부는 전체 그린벨트의 29.2%인 1천5백77㎢를 2020년까지 해제하기로 방침을 정하였다. 그리고 우선 1999년에 중소도시의 그린벨트를 전면 해제하였다.

이어서 노무현 정부는 국민 임대주택을 짓기 위해 수도권 그린벨트 약 50㎢를 풀었고, 이명박 정부는 보금자리 임대주택을 짓겠다고 수도권 그린벨트 308㎢를 해제하였다. 이때 이명박 대통령은 "헬기에서 내려다보니, 서울 근교 그린벨트는 온통 비닐하우스로 가득 차 있다"라고 말했다.

이는 비닐하우스가 주거 전용이나 창고 등 불법 비닐하우스는 많지 않고, 대부분 적법한 농업용 비닐하우스로서 야채·과일·화훼 재배로, 대도시 사람들의 식탁과 입맛을 바꿔놓은 것을 간과한 듯했다.

박근혜 정부도 예외는 결코 아니었다. 면적 30만㎡ 이하 그린벨트 해제는 시·도지사가 풀 수 있도록 하였고, 그린벨트 내 편의시설이나 공장에 대한 입지 및 건축규제도 대폭 완화했다. 그리고 그린벨트 내 무허가 창고와 축사는 전체 면적의 30%를 공원녹지로 조성하면 양성화시켜 주도록 했다. 최근 문재인 정부는 집값 잡겠다고 규제정책을 쏟아냈지만, 오름세가 꺾이지 않자 그린벨트를 지켜야 할 중앙정부가, 그린벨트를 풀자고 서울시와 염치도 없이 실랑이 하는 것을 보았다.

혹자는 그린벨트가 녹지 훼손의 총량을 줄이지 못한 실패한 정책이라고도 한다. 그런데 녹지는 총량보다 더 중요한 것이 녹지의 위치다. 따라서 시골 녹지보다 대도시 주변의 녹지를 지키려는 것이 당초 그린벨트 지정의 근본적인 목적이다.

그린벨트를 유지하는 힘은 바로, 공공성

흔히 그린벨트 정책이 박정희 정부 때 도입되었다고 해서 군사독재의 잔재라 생각하는 경향이 있다. 그럼에도 불구하고 지난 반세기

동안, 사유 재산권을 최우선으로 하는 자본주의 시장경제 체제에서 정당한 보상도 하지 않을 뿐만 아니라, 현실적으로도 불합리한 점이 많은 그린벨트가 유지되고 있는 것은, 이 제도가 가지고 있는 공공성에 대한 국민들의 지지 때문이라고 판단한다.

국토교통부는 그린벨트가 더 이상 훼손되지 않도록 지켜야 한다. 이를 위해 그린벨트에 대한 국민 공감대를 이룰 수 있는 방책을 강구해 나가야 한다. 예전에 우리나라의 그린벨트도 일본처럼 대통령 선거로 무너질 것이라는, 나의 옛 상사인 김종구 비서관의 예측은 어김없이 적중했다.

반면에 그린벨트에 대한 국민의식이 높아지면, 자연스레 그린벨트의 관리와 보존도 나아질 것이라는 나의 전망은 빗나가고 말았다. 그러나 앞으로는 그린벨트에 대한 국민적인 지지를 감안하여, 후손들을 위해 그린벨트를 지키겠다고 공약하는 대통령 후보가 당선되어, 나의 예측이 맞는 세상이 오기를 기대해 본다.

4장
지방교부세 배분, 최초로 전산화

내무부 재정과장

·

1985. 3. – 1986. 12.

6년 동안의 청와대 경제비서실 근무를 마치고 내무부 지방재정국 재정과장으로 발령을 받았다. 내무부는 1948년 대한민국 정부 수립과 동시에 중앙 행정기관으로 발족하였다. 그리하여 지방행정·선거·지방재정·지방세·지방자치단체 지도와 감독·민방위와 재난 관리 및 소방에 관한 사무를 관장하고 있었다.

내무부, 지자체 인사·재정에 막강한 권한

1961년 5·16 군사 혁명 직후 '지방자치에 관한 임시 조치법'이 시행되면서, 내무부는 지방자치단체(이하 '지자체')를 지도·감독하는 수단으로 인사와 재정에 관한 막강한 권한을 갖게 되었다. 이와 관련하여 인사 업무는 지방행정국 행정과에서, 재정 업무는 지방재정국 재정과에서 각각 담당하고 있었다.

그런데 당시의 지방자치단체장의 인사 제도는 다음과 같이 이루어지고 있었다. 즉, 서울특별시장은 국무총리의 제청으로 대통령이 임명하고, 직할시장과 도지사는 내무부 장관의 제청으로 대통령이 임명하며, 시장·군수·구청장은 직할시장 또는 도지사의 추천으로 내무부 장관이 제청하여 대통령이 임명토록 되어 있었다. 따라서 행정과는 주로 이와 관련된 업무를 맡아서 처리하였다.

재정과의 핵심 업무, 지방예산 승인·지방교부세 배분

그리고 지방의회 의결을 요하는 지자체 예산 승인은 서울특별시는 국무총리의 승인을 얻어 시행하고, 직할시와 도는 내무부 장관의 승인을 얻어 시행했다. 시·군·구청의 경우 직할시장과 도지사의 승인을 얻어 시행하고 있었다. 이와 관련된 업무는 재정과에서 맡아서 처리하였다.

내가 재직할 당시의 재정과는 6개의 계(係 : 재정·예산·교부세·공기업1·공기업2·관재)로 나누어져 있었고 직원은 30여 명이었다. 이처럼 적은 인원으로 지방재정에 관한 많은 업무를 처리하는 것이 가능했던 이유는, 계장과 직원 모두가 전국 지자체에서 발탁되어 온 일당백의 유능한 공무원들이었기 때문이다. 그러나 소관 업무를 연구·발전시키는 데는 어쩔 수 없는 한계가 상존했다.

그런데 재정과가 지자체의 재정 운용을 조정하는 2개의 핵심 카드는, 지방예산의 승인과 지방교부세의 배분에 있었다. 지방예산의 승인은 서울특별시장을 제외한 전국 지방자치단체장과 내무부 장관과는 사실상 수직적 상하관계로, 재정과에서 시달하는 지방예산편성지침을 어기는 경우가 별로 없었다.

따라서 불필요한 경상경비를 억제하거나 지방자치단체장의 선심성 사업을 최소화하는 등 건전한 재정운영에는 효과적이었다. 그러나 이로 인해 '적자 예산은 나쁘다'는 인식이 확산되어 지방자치단체장이, 능동적으로 기채나 채무부담 행위를 통해 주민 편익 사업이나 수익성 사업을 추진하는 경우는 극히 드물었다. 재임 중 전남 여수시장(송재구)이 추진한 사업이 유일했던 것으로 기억하고 있다.

지방교부세가 없어서는 안 되는 이유

이렇듯 지방 예산 승인과 관련해서는 이따금 중앙 각 부처에서 추진하는, 지방비 부담을 요하는 시책 사업으로 의견 대립이 있었다. 그러나 예산계장(이관종)을 포함하여 직원 5명이 별 말썽 없이 업무를 잘 수행하였다. 그런데 지방 예산 승인 업무와는 달리, 지방교부세의 배분과 운영을 놓고는 논란이 끊이질 않았다.

우리는 일상생활 속에서 교육복지·쓰레기처리·상하수도·도로·치안·소방 등 다양한 행정서비스를 받고 있다. 그런데 이러한 행정서비스의 대부분은 지자체가 제공하고 있다. 따라서 우리가 전국 어느 지역에 살더라도 일정 수준의 행정서비스를 제공받아야 하는 것은, 사회적 공평을 달성하는데 필수적인 조건이라고 할 수 있다.

그러나 각 지자체마다 재정 규모와 재정력에서 현격한 차이가 있었다. 그래서 전국 수준의 행정서비스를 제공할 수 없을 뿐만 아니라, 자체 수입으로는 인건비도 충당 못하는 지자체가 부지기수였다. 1985년을 기준으로 서울을 제외한 전국 1백89개 지자체 중 1백27개 지자체(64%)가 이에 해당하였다. 따라서 지자체 간의 이런 불균형을 합리적으로 조정하기 위해서 도입한 제도가 바로 지방교부세 제도인 것이다.

다시 말해서 지자체 간 재정력의 격차를 완화하고 균형을 잡아주기 위해, 중앙정부가 지자체에 교부하는 재원이 바로 지방교부세인 것이다. 이와 같은 지방교부세는 각 지자체의 재정 부족액을 산정하여 용도에 제한을 두지 않고 교부하는 보통교부세와, 일정한 조건을 붙이거나 용도를 제한해 교부하는 특별교부세가 있었다.

지방교부세, 내무부와 기획원 간 인식 차이

내가 재정과장으로 재직할 당시에는, 1962년 시행된 지방교부세법에 따라 매년 징수하는 내국세 총액의 13.27%를 의무적으로 지방재정에 배분토록 규정되어 있었다.[8] 이를 두고 내무부와 나라살림을 총괄하는 경제기획원(이하 '기획원', 현 기획재정부) 간에는 엄연히 시각적인 차이가 있었다.

---

8) 지방교부세 : 1985년 재직 시에는 1조 원이었으나, 2019년 지방교부세 총액은 57조 7천92억 원에 달했다.

우선 명칭부터 달랐다. 내무부에서는 지방교부세라 하고 기획원에서는 중앙정부에서 교부되는 재원이라는 측면에서 지방교부금이라고도 했다. 그리고 내무부의 주장은 원래 유흥 음식세 등은 지자체가 지방세로 징수하는 것이 마땅하다. 하지만 지자체 간의 세원(稅源) 불균형이 심해 국가가 대신 국세로 징수해서 넘겨주는 지방세적 성격을 가지고 있다. 따라서 지방교부세는 국가로부터 단순히 지원받는 교부금이 아니라, 일종의 간접 과세 형태의 지방세로서 지자체의 자주적 독립 재원으로 본다는 것이다.

이에 반해 기획원에서는 지방교부세는 온전한 국세를 빈약한 지방재정을 지원하기 위해 교부해주는 국고 재원이다. 이에 따라 지방교부세법 상의 법정 요율을 폐지하고, 매년 국가 예산이 정하는 바에 따라 지방교부금 규모를 정하여 지원하는 것이 효율적인 국가 재정 운용이다라고 주장했다.

기획원이 이 같은 주장을 펴는 배경에는 매년 1조가 넘는 재원을 지방재원으로 내무부에 넘기면서도, 전혀 관여할 수 없는 제도에 대한 불편한 속내도 있었다. 하지만 내무부가 지방교부세를 운영하면서 보통교부세의 경우는 배분의 세부 기준과 방법을 구체적으로 명문화하지 않았고, 특별교부세의 경우는 아예 일정액은 배분 내역을 공개조차 하지 않고 있었다.

따라서 내무부가 기획원에게 빌미를 제공한 측면도 있었다. 아울러 내무부의 이런 주먹구구식의 불분명한 배분 방식은, 지자체로부터도 신뢰받지 못하는 하나의 원인이 되기도 했다.

1조 원 넘는 지방교부세를 '수계산'으로 배분

보통교부세의 배분은 1962년 지방교부세의 제도가 실시된 이후, 내가 재정과장으로 오기까지 한결같이 엄청난 시간과 많은 인력이 필요한 수계산(手計算)에 의존하고 있었다.

따라서 교부세계의 직원 4명이 암산 전문 여직원과 함께 일주일 꼬박 주야 작업을 해도, 전국 1백89개 지자체에 단시일 내에 일괄 배정할 수 없는 실정이었다. 따라서 배정작업은 먼저 도 분과 시·군 분의 몫으로 나누고, 다시 시·군 분은 각 도별로 시·군 분 총액만 배정하면 도에서 다시 시·군별로 배정작업을 수행해 왔다.

이 같은 시·군 분의 배정은 내무부에서 시달된 내부 지침에 의해 시행되었다. 그러나 보정 자료와 산정 과정이 복잡하여, 각 도에서 배정할 때 적용되는 산정 기준이 다소의 차이가 발생하고 있었다. 따라서 전국 지자체의 배정 내용을 널리 공유하지 못하고 있었다.

마침 내년(1986년)부터 시행되는 단계적인 지방자치제 실시를 앞두고, 지방자치에 대한 공청회 등이 거론되고 있었다. 그래서 나는 기획원과 지자체로부터 동시에 불신을 받고 있는, 지방교부세의 운영방법을 개선하는 것이 절실하다고 판단했다. 지방교부세 가운데 특별교부세는 손질하기 어려운 분위기였지만 보통교부세는 달랐다.

일단 지방교부세의 배정방법을 개선하기 위해 교부세계 직원들과 의논하였다. 그 결과 보통교부세의 배분 기준과 내용을 모든 지자체가 공유해도 별문제가 없다는 것이었다. 왜냐하면 그동안 기준 재정 수입액과 기준 재정 수요액을 합리적으로 측정하기 위해 지속적으로 산정 방법을 보완해 왔기 때문이라고 했다.

그러나 보통교부세를 공개하려면 현행 수작업에 의한 보통교부세 배분을 전산화하는 것이 바람직하다. 따라서 전산화 작업과정에서 현행 배분 기준과 내용을 재정전문가들로부터 검토를 받아 보자는데 의견을 모았다.

당시에는 지방재정은 국가재정에 포함된 개념으로 인식되어 지방재정 전문가는 따로 없었다. 그래서 대학교수와 경제전문가로 구성된 지방경제연구회의 발족을 주선하고, 전산화 방안에 대한 용역을 지방경제연구회에 의뢰했다.

전국 지방교부세 배분 내용을 공개하다

그리고 교부세계와 연구용역팀[9]이 밤을 새워가며 토론을 하였다. 그런 과정을 통해서 보통교부세의 배분기준과 비용을 보완하고, 아울러 기준재정 수입액과 기준재정 수요액 산정 등 과정이 복잡한 보

---

9) *교부세계 : 예강환 계장·조원길·김한걸·안영환
　　*연구용역팀 : 김수근 아주대 교수·김동근 서울대 교수·차동세 박사(한국산업연구원)

정 자료들을 정리했다. 그렇게 하여 지방교부세의 전산화를 완성하였다.

그 결과는 실로 놀라웠다. 1986년 이전에는 일주일 주야 작업을 해서 13개 시·도(서울시 제외)의 지방교부세 배정 내용이 나왔었다. 그런데 1986년도에는 몇 시간 만에 13개 시도뿐만 아니라, 같은 해에 신설된 11개 시를 포함해 196개 시·군의 몫까지 결과물(sheet)이 나왔다.

무엇보다 전국 지자체 예산부서에서 크게 반겼다. 지방교부세가 배정되어야 각 지자체에서 자체 예산을 편성하여 항상 시간에 쫓기던 것이 단박에 개선되었기 때문이다. 당시 내무부에는 전산화 업무를 담당하는 부서가 없었다.

따라서 재정과 이외의 타부서 직원들이 시트가 나오는 것을 구경하러 오기도 했다. 이렇게 산출된 지방교부세의 전국 2백9개 지자체별 배분내용을 기획원 예산실에 보냈다. 이를 본 예산실장(문희갑)이 "내무부가 엄청 변했네"라면서 놀라워했다는 얘기를 들었다.

특별교부세 일부는 변칙적으로 집행되다

지방교부세는 보통교부세와 특별교부세로 구분된다. 그리고 그 당시의 특별교부세(이하 '특교세')의 규모는 지방교부세 총액의 1/11 이었다. 그런데 보통교부세의 산정 방법으로는 지자체의 재정 현실을 모두 반영하여 산정하는데 한계가 있었다.

따라서 일정액은 보통교부세로 우선 배정하고, 일정액은 일단 유보했다가 예측할 수 없는 재해나 특수한 지역 현안 등이 발생하면 사용하곤 했었다. 예를 들어 1986년도의 특교세는 총 1천9억 원이었다. 그중 5백89억 원은 보통세 교부 시 일반 및 특수 시책사업, 신설 기반시설 사업지원, 재정 결함 단체보전, 각종 지역 현안사업 지원 등을 위해서 배정하였다.

그리고 나머지 4백20억 원(41.6%)은 연도 중 발생하는 재난 등 예측할 수 없는 특별한 재정수요에 대비하여 유보했었다. 이후 실제로 1백20억 원은 재해나 특수한 지역 현안 등 원래의 취지에 부합되게 사용되었다. 그러나 나머지 3백억 원은 당초 목적에 부합되게 집행되지 못했다.

실제로 그중 2백억 원은 대통령이 시와 도를 순시하거나, 지방에 가서 주민과의 간담회에서 제기된 다양한 소규모 숙원사업들을 해결하는 데 사용되었다. 그리고 나머지 1백억 원은 내무부가 국회의원 같은 이른 바 힘 있는 사람들의 요청에 따라, 지역구의 각종 민원 사업들을 해결해주는 용도로 사용되었다. 이처럼 특교세 3백억 원은 대통령과 힘 있는 정치인들의 선심용으로 잘게 쪼개어져서 변칙적으로 집행되었던 것이다.

이웃 일본의 경우는 매년 자치성에서 직접 자치성의 역점사업을 선정하고 발표한다. 이에 따라 동 시책을 추진하고 싶은 각 지자체에서는 사업계획을 수립하여 신청한다. 그리고 심사 결과에 따라 특교세를 지원하는 방식으로 운영하고 있었다. 우리도 이런 방식으로 특교세를 집행하면 투자 효율성도 높고 무엇보다도 지자체에 대해 떳떳할 것 같은 생각이 들었다.

그래서 교부세계의 직원들에게 의견을 물었다. 그랬더니 교부세 계장이 "생색내기 좋아하는 분들은 특교세를 엄청 소중하게 생각한다"고 말했다. 그런 가운데 내무부 출신이 처음으로 내무부 장관으로 취임하였다. 어느 날 특교세 관련 결재를 받고 나오는데 김재영! 하고 내 이름을 부르고 나서, "인사와 특별교부세는 장관이 하는 거야"라고 말하였다.

특별교부세 개선 앞에 나는 무기력하였다

그런 분위기에서 특교세 운영 개선이란 말은 꺼내보지도 못하고 나는 내무부 재정과장을 떠났다. 후에 원주·과천·포항 등의 시장을 하면서도 특교세를 달라는 얘기는 일체 하지 않았다. 일선 시장을 두루 거쳐 내무부 본부로 다시 왔다. 그리고 차관보·차관으로서 특교세를 개선할 시간과 기회가 여러 번 있었지만 어영부영 외면했다.

훗날 김대중 정부에서 행정자치부 차관으로 재직할 때의 일이다. 국회 예산결산위원회에 출석해서 당시 야당이 된 한나라당 의원들로부터, 이틀에 걸쳐 "여당 실세들의 지역구 선심용으로 사용되고 있는 특교세 내역을 공개하라"는 끈질긴 요구에 곤욕을 치렀다.

나는 특교세가 내무부 조직에 득보다 실이 크다는 것도 일찍부터 인식하고 있었다. 그러나 직급이 낮을 때는 조직과 상사의 싫은 소리를 의식하면서 특교세 개선에 소홀했다. 하지만 직급이 올라갔을 때도 나는 특교세에 대해 결국 아무것도 하지 않았다. 이에 대해 참으로 부끄럽게 생각한다.

❖

바람직한 지방자치, 지방 재정력에 달렸다

지방자치제 실시를 위한 1단계로 지방의회 구성을 위한 자치 공청회(이하 '공청회')가 1986년 7월, 전국 13개 시·도를 순화하며 이루어졌다. 이 같은 전국 순회 공청회에서 가장 관심을 끌었던 의제 중의 하나가, '지방자치를 뒷받침할 실체인 지방재정을 어떻게 할 것인가'였다. 당시 공청회에 참여한 토론자들은 한결같이 현재와 같은 빈약한 지방 재정력으로는, 2할 자치에 그칠 뿐 실질적인 지방자치는 실현하기가 어렵다고 보았다.

한편 언론도 한 목소리로 지방재정력의 보강을 지방자치의 최우선 과제로 보도하였다. 그러나 실제 공청회가 끝나고 대통령 보고(안)을 만드는 과정에서, 재원의 지방 이양 규모를 놓고 기획원과의 협의 분위기는 완전히 달랐다. 즉, 내무부에서는 3천억 원을 제시하였고 기획원에서는 7백억 원을 제시하였다.

이 조율 과정에서 내무부가 제시한 이양 규모의 타당성은, 내무부에서 일하는 것을 낙으로 삼는 국장(이상룡)[10]이 직접 작성하였다. 내무부는 단계적 지방자치 실시를 위한 지방 선거 등, 새로 발생될 재정 수요액과 국가 공무원의 지방직으로의 전환 등, 기능 조정 수요액을 논리적이고 치밀하게 계상하여 제시하였다.

이런 내용을 담은 협의(안)을 갖고 지방재정국장을 지낸 바 있는 차관(이상희)이 기획원 차관과 담판을 벌였다. 그 결과 이양 규모를 2천억 원으로 합의하고 이를 대통령께 보고하였다. 이런 과정을 거쳐 노태우 정부 때인 1991년 지방 의회가 구성되었고, 이어서 김영삼 정부 때인 1995년 6월 27일, 지방자치단체장을 민선으로 뽑아서 완전한 지방자치가 실시되었다.

그런데 지방 재정력을 제대로 보강한 것은 지방자치가 실시된 지 17년 되는 1998년 김대중 정부 때, 지방교부세 법정률이 13.27%에서 15%로 상향 조정되었다. 이에 다음 해 지방교부세가 1조 원 증액되었다.

여기서 한 가지 덧붙일 것이 있다. 김대중 대통령은 지방자치가 실시되어 자신이 대통령에 당선될 수 있었다고 생각했다. 그렇기 때문에 지방자치에 매우 호의적이었다. 이런 분위기에서 지방교부세 법정률을 상향 조정하는 과정에서, 지방재정국장(김지순)·교부세 과장

---

10) 이상룡 : 강원도지사, 노동부 장관을 역임하였다.

(남유진)을 비롯한 직원들의 끈질긴 노력이 있었다. 또한 내무부 장관(김기재)과 기재부 장관(진념)의 담판은 지방재정사에 역사적인 사건으로 기록될만한 일이었다.

| Episode | **신생아 출생기념 저축통장**

매년 연초가 되면 중앙 각 부처에서는 대통령에게 그 해 부처의 사업계획을 보고한다. 1986년도 내무부 업무보고에 재정과의 소관 업무 가운데 무엇을 보고해야 할지를 계장들과 의논하였다. 그런데 재정 계장(민화식)이 충남도 일부 시·군에서 '한 아기 한 통장' 시책으로 새로 태어나는 아기에게 5백 원이 든 통장을 주고 있다.

이는 어린이들에게 저축 동기가 부여될 뿐 아니라, 주거를 옮겨도 자기가 출생한 고향을 평생 잊지 않게 하는 애향심 고취도 되는 효과도 있다는 것이었다. 예전에 내가 은행에서 근무할 적에 예금 권유로 애를 먹던 기억이 있어 귀에 솔깃하였다. 그래서 대통령 업무보고에 한 항목으로 넣었다. 매년 출생하는 약 60만 명(서울시 제외)의 신생아에게 1천 원이 입금된 통장을 시·군 출생 신고 접수창고에서 교부하여, 어릴 때부터 저축을 생활화 하도록 하겠다는 내용이었다.

내무부가 대통령에게 업무 보고를 한 날, 동아일보[11]에서 '전국 신생아에 천 원이 든 저축통장'이란 제목으로 사회면 톱기사와 함께 사설로 다루었다. 덧붙여 국민들의 호응도가 높을 경우, 특별히 높은 금리를 적용하기로 했다는 기자의 추측 기사까지 게재되었다. 그리고 사설에서는 '한 아기 한 통장의 관료 발상'이란 제목으로, 아무리 저

---

11) 동아일보 1986. 1. 23. : 사회면 – '신생아에게 천원 든 통장',
　　　　　　　　　　　사설 – '한 아기 한 통장의 관료 발상'

축 증대가 절실하다고 해도 정부가 직접 앞에 나설 일이냐고 꼬집기도 했다. 언론 보도를 보고 당황스러웠다. 내무부의 큼직한 시책사업을 제치고 내무부 시책답지 않다는 내용이었기 때문이다.

장관(정석모) 결재에 들어가서 "출생기념 저축통장이 내무부 역점 시책을 홍보할 기회를 뺏은 것 같아 죄송합니다"라고 했더니, "아니다. 나는 좋은 시책 아이디어라고 생각한다"고 하시고는, 확대 간부 회의에서 백일이나 돌 기념 때 들어오는 축의금을 저축으로 유도하는 등 사후 관리에 만전을 당부해주었다. 이에 따라 나는 출생 기념 저축에 따른 관계자 회의를 은행연합회에서 개최하고, 실적이 좋으면 서울시로도 확대하고 시상 제도도 마련하겠다고 하면서 관계기관의 협조를 당부했다.

그리고 얼마 후에 강원도 기획관리실장 자리로 옮겼다. 예산 업무가 소관이라 도내 시·군에서 출생기념 저축통장 예산 확보 상황을 확인해 보니, 예산이 확보된 시군이 몇 곳 되지 않았다. 예산 확보를 독려하면서 이제는 누구도 관심을 가지지 않고 잊혀간다고 생각한지 며칠 후에 조선일보[12] 사회면 박스 기사가 실렸다. 즉, 9개월 된 딸을 둔 가정주부가 자녀를 위해 예금통장을 마련한다고는 생각지도 못했다. 그런데 1천 원이 든 출생 기념 통장을 받고는 백일 선물 반지도 현금으로 바꿔 통장에 넣기 시작하였다. 그리고 지금까지 50여만 원을

---

[12] 조선일보 1988. 2. 5. : '9개월 아기의 예금통장'

예금했다면서, 꾸준히 저축해서 딸이 초등학교 들어가면 피아노도 사주고, 절약하는 정신도 가르치겠다는 사연이 실렸다.

이와 함께 1986년 2월부터 1987년 연말까지, 전국에서 40만 4천여 개 통장이 교부되었다는 나도 모르는 실적까지 알게 해주었다. 무엇이 출생기념 저축통장에 끈질긴 생명력을 이어 주는지는 알지 못했지만 마음은 흐뭇하였다. 이에 힘을 얻어 원주·과천·포항시장 때 열심히 챙겼다.

특히 과천시장으로 재직 시에는 과천은 예산도 넉넉하여 통장 입금액을 2천 원으로 인상하였다. 그리고 통장 발행 은행도 부모들이 원하는 은행의 통장으로 마련해서, 동장이 직접 가정을 방문하여 '과천시 직원 일동' 명의로 멜로디가 있는 출생 축하카드와 함께 정중히 전달토록 하기도 했다. 출생기념 저축통장은 내가 공무원이 되기 전의 은행 시절을 절로 떠오르게 했다. 길지는 않았지만 결코 잊을 수 없는 추억이다.

5장

원주시의 얼굴, 원일로 정비사업

원주시장
·
1989. 1. – 1989. 12.

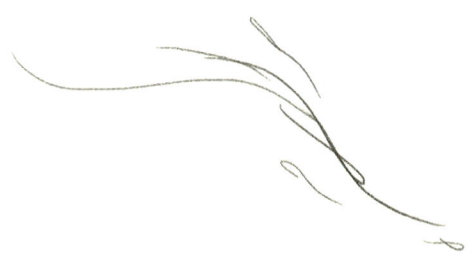

나는 1989년 1월부터 동년 12월까지 1년 동안 강원도 원주시의 시장으로 재직하였다. 흔히 내무 공무원들은 시장이나 군수를 내무 공무원들의 꽃이라 한다. 그리고 처음 부임한 임지를 곧잘 첫사랑으로 비유한다. 그런 의미에서 나에게는 원주가 첫사랑인 셈이다.

원주시청을 방문한 이상룡 지사(왼쪽)
강영훈 총리(가운데)·저자 (1989. 3. 10.)

민주화를 품은 도시 원주시

원주를 아는 많은 사람들은 군사 도시로 조금은 유서 깊은 도시로, 아주 조금은 민주화를 품은 도시로 기억한다. 강원도라는 명칭이 강릉(江陵)과 원주(原州)에서 유래한 바와 같이, 원주는 예로부터 영서의 관문이었다. 그리고 유서 깊은 고도로서 일찍이 북원경(北原京)이라 칭하였다. 또한 조선조 오백 년 동안에는 강원 감영의 소재지로서 역사와 전통이 서린 고장이었다.

그러나 내가 시장으로서 파악한 오늘날 원주의 매력은 우리나라 중부 내륙의 교통 요충지라는 점이었다. 바꾸어 말해서 원주의 성장 잠재력은 바로 사통팔달하는 외곽의 교통망이었다. 원주는 서울과 동해안을 잇는 동서 횡단 영동고속도로의 중간지점이며, 춘천-대구 간 남북을 종단하는 중앙고속도로가 연내 착공예정이며, 동서 고속전철의 개설 계획 등 외적인 변화가 다가오고 있었다.

원주시의 개발을 구상하다

이에 따라 원주시의 기본적인 개발구상[13]을 하였다. 즉, 원주시는 그동안 군사도시의 기능으로 이만큼 발전되었다. 그러나 이제는 군사도시에서 교통 요충지라는 이점을 살려 상업과 교육·문화 도시의 기능을 보강해야 한다. 그리하여 충북과 경기 일원을 포용하고 수도

---

13) 강원일보 1989. 5. 22. : '김재영 시장에게 들어보는 원주 개발 청사진'

권 배후 도시로서의 기능을 광역화하여, 태백과 중부권의 중추적 도시로서 탈바꿈할 수 있도록 제반 여건을 조성하는 것이었다.

당시 원주시의 산업구조를 보면 3차 산업 72%, 2차 산업 20%, 1차 산업과 기타 8%였다. 따라서 도시 자생력을 키우기 위해서는 2차 산업 비율을 35%까지는 올려야 했다. 그래서 전임 시장이 추진하던 사업을 그대로 이어서 태장특별 농공단지 조성사업은 11월에 착공하기로 하였다. 또 우산공단 옆 59만 2천 평의 제2공업단지 조성사업은 4백억 원을 투입하여 내년 5월까지 용지를 매입하고 바로 착공해서, 1992년 완공한 후에 추이를 봐서 제3공업단지 조성사업도 추진키로 했다.

원주 태장농공단지 기공식에서 기념사하는 저자
(가운데, 1989. 11. 21.)

그러나 이들 사업들은 단지 조성 후에 조성 원가로 매각해야 하는 사업이었다. 부임 후 관내 18개 동을 순시하면서 느낀 것이 있었다. 바로 생활 형편이 어려운 주민과 낙후된 지역이 많고 해야 할 일이 많지만, 시의 재정이 빈약하여 개선하지 못하고 있다는 것이었다. 따라서 수익성 있는 사업을 통해 시의 재정력을 보강하는 것이 절실한 실정이었다. 이에 따라 수익성이 있을 것으로 판단되는 택지개발사업을 원주시가 직접 추진키로 하였다.

재정력 보강 위해 택지개발사업 추진

그런데 관내의 단계·삼광·단관 등 3개 단지 가운데 가장 높은 수익이 예상되는 단계지구 사업은, 이미 토지개발공사에서 시행하기로 되어있었다. 따라서 다시 협의하여 시에서 직접 개발키로 사업자를 변경하고, 대신 토지개발공사에서 주관하는 단관지구 사업은 시에서 적극 지원키로 조정하였다.

이에 따라 시에서 직접 단계 및 삼광지구 택지 개발을 병행 추진코자, 내무부로부터 52억 원을 기채 승인받았다. 아울러 개발계획 승인 및 기본 설계도 완료하였다. 그러나 삼광지구의 경우에는 최규하(崔圭夏) 대통령 기념관과의 연계추진 관계로 지연되고 있었다. 따라서 단계지구 사업부터 우선 추진하기로 하였다.

한편 서울에 집중된 농·수산물을 중부권은 원주에서 공급을 담당할 수 있도록 농·수산물 도매 시장과 종합터미널의 타당성 조사를 위한 용역을 발주하였다. 나의 개발구상과 집행에는 그동안의 설악동 개발사업과 청와대 경제비서실 근무가 큰 도움이 되었다.

개발추진방식은 개발 대상지를 도시계획에 반영하고 기채나 채무부담행위로 개발 용지를 매입해서 단지조성사업을 착공한다. 착공 후 부지를 도상 매각해서 공사비를 지급하는 것으로, 당시 개발 호재가 많아 부담스럽지 않았다.

이로써 내가 부임하던 해인 1989년도 총 예산은 3백29억 원(일반

회계 2백6억 원, 특별 회계 1백23억 원)이었으나, 내가 떠나면서 편성한 1990년도의 총예산은 9백70억 원(일반회계 3백억 원, 특별회계 6백99억 원)으로 3배 가량 증가하였다.

원주의 얼굴, '원일로' 정비키로 결정

앞서도 언급한 것처럼 시의 재정력을 높이고자 여러 가지 개발사업을 적극적으로 펼쳤다. 그러나 원주하면 가장 먼저 내게 떠오르는 상념은, 원주시의 얼굴인 원일로(原一路) 정비사업을 추진했던 일이다.

영동고속도로 원주 IC로 진입하면 먼저 눈에 들어오는 것이 있다. 바로 1군 사령부의 오래 방치된 듯 을씨년스러운 부대 철조망이다. 그리고 이 철조망이 제법 길게 이어지다가 시골 동네 같은 한적한 농촌 풍경이 잠깐 보이고 다시 군수지원사령부 노후한 담장 벽이 나타난다.

그리고는 곧 6차선에서 2차선으로 좁아지고, 시각적으로 엄청 답답한 우산철교 밑을 지나면 작은 로터리가 나온다. 곧장 바로 가면 제천 넘어가는 2차선 우회도로가 있고, 왼쪽으로는 원주 중심가를 관통하는 2차선도로가 바로 원일로이다.

1964년에 개설된 원일로는 우산 철교에서 남부시장까지 연장 2.3㎞, 폭 20㎡의 2차선 도로이다. 주변에는 원주역·중앙시장·남부시장이 있고, 중앙부에는 원주시청·원주군청 및 각종 서비스 기관들이 모여 있다. 또한 강원도 유형문화재 3호인 강원감영(江原監營)과 선화당(宣化堂)이 있어 역사 경관의 보전 장소이기도 하였다.

이렇듯 원일로는 원주시의 도시 활동을 지원하고, 통과 교통을 소화하는 주간선 도로로서 도시 중심축의 성격을 지니고 있었다. 지금은 통과하는데 평균 소요 시간이 8분 정도 걸리지만, 향후 교통체증 현상은 갈수록 심화될 수밖에 없는 상황이었다.

또한 도로변에는 반듯한 건물은 없고 오랜 세월의 흔적이 고스란히 묻어나는 낡고 작은 건물들이 엉성하게 서 있었다. 여기에 상점 간판과 전선 등이 어지러운 가운데 가로 변에는 가드레일마저 없었다. 따라서 시민들의 불법 주차와 무단 횡단이 다반사로 일어났다.

그리고 노점상들이 대거 불법으로 점거하여 영업을 하고 있었다. 이런 까닭에 원주에 처음 온 사람들은 원주의 중심인 원일로를 지나고도 원주의 중심가는 어디냐고 곧잘 묻곤 하였다. 이처럼 어지러운 시가지의 면목을 일신하기로 마음을 결정했다.

원일로, 종합정비계획을 수립하다

이에 시청 간부들과 원주 IC-우산 철교-원일로-원주천 쌍다리 간을 여러 차례 답사하면서 원일로 정비사업 추진방법을 확정하였다. 가장 먼저 원주 IC에서 우산 철교 사이에 위치한 군수 지원 사령부는 이전을 추진한다. 그리고 답답한 2차선인 우산 철교 지하차도는, 우선 확장(안)을 만들어 철도청과 협의하였다.

그 결과 6차선으로 확장하면 안전에 문제가 있고, 향후 원주가 발전하면 원주역과 철도 노선은 외곽으로의 이전이 불가피하다고 하였다. 따라서 원주시가 공사비를 부담하는 조건으로 우선 확장만 추진키로 하였다. 그리고 우회 도로의 4차선 확장(안)은 건설부와 협의한 결과 내년 예산에 확보하여 추진하겠다고 했다.

건축선 확대로 4차선 도로부지 확보

다음으로 원일로는 건설과장(한혁동)의 제안으로, 현재 2차선 편도 폭 10m의 차도와 보도 사이에 조성한 측구(側溝, 0.8m)를 활용하여, 편도 폭 13m의 4차선으로 확장하기로 했다. 그럴 경우에 보도 폭이 1.8m 좁아진다. 따라서 좁아진 보도 폭을 넓히기 위해서는 원일로 변 부지와 건물을 매입해야 한다. 그러나 취약한 시 재정으로는 엄두도 못 낼 형편이었다. 이에 따라 원일로 변 건축선(建築線)을 도로 양측 각 1m 씩만 후퇴하여 지정키로 했다.

또 원일로변 가로 환경 조성사업은 별도로 전문용역 업체에 의뢰했다. 이에 따라 건물·간판·가로수·표시판 등 가로 구성요소를 합리적으로 잘 조정하여 가로 경관 계획을 수립했다. 그리고 도로변 건물의 담장은 철거하여 투시형으로 바꾸었고, 가로수는 시내 초·중·고등학교 교정으로 옮겨 심었다.

그리고 원일로가 끝나는 원주천 쌍다리 일대의 고수부지(6천5백 평)에는, 배드민턴장·롤러스케이트장·광장·놀이마당·야외극장과 주차장(8백 평) 그리고 제방을 이용한 스탠드도 만들어 야외 공연장으로 활용하는 원주천 종합 활용시설 공사도 병행하여 추진했다.

난제였던 불법 노점상 문제

이와 같은 정비사업이 내 기억에 강하게 남아 있는 것은 노점상 철거 때문이다. 당시 원일로 정비사업의 가장 큰 난제는 바로 노점상이었다. 원주 관내에는 노점상 총 1백30여 명이 시외 버스터미널과 우회 도로 구간 등 여러 곳에 자리하고 있었고, 그 중 절반 이상이 번화가인 원일로 변에 밀집되어 있었다. 이들은 민주화를 품은 도시의 노점상답게 잘 뭉치고 시위도 잘해서, 이따금 다른 지역 노점상들을 위해 집단으로 지원 원정을 가기도 했다.

당시는 노태우 대통령의 중간 평가를 앞두고 노태우 정권 퇴진 운동이 전국적으로 일어났다. 이에 대응하여 내무부에서는 엄정한 법질서 확립을 최우선 과제로 삼았다. 따라서 민생 치안과 교통질서 확립 그리고 노점상 철거 및 퇴폐 업소 단속과 불법 광고물 정비를 독려했던 때였다.

그런데 연초에 원주에서도 범시민 결의 대회가 있었다. 그 대회의 명칭이 '노태우 퇴진 및 민중 생존권 탄압 분쇄를 위한 원주 시민 결의 대회'라고 할 정도로 원주 노점상들은 재야 단체와 밀접하게 연대해 있었다.

시에서는 전업을 유도하기 위해 노점상들의 주거지 동별로 나이와 가족 상황을 파악하고 취업알선 등을 추진했다. 그러나 마땅한 일자리도 없었지만 대부분이 직장 등에 구속되는 것을 싫어하여 성과가 없었다. 그동안 노점상 때문에 피해를 보는 기존 상인들은 하루가 멀다 하고 노점상 철거를 요청하였다. 그래서 철거를 하면서 리어카도 압수했지만 며칠 지나면 그 자리에 다시 와 있었다.

노점상들의 삶을 이어갈 방안 강구

그런 까닭에 불법 노점상에 대한 근본적인 대책이 절실했다. 1977년 내가 실무자로서 설악동 개발 사업을 추진할 때는, 관계기관에 영업권을 보상해 주자고 요청했다가 핀잔을 받았지만, 이젠 전권을 가진 시장이 결심하기에 달려있었다.

그래서 그들이 계속 영업할 수 있는 방안을 모색키로 하고, 간부회의에서 직원들이 아이디어를 모아 달라고 했다. 그랬더니 총무국에서 장터로 할 만한 곳을 물색해서 노점상들을 집단 이전 시키자는 아이디어가 나왔다. 그리고 장터를 조성할 대상 장소를 물색하여 보았지만, 토지 소유자와 인근 주민들의 반대로 진척이 될 수 없었다.

그러던 차에 건설국에서 원일로 사업이 끝나는 쌍다리부터 봉평교까지 2백40m를 육교로 가설하고, 육교 아래에서 1백30개의 점포를 만

들어서 이전 시키는 방안을 제시하였다. 그리고 조성하는 장터를 풍물시장으로 명명하자는 이야기까지 나왔다.

그래서 풍물시장(안)을 마련하여 원주지방 국토관리청의 협조와 인근 주민들의 동의를 얻었다. 원일로 정비사업을 구상하고 어느덧 5개월이 지나갔다. 풍물시장(안)을 가지고 처음으로 노점상 대표들과 시장실에서 대면했다. 그 자리에서 풍물시장의 청사진을 설명하고 좌판대 이전비와 생계 보조금 지원, 그리고 장기 저리 융자 알선을 긍정적으로 검토하고, 풍물시장이 자리 잡을 때까지 시에서 적극 지원 할 것을 약속했다.

노점상들의 집단적인 반대에 직면

그러나 노점상 대표들은 "시장님이 노점상을 배려하는 것은 감사하지만, 풍물시장 장사는 자기들과는 맞지 않는다"라고 하면서 일어섰다. 그래서 그들에게 "여러분이 조금만 마음을 바꿔 먹으면, 철거 공무원에게 시달리지 않고, 기존 상인들 눈치도 안 보고 편히 장사할 수 있지 않느냐, 그러니 돌아가서 한 번 더 의논 해보라"고 했지만 "이미 풍물시장으로 안 가기로 결정됐다"고 말하면서 시장실을 나갔다.

여러 날을 궁리해 보아도 그보다 더 나은 방책은 없었다. 그래서 그대로 밀고 나가기로 결심했다. 이에 따라 우선 시의 노점상 철거 방침이 확고하다는 것을 인식시킬 필요가 있었다. 그래서 지금까지 철거 담당부서 위주로 움직이던 체제를, 업무와 무관하게 전 부서의 젊은 공무원 위주로 철거 전담반을 편성했다.

여기에 더하여 일사불란하게 움직일 수 있도록 유니폼으로 점퍼를 구입하여 분배하고, 철거를 강력하게 추진토록 조치하였다. 한편 이와는 별도로 그들과 연줄이 닿거나 영향력을 가진 재야인사들과 천주교 신부들, 그리고 언론사를 직접 찾아가서 원일로 사업과 노점상 대책을 설명하고 협조를 당부했다.

이에 맞서 노점상들도 회장을 교체하고, 그동안 간헐적으로 하던 집단 시위를 1백30여 명을 3개 조로 나누었다. 그리고 영업이 끝나는 밤 10시부터 12시까지, 교대로 원일로 변 중심부 공터에서 주말을 제외하고 매일 시위를 펼쳤다.

따라서 인근 주택가 주민들이 소음으로 불편을 겪는 등 분위기가 격화되었다. 또 원일로 공사가 상당히 진척되면서 원일로는 공사와 노점상들이 뒤엉켜 혼란스럽기 짝이 없었다.

어느 날 시청 간부들이 수차에 걸쳐 공무원들이 노점상을 이기지 못하니 철거용역 업체에 맡기자는 건의를 했다. 하지만 나는 대답을 하지 않았다. 그 이유는 통상 철거업체에서는 조폭 수준의 사람들을 임시로 채용해서 현장에 투입하기 때문에, 쌍방 충돌 가능성도 높을 뿐만 아니라 힘들게 사는 사람들에게 못할 짓 같아서였다.

공무원 한 명이 몰매맞은 후 바뀐 분위기

그런 와중에 1989년 11월 철거하던 시 공무원이 노점상으로부터 몰매를 맞은 사건이 터졌다. 노점상들에 대한 연민으로 공무원들이 더 이상 다치게 해서는 안 되겠다는 생각이 들었다. 그래서 노점상 대표들을 다시 시장실로 불렀다.

"앞으로 철거는 공무원이 하지 않고 철거 전문 용역업체에 맡긴다. 그리고 풍물시장 이전 예정지는 원예 협동조합과 영세민들에게 넘긴다"고 통보하고 일주일의 유예 기간을 주었다.

그러고 나서 분위기의 변화가 감지되었다. 풍물시장으로 가고 싶어 하는 노점상들이, 그동안 동료들의 비난이 두려워 침묵하다가 제 목소리를 내기 시작했다는 것이었다. 즉 원주사람이거나 원주에 온 지 오래된 사람들이 가자는 쪽으로 돌아섰다고 했다.

그러나 일주일이 지나도 아무 연락이 없었다. 철거용역업체와 계약하고 철거 현장에 용역업체 인부들이 투입되었다. 그 후 얼마 되지 않아 가자는 쪽의 대표자들이 시장실로 찾아왔다. 그리고 요구사항을 제시했다.

1. 풍물시장 점포 배정을 자기들에게 맡겨 줄 것
2. 장기 저리융자는 1인당 3백만 원으로 해줄 것
3. 좌판 이전 비용은 1인당 15만 원으로 해줄 것
4. 생계 보조금은 1인당 30만 원으로 해줄 것

5. 원주에서 사라진 시골 5일장의 부활과 반짝 시장과 김장 시장을 개설해줄 것

그들의 요구사항에 이의를 달지 않고 모두 수용했다. 그리고 노점상들이 요구하지 않았지만 당장 필요한 차량(1/4톤 트럭)을 무상으로 양여할 것을 약속했다.

이후 풍물시장 활성화 방안으로 직원들 제안에 따라 반상회에서 풍물시장 홍보를 대대적으로 실시했다. 아울러 관내 각 단체별로 풍물시장 장보기 범시민 캠페인도 펼쳤다. 또 상지대 학생들에게 '원주천 쌍다리에서 원주천 낭만을 만날 수 있다'는 홍보물을 제작하여 배포하였다.

여기에 풍물시장과 원주천 종합 활용시설 사이에는 수문 겸 진입로를 설치했다. 그리고 원주 종합 활용시설에서 각종 이벤트를 할 때, 풍물시장 상인들만 커피·음료수와 술 등을 팔 수 있도록 하는 등 다각적으로 지원했다. 이런 노력으로 노점상 1백30여 명 중, 풍물시장으로 갈 사람이 반쯤 될 것으로 예상했지만 실제로는 1백2명이 옮겼다. 나머지 전문 노점상들은 원주를 떠났다고 들었다.

드디어 '쌍다리' 풍물시장 개장

1989년 12월 24일 오후 원일로 정비사업 및 원주천 종합 활용시설 공사 준공과 쌍다리 풍물시장(노점상들이 입주하고 '쌍다리 풍물시장'이

라 부른다) 개장식 행사를 군인극장 광장에서 각급 기관 단체장 및 시민 3천여 명이 참석한 가운데 성황리에 개최하였다. 행사를 마치고 행사장에서 원주천 종합활용시설장(강변고수부지)까지 '지신 밟기' 시가행진을 벌였다.

맨 앞에는 1백 명의 북원여중생들이 청사초롱을 들고, 그 뒤를 4십 명의 원주고등학교 악대가 크리스마스 캐럴송을 연주하며 따라갔다. 먼저 쌍다리 풍물시장에서는 돼지머리를 놓고 고

원일로 사업 끝내고 시민과 강강술래
(왼쪽 두 번째가 문창모 박사, 세 번째가 저자)

사를 지냈다. 그리고 원주천 고수부지에서는 서울에서 초청된 사물놀이 패와 행구동 농악대, 그리고 북원여중의 고전무용까지 어울려 벌이는 축제를 펼쳤다. 그리고 넓은 고수부지를 꽉 메운 시민들은 손에 손잡고 강강술래를 추며 행사[14]를 마무리했다.

원일로 사업, 도시환경문화상 수상

내가 원주시장으로 추진한 원일로 정비에 관한 이런 종합적인 성

---

14) 강원일보 1989. 12. 25. : '시민 어울려 흥겨운 어깨 춤', 원주시 현안 해결 기념 축제행사

과가 객관적으로 인정을 받았다. 즉, 내가 원일로 정비사업을 마무리하고 떠난 이듬해인 1990년, 문화부와 한국경제신문사에서 공동 제정한 '제2회 도시환경 문화상'을 수상하게 되었다.

수상 선정 이유로는 "중소 도시로서는 보기 드물게 늘어나는 교통량을 잘 소화할 수 있도록 기존 차도의 확장과 함께 보행 환경의 불편을 최소화하여, 보도와 차도 등 가로 변의 각종 시설물을 재정비함으로써 도시 환경의 질적인 개선을 이루었다"는 것을 꼽았다.

시장님! 풍물시장은 활기가 넘칩니다

내가 원주를 떠나고 1년 후에 원주 쌍다리 풍물시장 김만호 번영회장이 개장 1주년 행사에 초청장을 보내면서 전화를 했다. 내가 장사 잘 되느냐고 물으니 "풍물시장은 활기가 넘칩니다. 많은 회원들이 시장님을 보고 싶어 합니다. 이제 떼를 쓸 일이 없으니 내려오셔서 격려해 주십시오"라고 힘차게 말했다. 참으로 반가운 소식이었다.

내가 원주를 떠난지 10년이 되는 어느 여름날, 원주 쌍다리 풍물시장 번영회에서 보낸 찰옥수수와 단양 육쪽마늘이 든 소포 속에 "어느덧 개장 10주년이 되는 12월 23일에 꼭 내려 오시기를 1백4십여 명 회원이 기다리겠습니다"라는 편지(1999. 8. 11.)가 들어 있었다.

> Episode 1   사랑과 희망의 도시, 우리 원주

　나는 전임자가 하던 일들을 웬만하면 그대로 이어서 하지 바꾸는 편이 아니다. 그러나 원주시가 추구하는 시정 방향을 짧게 나타내는 시정 구호(市政口號)는 학생들과 시민들의 마음에 닿는 것으로 바꾸고 싶었다. 그래서 통상 공무원들이 제안하던 것을 관내 중·고등학교 학생들에게 공모한 결과 1백23명이 응모했다.

　외부 심사위원들이 작품을 심사하기 전에 나의 시정 구상을 설명했다. 심사위원들이 다섯 작품을 선정하고 선정 사유를 설명하면서 내 의견을 물었다. 그래서 주저 없이 대성고등학교 2학년 이우현 군의 "사랑과 희망의 도시, 우리 원주"를 선택했다.

　심사위원들이 선정한 사유로 '사랑'은 화합, '희망'은 군사 도시에서 새로운 도시로 도약하는 꿈, '우리 원주'는 역사와 전통이 서린 고장에 대한 향토애와 자긍심이라는 뜻이 담겼다고 했지만 내가 선택한 사연은 조금 달랐다.

　나는 살아오면서 귀한 말이 너무 흔하게 사용되어 천박하다는 느낌 때문에 "사랑"이란 말을 좀처럼 쓰지 않았다. 그럼에도 불구하고 시정 구호가 마음에 닿은 것은 바로 사랑 때문이었다. 원주지역에는 6·25전쟁 이후 당시 이른 바 나환자촌이라 하던 한센인 정착촌이 두 곳에 있었다.

　한센인들이 닭을 기르며 사는 생활 터전으로서, 하나는 원주시 단

구동에 경천원, 또 하나는 원성군(후에 원주시와 통합) 호리면에 대명원이 있었다. 부임한 후 많은 사람들이 단구동 경천원을 두고, '원주 처녀가 서울 가서 맞선보는데, 한센인 정착촌이 있다는 이유로 퇴짜 맞았다', '경천원 일대는 양계로 악취가 나서 비 오는 날에는 지나갈 수 없다', '도심 가까이 있어 원주 발전에 장애가 된다' 등등의 얘기를 하면서 경천원 이전을 역설했다. 그런 얘기를 들으면 왠지 마음이 무거웠지만, 현안 사항으로 인식하고 경천원이 위치한 단구동 순시 길에 경천원에 들려 주변 여건을 살펴보았다.

도심이 가까이 있어 언젠가 이전이 불가피할 것으로 보였다. 그러나 서둘러 이전해야 할 여건은 아니었다. 인근에 마을이 없고 원주 개발 여건과 추이로는 10년은 지나야 될 것으로 판단되었다. 그리고 며칠 후 시장에 취임하고 나서 처음 열리는 반상회를 경천원 반상회에 참석했다.

시장 온다고 넓은 방을 가득 메운 주민들로부터, 새로 빚은 떡과 과일을 대접받고 건의 겸 애로 사항을 들으며 정리해보니, 닭똥으로 비료를 만들 수 있는 계분비료공장, 비만 오면 진흙길이 되는 경천원 내 도로포장, 악취 최소화를 위한 소독, 청소차 배차 회수 증회, 지대가 높아 가뭄 때 상수도 급수 불량, 약한 전압 문제 등 모두 7가지를 건의하였다. 조치에 별 어려움이 없다고 판단되어 그 자리에서 해결해 드리겠다고 약속했다.

다음날 아침 간부회의에서 경천원 애로사항을 해결해주자고 이야기했더니 간부들이 난색을 표했다. 시청 간부들은 이전해야 할 경천원에 공장을 허가하고, 도로를 포장해주면 경천원 쪽은 물론 시민과 지역 유지들도 원주시가 경천원을 이전하지 않겠다는 것으로 오해될 수 있으니 신중해야 한다는 의견이었다.

그래서 경천원이 언젠가 이전해야 한다는 것을 나도 인정한다. 하지만 내일 당장 이전하는 것도 아니면서 불편한 사항을 모른 척 하면 되겠느냐고 하면서, 사람들의 편견으로 힘겹게 사는 분들이니 도와드리자 했다. 그리고 시민과 지역유지들의 반발은 나한테 맡기라 했다. 그 날 지역단체장들과의 정례 오찬 모임이 있었는데 거기서도 이미 경천원 지원 내용을 알고 여러 사람이 항의했다.

나는 시장으로서 원주에 한센인 정착촌이 있다는 것을 부끄러워하지 않는 원주가 되었으면 하는 바람이 있었다. 그래서 응모한 시정 구호 가운데 사랑이 들어가 있는 것을 보고, '사랑과 희망의 도시, 우리 원주'를 시정 구호로 선정하기로 하였다. 한센인과도 함께하는 원주가 되는 길은 바로 사랑 아니겠는가?

이후 경천원 건의사항은 모두 해결했다. 그 덕에 원주 떠나는 날까지 계란을 보내주어 아침 식탁에 올라온 계란찜을 염치없이 많이 먹었다. 언젠가 기독교 목사들 모임에 초청되었는데 어떤 목사가 "시장님은 기독교 신자시죠"해서 "왜 그렇게 생각하시느냐"고 물었더니 시정 구호에 사랑이 들어 있어서 그렇게 생각했다고 말했다. 그래서 시정 구호를 제안한 이우현 군이 기독교 신자인가라고 혼자 생각하면서 그저 웃기만 했다.

Episode 2 나를 감싸준 원주의 어르신들

천주교 지학순 주교

원주는 군사도시이지만 한편으로는 내가 자란 대구처럼 야성이 강한 도시로서, 동질감을 느끼게 하는 것은 천주교 지학순(池學淳) 주교의 영향이 컸다. 1970년대 민청학련 사건으로 지 주교가 구속되자 천주교 정의구현 사제단이 결성되고, 출감한 지 주교가 성당으로 가는 길에 시민들이 외투를 벗어 깔았다는 이야기들로 원주가 반군부 독재투쟁의 중심으로 알려졌기 때문이다. 원주 시민들은 이를 자랑스럽게 생각하고 있었다.

나는 주위 어른들이 자유당 정권을 비난하는 이야기를 들으며 자랐고, 고등학교 1학년 때는 야당인 민주당이 대구 수성천변에서 대통령 선거유세를 하는데 학생들이 유세장에 못 가도록 일요일인데도 시내 모든 고등학교의 학생들을 등교토록 했다. 나는 친구와 학교에 가지 않고 유세장으로 갔는데, 연사들이 마이크로 무슨 얘기를 하는지 귀에 들어오지 않았지만 수성천변을 꽉 덮은 인파는 잊혀지지 않고 있다.

그날 등교한 학생들이 거리로 뛰쳐나간 시위가 2·28 대구학생시위로 4·19 혁명의 효시가 되었다. 그런 대구를 내가 자랑스러워하듯이 원주 시민들도 반군부 독재투쟁을 자랑스럽게 생각하고 있었다.

처음 본 지 주교는 강골에 체격이 커서 무인 같았고 말씀도 직선적이셨다. 남북이산가족 상봉에서 누이를 만난 이후라서 공산주의에

환멸을 느끼고, 반정부 시위 같은 활동은 하지 않았고 건강도 여의치 않아 보였다. 내 내자가 천주교인이라 명동성당에서 결혼식을 올린 이야기를 했더니 좋아하였다.

당시에는 공무원들의 체력을 단련하기 위해 수요일을 체육의 날로 정하여 오후에는 각종 운동을 권장할 때였다. 카톨릭 신자였던 전임 시장(조성운)이 주교님은 건강을 위해 운동을 해야 하는데 못하니 가끔 횡성 공군 골프장에 함께 나가 달라고 부탁했다. 봄이 되어 주교님을 모시고 골프장에 갔다. 7번 아이언 하나로 캐디가 티에 공을 놓아주면 치고, 공이 떨어진 자리에 가서 다시 티에 놓아준 공을 치는데도 힘들어 하여서, 많아야 6홀까지였고 저녁은 보신탕을 먹었다.

투쟁으로 점철된 주교님을 존경하는 마음에 별 일 없는 수요일 오후에는 운동을 모셨다. 그러다 보니 원주 소재 정보기관에서 지 주교의 동향을 물어오곤 했다. 그러나 시국에 관련 이야기를 나누거나 물어보지도 않았다. 다만 내 기억에 남아 있는 것이 있다. 즉 재야의 지지를 받는 문익환(文益煥) 목사의 방북(1989. 3. 26.)에 대해서는, 속아서 갔다면서 종교의 자유가 없는 이북을 믿을 수 없다고 하였다. 그리고 전교조(全敎組) 결성(1989. 5. 28.)을 두고는, 불순 세력의 개입을 우려하여 부정적이었다.

원주를 떠나면서 인사를 드리려고 갔더니 책상 위에 놓여 있던 주물로 만든 성모마리아 상을 주며 오래전에 신도에게 선물 받은 것이라면서 내 처에게 주라고 하였다. 2년 후 1991년 서울 강남성모병원에 문병을 갔으나 위독하여 뵙지 못하고 선종하였다. 그리고 본인의 뜻에 따라 원주 부근 천주교 공원묘지의 사제 묘역이 아닌 평신도 묘역에 안장되었다.

✥

무위당 장일순 선생

원주시장으로 부임해서 인사 가야 할 분들의 명단을 받았다. 그 가운데 장일순(張壹淳) 선생이라는 전혀 모르는 분이 들어 있었다. 그래서 누구냐고 물어보니 총무과장(박기준)이 "원주에서 태어나 원주에서만 사신 분으로, 진보당 사건으로 몇 년간 옥고를 치른 분"이라고 대답하였다. 그런데 "원주에서 1970년대 반독재 투쟁이 일어난 것을, 밖에서는 천주교 지학순 주교의 영향인 것으로 알고 있으나, 안에서는 이 분이 계셔서 가능했다고 생각하고 있다. 그래서 원주의 정신적 대부로 믿고 따른다"고 덧붙여 말했다.

내가 봉산동 선생님 댁에 인사를 드리려고 갔더니 반갑게 맞아 주었다. 인자한 시골 할아버지 같았고 조용히 말씀하는데 은연중 강건함이 느껴졌다. 그러나 그 강건함은 나를 위압하거나 어렵게 하지는 않았다. 이래서 많은 사람들이 따르는가 싶었다.

선생님은 지 주교님과 함께 반독재 민주화운동을 했으나, 결코 앞에 나서는 법이 없었다고 한다. 이후에 '한살림'을 설립하여 생명 평화 운동을 개척했던 선구자였다. 시정을 추진하면서 큰 도움을 받기도 했지만, 자주 뵙게 된 것은 인품과 지성에 매료되어서였다.

당시의 어수선한 정국에 대해 궁금한 일들을 여쭤보곤 했었는데, 그때마다 아주 쉽게 얼 키고 설 키며 돌아가는 세상일들에 대해 답을 주었다. 내게 가장 인상 깊게 남아있는 것은 평생을 독실한 가톨릭 신자이면서도, 동학의 해월(海月) 최시형(崔時亨) 선생을 스승으로 모시고, 1898년 해월이 관헌에 체포된 원주 송골에 해월 추모비를 건립하였다는 점이다.

선생님은 나를 보면 책이나 서화를 주었는데, 내가 생명 사상을 이해하고 입문할 수 있도록, 처음에는 E.F. 슈마허의 《작은 것이 아름답다》는 책을 다음에는 F. 카프라의 《새로운 과학과 문명의 전환》을 주셨다. 그러나 내 지혜가 모자라서 그 뜻을 잘 따르지 못하였다.

선생님은 서울대 미학과를 중퇴한 서화가로서 특히 난초를 즐겨 그렸다. 1988년 '한살림 운동'의 기금을 마련하기 위한 서화전에는 김영삼·김대중·김종필 이른 바 3김이 다 왔을 만큼 성황이었다고 한다. 만년에는 난초 그림에 사람의 얼굴을 담아내는 '얼굴난초'를 즐겨 그렸는데, 나한테도 한 폭을 그려 주었다.

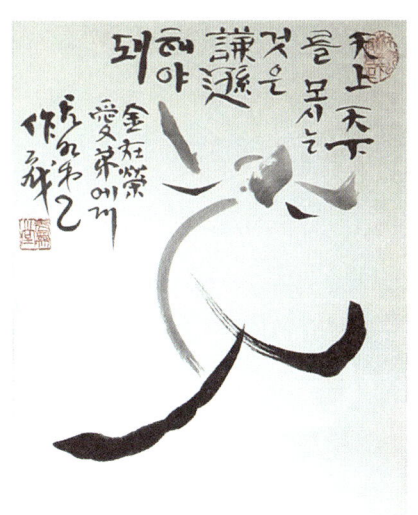

무위당 장일순, 의인란(擬人蘭) 그림 (1989. 7.)

세월이 흘러 언젠가 원주를 지나면서 무위당(無爲堂) 선생님 생각이 나서 봉산동 댁을 찾았다. 그런데 사모님이 선생님 계실 때처럼 반갑게 차를 내어주면서 선생님이 내게 주신 서화의 뒷얘기를 들려주었다. "어느 날 밤늦게 약주를 하고 와서 지필묵을 준비하라고 하였어요. 누굴 줄 거냐고 물었더니 시장님 줄 것이라고 하고서는, 난(蘭)을 치시는데 내가 참 잘 그렸다고 말을 해도, '아니야' 하면서 엄청 많이 버리고 쓴 후에야 이제 됐다"고 하였다는 것이다.

지금 원주에는 무위당의 유품과 작품 등을 전시하고 있는 무위당 기념관이 있다. 또 무위당 선생님의 생명 평화사상을 추구하는, '사단법인 무위당사람들'이 설립되어 회원들의 후원금으로 운영되고 있다. 저서에는 《노자 이야기(전3권)》, 《나락 한 말 속의 우주》, 《나는 미처 몰랐네 그대가 나였다는 것을》, 《좁쌀 한 알》 등이 있다.

❖

'토지'의 작가 박경리 선생

원주시장으로 부임해서 인사 가야 할 분들은 새해 첫 날과 이튿날 다녀왔다. 하지만 민족 대하소설 《토지(土地)》의 작가인 박경리(朴景利) 선생님을 방문하는 것은 뒤로 미루었다. 왜냐하면 당시에 연재되고 있던 《토지》뿐만 아니라 그전에도 《김약국의 딸들》을 비롯하여, 박경리 선생님의 여러 작품들을 감명 깊게 접했던 터라 바쁘지 않을 때 따로 여유롭게 뵙고 싶어서였다.

조금 한가해진 날 오후에 단구동 자택으로 박경리 선생님을 뵈러 갔었다. 박 선생님의 자택은 정원 겸 텃밭을 갖추어서 한결 소담스러웠다. 그리고 박 선생님은 머리를 감고 참빗으로 정갈스럽게 빗은, 그래서 무척이나 단아한 모습이었다. 직접 끓여 건네주는 차를 마시면서 월간 조선의 허술 부장과 친구라고 말씀드렸더니 퍽 반가워하였다.

그리고 내가 《토지》를 읽으면서 어쩐지 안쓰러운 생각이 들었던, 서희의 둘째 아들인 윤국이 장차 어떻게 되느냐고 여쭈었다. 그랬더니 고위 공무원인 시장이 어떻게 《토지》를 읽었느냐고 하여서, 얼마나 많은 공무원들이 즐겨 읽는지를 말씀드렸더니, 처음에는 안 믿어진다는 눈치였지만, 곧이어 정색을 하고 6·25 때 사회주의자가 되어 돌아온다고 하였다. 이어서 "사회주의와 공산주의는 다릅니다. 두메가 공산주의자죠"라고 말씀하였다. 그리고 《토지》는 6·25까지 집필한다고 하였다.

또 《토지》를 읽은 중학교 3학년 여학생으로부터 독후감을 받았는데, 《토지》는 민족주의적인 소설이라는 글을 보고 놀라웠다고 하면서 뿌듯해하였다. 그리고 일본 동경 유학파가 우리 역사는 고대 중국의 식민 지배에서 출발하였다는, 바로 우리 민족에 대해 부정적인 일제의 식민사관에 동조할 때, 이에 대항하여 민족의 주체적인 발전을 강조하는 민족사관은 모두 재야에 있었다고도 말씀하였다. 마치 옳은 길은 돈과 권력을 가지지 않는 재야에 있다고 생각하시는 듯했다.

선생님의 이야기 속에서 흥미로운 것은, 자신은 가톨릭 신자이지만 불교에 대해서는 호의적이었다. 그러나 기독교가 일제 때 우리 고유의 샤머니즘을 말살한 것에 대해서는 매우 비판적이었다. 그리고 동학의 생명과 평등사상을 길게 설명해 주었다.

그래서 내 나름으로 《토지》의 줄거리가 동학혁명 때부터, 전개되기 시작함으로 그렇게 말씀하시는 것이라고 짐작하였다. 그러나 전에 장일순 선생님을 방문했을 때도 동학사상을 들었던 터라, 두 분의 교류가 별로 없었다는데도 어찌 두 분의 생명과 평등사상이, 궤(軌)를 함께하는지 의아하게 생각되었다. 아무튼 나로서는 새삼스레 동학에 담긴 깊은 뜻이 경이롭게 느껴졌다.

이후로도 박경리 선생께서는 명절 때면 찾아뵙기도 하였고, 이따금 선생님이 내게 전화를 주기도 하였다. 한 번은 토지개발공사에서 추진하는 단관택지 개발지구에 자택이 편입되어 있다고 하면서, 개발 위주의 정책에 대한 불편한 마음을 토로하고 원주시에 기증 의사를 밝혔다. 앞서 원주시에서 토지개발공사에 단관 택지개발 사업을 승인해 주고서도 그때야 비로소 나는 선생님의 집도 포함되었다는 것을 알게 되었다.

그래서 우선 사과를 드리고 상황을 파악한 후에 말씀드리겠다 하고 나오는데, '원주시의 교환양이 자기를 부를 때 아줌마라고 하지 말고 아주머니라고 하면 좋겠다'고 하였다. 그래서 나는 웃으면서 다시 사과드렸다. 그날 이후로 토지개발공사와 해결책을 협의하였다.

그런데 토지개발공사에서도 박경리 선생과 《토지》에 대한 이해가 높아서, 흔쾌히 토지 기념관으로 보존되도록 하겠다고 했다. 이에 따라 1999년 문화계의 건의를 받아들여 선생님의 옛집을 포함해서, 주변 3천여 평을 토지문학공원으로 조성하여 현재까지 잘 보존하고 있다.

한 번은 중국을 다녀오셔서 인사차 방문했더니, 8월의 땡볕 아래서 혼자 호미를 들고 텃밭을 가꾸고 있었다. 힘들지 않으시냐고 여쭈었더니, 자신이 '건널목 아니면 건너지도 못하는 성격'이라서, 조그만 일에도 신경이 쓰여 일꾼을 쓰며 신경 쓰기가 싫어서 직접 일을 한다고 했다. 그러면서 '세속(世俗)에 물들지 않고 살고 싶다'고 하는데 그날따라 왠지 외로워 보였다. 그리고 중국 열차에서 자리를 같이 했던 할아버지와 손녀의 얘기를 하며, 비록 가난해도 중국을 움직이는 지식층은 여전히 긍지를 잃지 않고 있더라고 하면서 중국을 바로 봐야 한다고 말씀하였다.

텃밭 가꾸는 박경리 여사

원주를 떠난 지 10년이 경과된 1999년 6월, 내가 행정자치부 차관보 때이다. 원주에서 토지 문화관 개관식 행사에 김대중 대통령이 참석했다. 대통령이 지방에 가면 통상 행자부 장관과 차관보도 수행하는데, 나는 개별적으로 좀 일찍 토지문화관에 도착하였다.

선생님에게 인사드려야 하는데 세월이 흘러 알아볼까 싶어 주저하고 있었다. 그런데 국회의원 한 분이 와서 선생님이 지금 원장실에 계신다는 소리를 듣고 인사드리러 가는데 나도 뒤따라 들어갔다. 그리고 의원이 휠체어에 앉아있는 선생님에게 정중하게 인사를 하는데, 뒤에 서있는 나를 대뜸 알아보고 "아니 시장님"하고 큰소리로 반겨주었다.

가까이 다가가 인사드렸더니 "왜 이래 늙었어요. 예전엔 참 홍안이었는데" 하였다. 정작 본인도 그때는 호미 들고 텃밭을 가꿀 만큼 건강하셨는데, 몸이 불편한 것을 보니 나도 마음이 몹시 아팠다. 선생님의 민족 대하소설 《토지》는 일제로부터 광복이 되는 시점에서 대미(大尾)를 장식한다. 선생님이 구상한 6·25까지 이어지지 못하고, 윤국이가 고향 평사리로 돌아오는 모습을 볼 수 없어 아쉽기만 하다.

박경리 선생님은 2008년 5월 5일 향년 81세로 원주에서 생을 마감하였다. 그리고 꿈에도 그리던 고향 땅 경남 통영(統營)에 영원히 잠들고 계신다. 덧붙여 박경리 선생님이 마지막까지 머물며 문학혼(文學魂)을 불태웠던 원주의 토지문화 재단과 토지 문화관은, 외동 따님인 김영주 이사장이 2019년 11월 작고함에 따라 사위인 김지하 시인이 이사장으로, 둘째 외손자(김세희)가 관장으로 선생님의 숭고한 뜻을 이어가고 있다.

한국의 슈바이처 문창모 박사

내가 잊지 못하는 원주의 어르신들 중에 나의 시정(市政)을 전적으로 지지해 주셨던 두 분이 있었다. 한센인 정착촌인 경천원 지원을 놓고 말이 많을 때도 두 분은 드러내놓고 적극적으로 나를 옹호해 주었다.

두 분 가운데 한 분은 원제윤 당시 번영회장이었고 또 한 분은 문창모(文昌模) 박사이다. 문 박사는 평북 선천 출신으로 배재고보 재학할 당시에는, 기독학생회장으로 6·10 만세 운동을 주동하여 서대문형무소에 수감되기도 하였다. 세브란스 의전을 졸업한 뒤에 국립 마산 결핵요양소 소장 때에는 크리스마스 실 발행을 주도하기도 하였다.

1958년에 연세대 원주기독병원 원장으로 부임하여 원주와 처음으로 인연을 맺게 되었다. 그리고 1964년 원주 학성동에 문 이비인후과를 개원하였다. 이를 계기로 원주에 삶의 둥지를 틀었다. 그 이후 원주를 떠나지 않고 지역주민을 위해 헌신적으로 진료 활동을 전개하였다. 문 박사는 새벽부터 환자를 돌보는 한편, 가난한 사람들한테는 진료비를 안 받기로 소문나 있었다.

어느 날 아침 6시 반쯤에 문 박사의 병원에 갔었는데 이미 진료 중이었고 대기하고 있는 환자도 여럿이었다. 내가 "왜 꼭두새벽부터 환자를 보시느냐"고 물었더니, "일찍 진료받고 돌아가서 일하길 원하는 시골 환자들을 위해서 입니다"라고 하면서 "아픈 사람은 밤에 더 아파서 밤이 길게 느낀다"고 하였다. 그래서 자세히 살펴보니 환자들이 모두 시골 분 같았다.

문 박사는 천성적으로 어려운 사람들을 잘 돕고, 남이 도움을 요청하면 거절을 못 하시는 것 같았다. 나는 시정을 펴나가면서 어려운 일이 있으면 문 박사에게 도움을 요청하곤 했다. 그 당시에 원주시는 미국 버지니아주 로아노크(Roanoke) 시와 국제 자매도시가 된지 25주년이 되는 해였다. 그래서 이를 계기로 그동안 격년제로 하던 초청행사를 25주년을 맞은 그해부터 상호 초청 방문하기로 했다.

시장이 자매위원회 위원장을 맡고 있어 매번 바뀐 관선 시장이 가고, 로아노크 시장은 10년 전에 한번 다녀가고는 자매위원들만 다녀갔다. 또 바뀐 시장으로 자매 시인 로아노크를 방문하는 것이 썩 내키지 않았다. 그래서 차제에 자매위원장을 민간인으로 바꾸었다. 그리고 연세대 후배인 나의 청을 거절 못 하시는 문 박사에게 자매위원장을 맡기고 자매 시 방문단장으로 다녀오도록 하기도 했다.

동악제례 후 미국 자매시 위원과 함께한 저자(뒷줄 한 가운데)

내가 시장 직을 마치고 원주를 떠나던 날, 문 박사는 송별 만찬장에서 마이크를 잡고 이렇게 말하였다. "김재영 시장이 떠난다는 소식을 듣고 못 가게 하려고 몇몇 사람들이 모여서 서울에 있는 함종한 국회의원에게 유임하게 해달라고 부탁했습니다. 그래서 함 의원이 내무부 장관에게 전화를 걸어 김 시장을 유임시켜 달라고 요청했습니다.

그런데 장관이 '김 시장이 개인 사정이 있다고 요청한 인사'라는 답변을 듣고는 더 이상 어찌할 수가 없어 보내드리기로 했습니다. 시장의 힘든 개인 사정이 잘 풀리도록 기도 대신 박수로 응원합시다"라고 말씀하셨다. 시정 구상을 펼쳐만 놓고 무책임하게 떠나는 것이 참으로 부끄러웠다.

이후 1992년 문 박사는 현대 그룹의 정주영 회장이 창당한 국민당 전국구의원 1번으로 국회의원이 되었다. 그리고 2002년 3월 17일 별세하시고 국민훈장 무궁화장이 추서되었다. 장례식은 원주시 사회장으로 치르었다. 나는 문상을 가서 그 자리에서 이런 사연을 듣게 되었다.

생전에 친구 아들의 대출 보증을 섰다가 빚을 떠안고 이를 갚기 위해 대출을 받았으나, 청산하지 못해 병원 건물이 경매에 넘어가게 되었다는 것이다. 그래서 문상 온 원주시장과 시의원들에게 "문 박사가 원주에 쏟은 정성이 얼마나 큰가. 그러니 시에서 구입하여 기념사업으로 활용해야 한다"고 나름대로 역설했다. 그러나 결국은 다른 사람에게 낙찰되었다고 한다. 생전에 문 박사로부터 받은 은덕에 보답하지 못한 내가 죄스러웠다.

6장
삶의 질을 높이는 소프트 행정

과천시장

1991. 1. – 1993. 3.

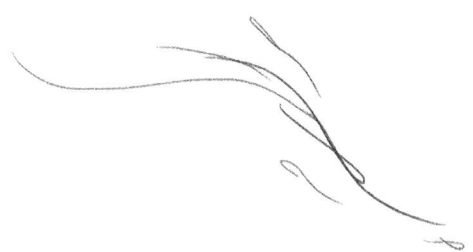

원주시장을 떠난 것은 가족 곁에 있어야 할 사정이 있었기 때문이다. 그래서 출퇴근이 가능한 지방행정연수원의 1년 코스인 시장·군수반 교육을 자청해서 갔었다. 그러나 수료 후에도 사정이 바뀌지 않았다. 따라서 내무부 차관보(이판석)에게 강원도로 가기 어려운 사정을 얘기하고 서울 인근 시 근무를 희망했다. 그래선지 과천시장으로 발령이 났다.

과천의 역사와 현황

서울의 명산인 관악산과 청계산을 울타리로 삼은 과천시는, 일찍이 삼국시대에는 본래 백제의 영토였다. 그러나 고구려의 장수왕이 남정하여 고구려의 영토가 되면서, 밤나무골이란 뜻의 율목군(栗木郡)이라 칭하였다.

그리고 해가 돋는 곳, 또는 산이 많은 고을이란 뜻으로 동사힐(冬

斯肹)이라고도 불리었다. 이후 통일신라 때는 율진군(栗津郡)으로, 조선 시대에는 과천현(果川縣)으로 개칭되었다. 이어서 일제강점기에는 시흥군에 통합되면서 과천면(果川面)으로, 그리고 1895년 지방관제 개정으로 군(郡)이 되었다.

1970-80년대 산업화 과정에서 발생한 인구의 대도시 집중으로 야기된, 서울의 과밀 인구와 주택 문제를 해소하고자 신도시 개발정책이 추진되었다. 이에 따라 서울 외곽인 과천에 제2정부종합청사를 건설하여 중앙행정기능의 일부를 분산 수용하였다. 아울러 서울 시민의 휴식위락공간으로 서울대공원 등을 조성하면서 1986년 과천시로 승격되었다.

내가 시장으로 취임할 당시의 과천시는 전체 면적이 35.8㎢로서 인구수는 7만 1천여 명 정도였다. 그런데 도시 면적의 92%가 그린벨트에 묶여 있어 불과 8%에 해당하는 지역에서 시민의 80%가 아파트에서 살고 있었다. 그런데 시민들의 평균 학력 수준은 전국에서 가장 높았다. 이렇듯 과천시는 매우 독특한 성격을 지닌 서울의 위성 도시였다.

소프트 행정이란 무엇인가

이처럼 과천은 내가 시장으로 일했던 원주와는 서로 다른 점이 많았다. 즉 원주는 교통망 확충으로 개발 호기를 맞아, 미흡한 도시기반 시설확충과 택지 개발, 공단 건설 등 개발에 역점을 두고 예산과 행정력을 쏟았었다.

그러나 과천의 면적과 인구는 원주의 절반도 안 되지만, 일반회계 예산은 연간 3백억이 넘는 마권세 징수 교부금 세입으로 원주보다 많았다. 계획된 도시 정비도 다 끝난 상태로 요구되는 시정의 질도 아주 달랐다. 마침 전국적으로 30년 만에 비록 반쪽이긴 하지만, 지방자치가 부활되면서 지방화 시대가 막을 올렸다. 과천시도 내가 부임한 직후인 1991년 4월 15일 과천시 의회가 개원되었다.

흔히 우리처럼 작은 나라에서의 지방자치는 비능률적이며 자치비용도 과다 소요된다는 지적이 있다. 그러나 지방자치는 지역의 문제를 지역 주민들끼리 의논해서, 스스로 해결해 나가는 제도라는 점에서 바로 민주주의의 핵심 요체이다.

특히 지방자치는 주민의 욕구가 효율적으로 반영된다는 이점을 가지고 있을 뿐만 아니라, 무엇보다 지역 주민들에게 사는 재미를 줄 수 있다. 그런 의미에서 지방자치로 인한 낭비는, 사는 재미의 대가로 지불하는 것이므로 아깝지 않다는 것이 평소 지방자치에 대한 나의 견해이다.

따라서 천편일률적인 지방행정에서 벗어나 과천이 가진 여건과 특성을 살려, 시민들이 사는 재미를 느끼도록 삶의 질을 높이는 것을 시정의 기본 방향으로 잡았다. 이를 두고 나는 원주처럼 개발에 역점을 두는 시정을 '하드(hard) 행정'이라고 하고, 과천같이 삶의 질에 역점을 둔 시정을 '소프트(soft) 행정[15]'이라고 불렀다.

---

[15] 중앙일보 1993. 1. 28. : 인터뷰 "시민에게 「사는 재미」 안겨주자"

시민의식 구조 조사 시행

나는 이 소프트 행정을 '시민들이 원하는 것이 무엇인지'를 정확히 파악하는 것으로부터 시작했다. 시 승격 후 처음으로 전문 용역기관에 의뢰하여 시민의식 구조에 관한 조사를 시행했다. 과천 거주 총 2만 3천3백43세대 중 10%인 2천3백32세대를 대상으로 실시한 결과는 다음과 같았다.

시민 대부분은 과천이 공기가 맑고 산과 나무가 좋아서 살기 좋은 도시라고 생각했다. 그리고 불만 사항으로는 자녀 교육문제(34%)와 서울로의 미편입(26%), 체육 문화시설의 부족(22%)을 비롯해 교통사고 다발지역 지하도 개설 등 각종 불편 사항의 미해결을 꼽았다.

이에 따라 시정 역점시책을 크게 4가지로 구분하여 추진하였다. 첫째, 행정서비스를 시민들이 체감할 수 있도록 다양화한다. 둘째, 과천 홀로서기 기반을 조성하여 서울 지향 의식을 해소한다. 셋째, 교육행정을 적극 지원하여 전국 제1의 교육도시로 가꾼다. 넷째, 사는 재미를 주는 행정을 펼친다.

❖

행정서비스를 시민들이 체감하도록 했다[16]

잘 알다시피 지방행정의 본질은 주민에 대한 봉사이며 서비스이

---

16) 월간 '직장인' 1993년 1월호 : 서비스 행정 실천하는 과천시장
한국일보 1993. 3. 2. : 시민 민원을 찾아나서다

다. 따라서 과천시에서 추진한 행정 봉사와 서비스의 사례들은 공무원 머리에서만 나온 것이 아니라, 시민의 의견이 함께 추진된 것이었다.

먼저 그동안 누적된 고질적인 민원과 현안 문제를 전수 조사하여 총 11건을 카드화하고 대책(안)을 마련한 후, 담당 공무원이 민원 당사자를 찾아가서 언제까지 해결하겠다고 설명하고 공문을 전달했다. 그리고 고질적 민원을 반드시 처리하도록 제1차 과천시 발전 5개년 계획(1992년~1996년)에 반영하였다.

또 전국에서 처음으로 평일에 바쁜 직장인들을 위해 토·일요일에도 민원서류를 발급해 주는, 연중무휴 간이 민원 센터(김기곤 공보계장 제안)를 시민들이 많이 다니는 쇼핑센터에 마련하였다. 그래서 주민등록 등초본·호적등본·토지대장등본·지적도등본·도시계획 확인원 등, 31종의 민원서류를 시청 및 동사무소와 팩스로 연결하여 발급했다.

이는 무엇보다 전 직원이 돌아가면서 휴일 당번을 흔쾌히 맡아준 덕분이다. 또한 야간에는 자동전화 응답기로 민원을 받아놓았다가 아침에 출근해서 발급토록 했다. 시민들이 생활 불편사항 등을 신고하면 신속히 출동할 수 있도록, 도로·상수도·주택 등 각 부서에서 차출된 7명으로 '밤돌이 생활민원 봉사대'를 편성하여 운영했다.

이에 따라 그동안 주택가의 공터나 야산 기슭 등에 방치된 장롱·냉

장고 등 대형 쓰레기가 치워지고, 보도블록 파손·가로등·교통 표지판 훼손 등의 보수 작업이 종전보다 신속히 이루어졌다.

그리고 노인과 시설 보호자의 건강증진을 위해서 물리치료사 2명을 별도 채용하고, 관련 장비를 구입하여 보건소 내 물리치료실(1992. 5. 개설)을 운영했다. 이곳의 하루 이용자가 30명이 넘을 만큼 반응이 무척 좋았다.

✤

과천 홀로서기를 지향하다

한편 1986년 과천이 시로 승격한지 6년이 지났지만, 여전히 서울 지향적 시민의식에서 벗어나지 못하고 있었다. 모든 위성도시가 그러하듯이 과천도 서울 지향적 시민 의식으로 살고 있는, 그래서 지역에 애착도 없고 응집력도 약했다. 지방화 시대에 걸맞는 과천시대를 열어가기 위해서는 과천 시민으로서 자긍심을 가지고, 서울 지향적 의식을 털고 과천시가 스스로 홀로 서는 것이 무엇보다도 시급했다.

과천문화원 개원과 도시계획 독립

그래서 먼저 과천 소재 국사편찬위원회의 협조를 얻어, 과천 시민을 대상으로 '역사 속의 과천'이라는 시민 교양 강좌를 개설하여 시행하였다. 그리고 과천의 향토 문화예술의 보존과 육성 및 지역사회의 문화 활동을 활성화하기 위해, 과천문화원을 개원(1991. 3.) 하고 향토지의 발행을 지원했다.

또한 종래 서울시 도시계획에 포함되어 있던 과천시 도시계획을 중앙도시계획위원회에서 서울시로부터 분리토록 결정(1991. 6.) 했다. 안양교육청에서는 초등학교 3학년 사회과목 별책 《안양 향토자료집》에 들어있던 '과천'을, 과천시가 예산을 부담하는 조건으로 《자랑스런 내 고장 과천》으로 향토자료집을 발간(1992. 3.)하여 배부했다.

'밤나무'를 '시목'으로 삼다

이런 가운데 과천시의회가 개원된 1991년 4월부터, 시민들의 소리를 적극적으로 수렴하기 위해 매월 반상회에서 '시 발전 아이디어 공모'를 시책으로 추진하였다. 6월의 주제인 애향심을 심어줄 수 있는 방안에 '밤 꽃향기로 고향의 냄새를 찾자'는 시민(노경남, 37세, 별양동) 제안이 있었고, 이에 따라 과천의 이름이 '밤나무골'에서 유래했고 과천이 재래종 밤나무인 상두 밤의 원산지임을 감안하여 이를 채택하였다.

따라서 기존 '시목(市木)'이던 은행나무를 밤나무로 바꾸고 밤나무 생태조사 연구를 의뢰하여, 연구팀에서 건의한 밤나무 가로수 조성을 시범적으로 시행하였다. 그래서 부림로 변(과천성당-과천시청)의 기존 아카시아 나무를 밤나무로 교체하면서, 과천중학교와 문원중학교 1, 2학년 학생들이 식재토록 하였다. 그리고 밤나무마다 식재한 학생들의 이름과 애명을 붙인 표찰을 달아주어, 밤나무와 과천 청소년들과의 유대감을 느끼도록 했다.

과천시민회관 건립공사 착공

당초 과천은 전원도시로 개발된 계획도시이지만 문화 체육시설 등 각종 편익시설이 없었다. 서울대공원과 서울랜드·과천경마장 등의 위락시설이 있었으나, 이런 시설들은 타 지역 사람들을 위해서라는 것이 과천 시민들의 생각이었다.

따라서 수영을 하려면 서울과 안양으로 가야 하는 시민들에게 자긍심을 가지라고 할 수는 없었다. 그래서 시민들의 문화적 욕구를 충족할 수 있는 자체의 문화와 휴식 공간을 시급히 마련해야만 했다.

마침 통 큰 전임 시장(김태수)이 시청 앞 부지를 2백억 원에 매입하여, 과천 시민회관 건립을 위한 기본설계가 진행되고 있었다. 그런데 나는 시 규모에 비해 매우 과다하다고 생각했다. 그래서 여러 날을 고심한 끝에 과천이 홀로서기 위해서는 반드시 필요한 시설이라고 판단하고 계속 추진키로 했다.

또한 반상회를 통해 수렴한 시민회관 건립에 대한 의견을 보완하고, 대지 6천95평 위에 지상 4층·지하 3층에 연면적 1만 1천7백69평을 건설하기로 결정했다. 그리고 여기에 문화시설로는 대극장·소극장·각종 전시장·독서실 등을, 사회 체육시설로는 실내 체육관·실내 수영장·볼링장·아이스링크장 등을 포함하기로 했다.

이때 소극장은 과천 시민들이 저녁식사하고 산책하듯 가족들이 함께 와서, 흘러간 영화나 가벼운 공연 등을 즐길 수 있도록 마련하였다. 아이스링크장[17]은 넣느냐 마느냐 논란이 많았지만, 과천 청소년들을 위해 포함시키기로 결정했다.

땅값 2백억 원을 제외하고도 4백억 원 이상이 소요되는 대공사를, 7만 시민의 자긍심을 높이고 화합을 일궈낼 텃밭으로 확신하고, 공사 기간은 3년(1992. 2.-1996. 12.)으로 예정하여 착공[18]을 하였다.

과천시민회관 기공식에서 기념사하는 저자 (1992. 7. 18.)

그런데 공사가 진척되면서 어느 날 경제기획원과 내무부에서 전

---

17) 훗날 피겨스케이팅 김연아 선수가 초·중 시절 이곳에서 줄곧 연습을 하였다. 따라서 2010년 벤쿠버 동계올림픽에서 김 선수가 금메달을 따는데, 과천시민회관 아이스링크장이 톡톡히 한몫을 하였다.
18) 경인일보 1992. 2. 29. : '7만 시민 화합·애향 일궈낼 텃밭-과천시민회관 착공'

화가 왔다. 매일 공사장을 지나 출퇴근하는 부총리가 '조그마한 도시에 무슨 시민회관을 그렇게 크게 짓느냐'고 했다면서 내용을 확인해서 보고하라는 것이었다.

그래서 '절대로 주먹구구로 크게 짓는 것이 아니다. 과천 시민의 의식구조 조사를 통해서 지방화 시대에 부응하는 과천 홀로서기의 상징적 시책으로 추진하는 것'이라고 설명하였다. 아울러 과천시 예산은 과천 시의회에서 승인하게 되어 있는데, 혹시 부총리는 지방자치가 뭔지 모르시는 것 아니냐고 되물었다.

✥

교육행정을 적극 지원하다

과천 시민의 최대 관심사는 자녀교육이었다. 관내에는 1990년 4월 1일 기준으로 4개 초등학교에 7천9백8명, 2개 중학교에 2천1백14명, 3개 고등학교에 4천1백97명, 총 1만 4천2백19명의 학생이 있었다. 이 가운데 과천중학교와 문원중학교의 우수한 학생들 중, 서울대학교 입학률이 높은 안양고등학교에 가기 위해 매년 20명 내외의 학생들이 안양시내 중학교로 전학하고 있는 실정이었다.

그러다 보니 전국에서 학력이 가장 높은 과천시의 학부모들은, 자식들을 좋은 학교에 보내고 싶은 마음에서 서울로의 학군 편입을 바라고 있었다. 반쪽 지방자치에 과천시의 소관 업무가 아닌 교육 문제에 시의 재정을 투입하는 것은 논란의 여지가 있었다. 그렇지만 과천

시대를 열어가기 위해서는, 과천을 전국에서 알아주는 교육도시로 만드는 것보다 더 나은 방안이 없다고 판단했고, 시의 재정이 허락되는 범위 내에서 교육 분야에 적극적인 지원을 하기로 방침을 정했다.

원주에서도 그랬듯이 교장단과의 간담회를 통해 각 학교별로 필요한 사항을 듣고, 지원이 가능한 범위 내에서 최대한 지원하겠다고 약속했다. 아울러 중·고등학교 학생들과의 대화의 시간을 별도로 갖고 싶다고 요청했다. 이렇게 이루어진 학생들과의 대화에서 나는 과천의 꿈을, 학생들은 원하는 학교 환경을 이야기했다. 이후 교장단과 학생들의 건의사항 가운데 시에서 도울 수 있는 것은 약속대로 최대한 지원했다.

초등학교 급식시설, 시에서 지원

관내 모든 학교에 소요예산 1억 원을 투입하여 공기정화장치를 부착한 현대식 소각로를 설치하고, 일부 학교의 재래식 화장실을 수세식으로 교체하는 등 교육환경 개선사업을 적극 지원하였다.

마침 관내지역 열 난방공사가 아파트단지와 대형빌딩을 대상으로 시공 중이라, 교육감에 건의하여 학교까지 시공토록 하고 여기에서 제외된 사립 2개교는 시에서 공사비 50%를 지원하기도 했다.

과천시의 교육 지원을 두고 선망과 시샘으로 뒷얘기가 있던 차에 경기도 교육감과 교장단이 함께한 간담회에서, 내가 초등학교 급식

시설 지원을 약속한 내용이 신문[19]에 보도되자 경기도 예산실에 소동이 났다. 잔뜩 움츠러든 시청 간부들에게 나는 "시나 국가를 위해서도 청소년을 위한 투자보다 더 나은 투자가 어디 있느냐. 경기도에서 지방자치가 뭔지 몰라서 그러니 염려하지 않아도 된다"고 적극적으로 안심시켰다.

여기에 더해 관내 9개 학교를 명문화하고 우수 인재 양성을 하기 위해 '과천 애향 장학회'의 설립인가를 받았다. 그리고 장학기금 1차 목표액인 10억 원은 과천시 출연금 5억 원과 각급 사회단체 및 독지가의 후원금으로 마련하여, 1994년 말부터 지급하기로 확정했다.

청소년 문화교실을 마련하다

앞서 언급한 '학생들과의 대화'에서 많은 학생들이 "과천에는 학생들이 즐길 수 있는 문화행사나 시설이 부족하다."고 말했다. 내 생각에는 십 대 청소년기에 평생의 관심과 취향이 결정되는데, 우리 교육은 성적과 진학 위주에 치우쳐 있어 청소년들이 가지고 있는 소질을 발견할 수 있는 기회가 별로 없는 것 같았다. 그래서 학생들의 메마른 정서를 함양시키고, 이를 취미나 특기로 발전시킬 수 있는 청소년 문화교실[20]을 마련했다.

---

19) 경기일보 1992. 12. 17. : 초등학교 급식시설 지원(과천시)
20) 한국일보 1992. 5. 5. : '과천 청소년 문화교실 학생들에 큰 인기'
　　조선일보 1992. 5. 10. : 과천 10대 대상 '토요문화교실'

전국에서 처음으로 시가 주관하여 이 같은 수련의 장을 마련할 수 있었던 것은 과천이 가진 특성 때문이었다. 강사 수당을 비롯하여 취미 교실에 필요한 기타·아쟁·장구·꽹과리·붓·벼루 등, 각종 악기와 자재 구입비로 1억 6천만 원을 투입했다. 그리고 문학·미술·연극·국악·농악·탈춤·바둑 등 12개 분야별로 초등반과 중·고등반 등 29개 반을 편성하여, 매주 토요일 오후 2시부터 4시까지 각급 학교 교실과 운동장·시청 강당·문화원 회의실 등에서 운영했다.

과천에는 한국문인협회에 등록된 문인들이 34명이나 되고, 준 인간문화재·영화감독·연극인·프로 바둑기사 등 각 분야의 전문인들이 살고 있었다. 이분들은 강사 수당이 실비 수준임에도 불구하고, 지역 사회에 봉사하는 자세로 참여해 주셨다. 1992년 3월에 개원하던 날 중앙공원에는 보슬비가 내리는 가운데 9백80명의 수강생들이 참석했다. 그리고 이듬해에는 관내 총학생수의 20%가 넘는 3천93명이 중앙공원에 모였다.

시민들에게 사는 재미를 주는 행정

내무부 재정과장 재직 시 시행했던 신생아 출생기념 저축통장의 발급 실적을 확인해보니, 유명무실했던 원주시의 경우와는 달리 1986년부터 6년 동안 3천5백여 개 통장이 지급되었으나 부모들의 무관심으로 방치되고 있었다.

나는 저축은 습관이며, 좋은 습관은 어릴 때부터 부모를 통해 형성된다는 말을 믿었다. 마침 1년 후면 처음 출생기념 저축통장을 받았던 아기들이 초등학교에 입학하게 되었다. 따라서 1천 원을 넣은 입학기념 통장을 지급하여 부모들의 저축심을 다시 한번 일깨우기로 했다.

축하 '멜로디 전보'를 보내다

당시 과천 시민 대부분은 아파트에서 생활하고 있었다. 그래서 자칫 삭막해지기 쉬운 도시 분위기를 정감있게 만들어 보자는 취지에서, 1992년 1월 부터 과천 시민 중에서 결혼 1주년을 맞은 부부와, 과천에서 태어난 아기의 첫돌을 맞은 부부에게 음악이 있는 축하 멜로디 전보[21]를 보내기로 했다.

1992년 한 해 동안 보낸 멜로디 전보는, 결혼 1주년 4백35건·첫돌기념 9백73건 등 모두 1천4백8건으로, 들어간 경비는 2백50여만 원으로 첫해에는 시 예산으로 충당했다. 1993년부터는 민원실 자판기에서 나오는 빈 캔이나 병 등 재활용품을 팔아서 마련했다. 과천시로부터 멜로디 전보를 받은 시민들은, 한결같이 과천이 오래오래 살만한 도시라는 생각이 든다고 하면서 엄청 재미있어한다는 후문이었다.

---

[21] 조선일보 1993. 1. 15. : 시청서 보내는 축전
월간 젊은 엄마 1993년 3월호 : '첫돌 맞은 아이들에게 멜로디 축전과 저축통장 선물하는 과천시장'

문화 달력을 제작·배포하다

관내에는 현대미술관을 비롯하여 서울랜드·서울대공원·국사편찬위원회·도립 도서관·과천문화원 등에서 주관하는 각종 전시회나 강연회·취미클럽과 같은 문화행사가 많았다. 그리고 과천시에서도 간병 등 부업형 프로그램을 포함하여 40개가 넘는 여가선용 프로그램을 운영하고 있었다. 그러나 홍보가 미흡하여 시민들의 참여 실적이 저조했다.

그러던 참에 이 모든 프로그램을 월별·일자별·분야별로 일목요연하게 정리하여 1년 내내 볼 수 있도록 문화 달력을 제작하여 배부하자고 문화계장(오세인)이 제안했다. 시민들이 관내 소재 서울랜드나 과천경마장 등을, 타 지역 사람들이 이용하는 시설 정도로 인식하고 있던 터라, 문화 달력은 매우 유용한 정보 매체가 될 것으로 간부회의에서 판단했다.

그래서 시민들이 문화 달력을 가까이에 두고 볼 수 있도록 탁상용으로 제작하였다. 그리고 과천시가 주관한 어린이날 그림 그리기 대회에서 입상한 그림 12매를 넣었다. 여기에 날짜마다 해당 행사의 제목과 번호를 표시하고, 뒤쪽에는 자세한 내용과 연락처 등을 안내하는 총 20매의 문화 달력을 제작하여 배부했다.

글짓기와 그림 그리기 대회 개최

한국문인협회 과천지부(지부장 석용원)와 협조하여 매년 어린이날 시청 앞 잔디광장에서 개최하는 글짓기(동시·산문)와 그림 그리기 대회를 개최하였다. 이는 일회성 행사로 끝내지 않고, 출품된 모든 작품(동시 50편, 산문 65편, 그림 50점 등 총 1백97편)을 《율목의 새싹들[22]》(1991년 제1호)이라는 한 권의 책으로 엮었다.

오늘날은 주민에게 현금을 뿌리는 자치 시대이므로, 아무도 관심을 가지지 않을 소프트 행정[23]이었지만, 반쪽짜리 지방자치가 개막되던 30년 전에는 많은 관심을 불러일으켰다. 월간 중앙(1993년 3월호)에 '한국을 바꿔갈 101인'에 내가 선정되었고 각종 신문과 잡지에 실리기도 했다. 그런데 시장으로 당연히 해야 할 일을 더구나 과천시 공무원들이 한 일들을 자화자찬한 것 같은 생각이 들어 참으로 멋쩍기도 했다.

중앙일보 인터뷰하는 저자 (1993. 1. 28)

---

22) 중부일보 1991. 10. 26. : 《율목의 새싹들》 발간 출판기념회
23) 월간 신부 1993년 3월호 : '시장님, 시장님, 우리 시장님'

> Episode 1 너와 나 우리 되어 살기 좋은 과천

시정 구호를 현상공모 한 결과 93명의 학생과 시민이 응모하였다. 그 가운데 과천 외국어고등학교 1학년 손희경 양의 '너와 나 우리 되어 살기 좋은 과천'이 최우수작으로 선정됐다.

시인 조병화는 '상실해 가는 고향'이라는 시에서, 이제 자연의 고향은 사라져가고, 정들어 같이 사는 사람들이 고향이 되어간다고 했다. 이처럼 시민의 90%가 외지에서 유입되었고, 이중 80%가 메마른 아파트에 살고 있는 관계로 시민의 응집력이 미약한 과천시에 잘 어울리는 구호였다.

모름지기 이웃 간에 정을 나누면서 고향이 되어가도록 과천시를 잘 가꾸는 것이 내가 펼친 소프트 행정이었다. 그런 의미에서 손희경 양이 바라는 과천의 모습이 바로 내가 추구하는 소프트 행정의 궁극적인 목표이었다.

'시정 구호'에 얽힌 이야기, 하나

여름 장마철에 왜 그랬는지는 잘 기억되지는 않는다. 아무튼 동장과 함께 소년소녀 가장이 살고 있는 집을 방문했다. 반지하 방을 들어가 보니 하나뿐인 작은 창문이 길로 반쯤 가려져 있어, 낮에도 전등을 켜야 하고 곰팡이 냄새가 코를 찔렀다. 초등학교와 중학교에 다니는 남매들을 살게 해서는 안 되는 환경이었다. 그래서 동장에게 다른 곳으로 옮겨줄 것을 당부했다.

이 같은 소년소녀 가장들이 관내에 7세대 15명이 있었는데, 하나같이 주거환경이 열악하여 대책 마련이 절실했다. 이들에게 7.5평 소형 아파트를 매입하여 무상 임대할 계획으로, 매입비 예산 3억 1천5백만 원을 반영하였다. 그 과정에서 공무원과 시의원들은 전국의 소년소녀 가장들이 과천으로 몰려오면 어떻게 하느냐고 걱정했다. 그래서 "그게 왜 걱정입니까. 오히려 과천의 자랑이지요. 시정 구호도 '너와 나 우리 되어 살기 좋은 과천' 아닙니까"라고 반문했다.

'시정 구호'에 얽힌 이야기, 둘

교육과 관련하여 과천의 우수한 재동들을 다른 시군으로 빼앗긴다는 것이 마음을 불편하게 했다. 교장단과의 간담회에서 과천의 우수한 중학생들이 안양고등학교로 전학 가는 것을 막기 위해 내가 나서도 괜찮으냐고 물었더니 기다렸다는 듯이 반겼다.

그러고는 과천중학교와 문원중학교 학생들 중, 전교 10% 이내 학생들의 학부모를 호텔 오찬에 초청하고, 과천 인재들이 전학 가는 한 과천은 이류일 수밖에 없다. 뛰어난 자제분을 가진 여러분이 과천을 일류로 만들 수 있다는 의견을 피력하였다. 이 자리에서 학부모님들은 과천고등학교는 냉·난방 시설이 없어, 덥거나 추우면 공부를 하기가 어렵다는 등 여러 가지 애로 사항을 토로하였다. 이에 대해 나는 모두 해결하겠다고 약속했다.

다음날 초청받지 못한 학부모들로부터 학생들을 성적으로 차별한다는 항의를 받고, 시장 생각이 짧았음을 시인하고 진심으로 사과했다. 초청을 받지 못한 학부모들이 마음에 상처를 입는다는 것은 생각지도 못했다. 그러나 매년 우수한 학생 20여 명이 안양으로 전학 갔으나, 다행히 그 해에는 전학을 간 학생이 2명에 불과했다.

그런데 엉뚱한 부작용이 일어났다. 관내 중학생 중에서 관내 고등학교로 진학 하지 못하는 학생이, 매년 10명 안팎이었지만 그 해에는 42명이나 되었다. 이 학생들 학부모들이 시장 때문이라며 시장실로 몰려왔다. 그런데 그 중 한 분이 시정 구호도 '너와 나 우리 되어 살기 좋은 과천'아니냐. 그러니 시장이 나서서 해결해내라고 요구했다. 나는 참으로 난감했다. 그래서 교장단을 만나 해결책을 걱정했더니, 과천 외고의 류택희 이사장 겸 교장이 2학급 증설을 추진해서 탈락자 전원이 입학하게 되었다. 이 소식을 학부모 대표에게 전화로 연락했더니, 과천이야말로 시정 구호처럼 '살기 좋은 도시' 같다면서 고마워했다.

Episode 2 민선 시장의 꿈을 접다

1992년 10월, 과천 시장실에서 아침 간부회의가 끝나자 원주 출신의 국민당 전국구 국회의원인 문창모 의원이 시장실에 들어왔다. 그리고 "김 시장, 원주 다 잊으셨지요"라고 웃으며 말씀하였다. 보건사회부 회의에 가는 길에 들렀다고 했다.

이어서 어제 원주 사람들과의 저녁식사 자리에서, 자기가 과천 정부 청사 회의에 간다고 하니까 모두들 김 시장 다시 원주로 데리고 오라고 해서 왔다고 하였다. 그에 앞서 며칠 전에는 원주시 여성단체회장단이 다녀가고, 원주가 지역구인 함종한 국회의원도 와서 원주에 다시 오라고 했지만 그저 덕담으로 여겼다.

그리고 1994년 5월 제1회 전국 동시 지방선거를 1년 앞두고 포항시장을 하고 있을 때이다. 어느 날 포항시장실로 과천시의원 7명 중 5명이 찾아와서, 함께 오지 못한 2명도 동의했다면서 과천시장 출마를 강하게 권유했다. 바로 거절하지 않고 말미를 달라고 했는데, 그럴만한 이유가 몇 가지 있기 때문이었다.

그 당시 나는 완전한 지방자치가 시행되면 고향인 경북 도지사로 갈 수도 없고, 또 내무부도 힘이 빠져서 매력 있는 부처가 안 된다고 판단하고 있었다. 그래서 얼핏 민선 자치단체장의 진출을 그려보기는 했다. 그러나 무엇보다도 나는 대범하지 못하고 꼼꼼한 편이라서, 지휘관형이 아니라 참모형이라고 스스로 생각하고 있었다.

그러던 차에 원주와 과천시장을 하면서 스스로를 잘못 알았다는 것을 느꼈다. 내가 최종 결정을 하고 그 책임을 진다는 것이 내 성질에 맞고 그게 지휘관이라고 봤다. 그래서 남은 공직생활은 참모가 아닌 지휘관으로 보내고 싶었다. 그리고 시민이 선출한 민선 시장은 오직 시민만을 보고 일하면 된다는 것이 매우 가치 있고 매력적이라고 생각되었다.

이런 까닭으로 나도 민선 시장에 도전해 볼 만하다고 판단하였고, 나중에는 중앙 정치를 할 기회도 있을 수 있다고 전망하였다. 특히 과천의 경우는 시민의 90%가 외지인으로 구성되어있어 지역 연고로 인한 부담은 없었다. 이에 따라 주말에 가족이 모인 자리에서 과천시장 선거에 출마하면 어떻겠느냐고 물었다. 일단 자식들은 하고 싶으신 대로 하시라고 했다. 그러나 아내가 완강하게 반대했다.

나는 의외라고 생각해 시간 여유를 두었다가 다시 얘기했지만 아내의 반대는 여전했다. 힘든 선거판을 두려워하는 것 같았다. 고심 끝에 내 주제에 선거가 어울리지도 않을 뿐더러, 힘든 도전보다 편하게 사는게 낫겠다고 판단했다. 그래서 과천시 의원들에게 전화를 걸어 뜻을 받아들이지 못해 미안하다고 전했다.

그 후 나는 포항시장 근무를 7개월 더 하고 내무부 본부 공보관으로 발령받았다. 당시 내무부 장관(최형우)은 대 언론관계를 중시해서인지, 공보관을 대변인이라 부르고 움직일 때는 늘 수행하길 원했다. 내가 공보관으로 발령을 받고 얼마 되지 않은 어느 날, 차량 이동 중에 장관이 "내가 아는 포항 사람들이 대변인 평판을 아주 좋게 하더라. 포항시장에 출마할 계획 없나"라고 물었다.

그래서 없다고 대답했더니 "대변인은 여러 곳에서 시장을 했으니 나갈만한 지역이 있을 것 아니냐"면서, 자기 같으면 장관 안하고 민선 시장이나 군수 한다고 하면서, 출마를 고려해 보라고 했지만 그냥 웃으며 넘겼다. 이후에도 현직 자치단체장들과 내무부 출신 선·후배들의 민선 단체장 출마에 대하여 이런저런 얘기를 하면서, 나 보고 공천 걱정은 하지 말라며 출마를 다시 권유하였다.

그러다보니 마음에 미련이 남아있어선지 어쩔까하는 마음에, 과천시장 후보로 누가 거론되는지 물어보기도 했다. 그런데 어느 날 갑자기 'JP팽' 발언으로 장관이 떠나게 되었고, 나도 민선 자치단체장으로의 인연을 완전히 접었다.

따라서 내가 과천시에서 처음으로 구상하고 열심히 펼쳤던, 소프트 행정이라는 꿈 나무는 더 이상 자라지 못하고 말았다. 지금도 간혹 과천을 지나갈 때면 많은 생각이 떠오른다.

7장

45년 만에 영·포 한 뿌리로 통합

포항시장

1994. 3. – 1994. 9. (7개월)

과천시장을 마치고 내무부 연수원 기획부장과 국무총리실 국장을 거쳐, 1994년 3월부터 9월까지 7개월 동안 경상북도 포항시(浦項市)의 시장으로 재직했다. 아주 짧은 기간이었지만 전환기를 맞이한 포항시의 새로운 방향 설정을 위해 진력하였다.

영일군과 포항시, 다시 한 뿌리로 통합

포항은 긴 세월 동안 한반도 영일만의 작은 어촌이었다. 그래서 조선시대에는 우암(尤庵) 송시열(宋時烈)과 다산(茶山) 정약용(丁若鏞)이 귀양을 왔을 만큼 외진 벽지였다. 그러나 영일만에 항만 시설이 들어서고 해상 교통이 편리해지면서, 1949년 영일군(迎日郡)으로부터 독립하여 경상북도 포항시로 승격되었다.

그리고 1968년에 포항제철(이하 '포스코')이 들어서면서, 우리나라에서 잘 사는 도시 중의 하나로 부상하게 되었다. 이런 과정을 거쳐 내가 시장으로 취임한 직후인 1994년 4월 25일, 영일군과 분리된 지 45년 만에 주민들의 절대적인 찬성으로 다시 한 뿌리로 통합이 확정되었다.

포항·영일 시군 통합 공청회(오른쪽 네 번째가 저자)

이렇게 영일군과 포항시(이하 '영·포')의 통합으로 인구는 33만 명에서 51만 명으로, 면적은 73㎢에서 1천1백25㎢로 넓어져서 재도약의 발판은 일단 마련되었다. 그런데 앞으로 1995년 1월 1일에 통합 포항시가 정식으로 출범하게 되고 이어서 동년 6월에 지방자치제가 전면 실시되면, 포항시는 관선 아닌 민선 시장이 시정을 이끌어가는 지방화 시대를 앞두고 있었다.

따라서 내가 포항 시정을 맡을 기간은 길어야 1년 정도였다. 그래서 1년이란 한정된 기간 동안 '과연 내가 무엇을 얼마만큼 할 수 있을까'라는 회의감도 들었다. 그러나 한편 전환기의 1년은 매우 귀중하고 결코 짧은 시간이 아니라고 판단하였다. 이에 따라 영·포 통합의 포항시가 앞으로 나아가야 할 기틀, 즉 비전과 장기 발전 전략을 마련하기로 하였다.

환동해권 중심도시, 그대로 이어가다.

우선 포항시와 영일군이 기존에 가지고 있던 비전과 개발계획을 검토하고, 지역 내에서 추진되고 있거나 추진해야 할 각종 현안 사업들을 파악해 보았다. 그리고 이를 종합적으로 정리하여 나의 시정 구상을 담은, '전환기에 선 포항 어떻게 할 것인가'라는 보고서를 작성하고, 여러 차례에 걸쳐 전 공무원들에게 설명회를 가졌다.

이 보고서에는 포항의 기본적인 비전을 전임 시장들이 구상해왔던 환동해권(環東海圈)의 중심 도시[24]로 잡았다. 그리고 당면 과제로는 영·포 통합에 따른 주민 화합 대책의 강구 및 각종 지역 현안 사업의 추진계획으로 나누었다. 그리고 별도로 포스코(Posco)와의 관계 재정립을 염두에 두었다. 여기서 환동해권이란 북한의 나진·일본의 니가타(新潟)·중국 동북부 훈춘(琿春), 그리고 극동 러시아의 블라디보스토크 등을 하나의 권역으로 묶은 것을 일컫는다.

따라서 환동해권 또는 환동해경제권이란 한국과 일본은 자본과 기술력, 극동 러시아는 지하 자원, 북한과 중국 동북부는 노동력을 활

---

24) 영남일보 1994. 4. 12. : '환태평양시대 중심도시 만든다'
한국일보 1994. 5. 17. : '포항, 국제화도시 꿈꾼다'

용하자는 경제블록 구상으로, 일본에서는 환일본해권이라고 칭하였다. 이 구상이 성공적으로 이루어지면 동북아시아의 경제블록이 될 수 있을 것으로 기대되고 있었다.

영·포 화합 위해 다양한 시책을 펴다

포항이 환동해권의 중심도시로 가기 위해서는, 지금의 철강 산업에 치우친 도시 산업구조를 첨단·물류·관광 사업 등으로 다변화할 수 있는 기반구축 전략이 필요하다고 생각했다. 따라서 밑그림으로 추경에 용역비 3억 원을 확보하여 포항 장기발전계획(안)을 연내에 마련할 수 있도록 국토연구원에 용역을 의뢰하였다.

아울러 포항시 공무원들의 어학능력을 향상시키기 위해 일본어·중국어·영어 강좌 시간을 아침과 저녁시간에 개설하였다. 그리하여 각자 원하는 외국어를 편한 시간에 선택하여 공부할 수 있는 기회를 제공했다. 또한 기존의 자매결연 도시인 일본 후쿠야마(福山) 시와, 미국 피츠버그(Pitsburg) 시와의 상호 교환 근무를 추진하기도 했다.

그리고 새로이 환동해권역의 도시 가운데 중국 훈춘시와 자매결연을 진행하였다. 아울러 환동해권역의 도시에 가보지도 않고, 어떻게 환동해권 중추 도시의 공무원 역할을 제대로 할 수 있을까라는 생각이 들었다. 그래서 공무원 1백 명을 니가타·훈춘·블라디보스토크에 다녀오게 하여, 그동안 말로만 하던 환동해권 중심도시가 절실하게 피부에 와 닿도록 조치하였다.

이 과정에서 시의회 의원들이 한 해에 해외 출장 나가는 인원이 너무 많다고 지적하였다. 그래서 영·포 통합 공무원이 2천 명 넘는데, 매년 1백 명씩 보낸다고 해도 20년 걸린다고 답했다. 이 소식을 들은 경북도청에서도 다른 시·군으로 파급되는 것을 우려하였다. 이런 과감한 시책은 반쪽짜리 자치라도 실시되지 않았다면 결코 시행될 수 없는 성격을 지니고 있었다.

그리고 또 하나 포항의 꿈을 이루기 위해서는 인재 양성이 뒷받침되어야 한다고 판단하였다. 당시 관내에는 초·중·고등학교 1백22개, 전문대 2개, 종합대학 2개, 대학원 2개에 총 학생수 12만 4천여 명의 풍부한 인적자원을 가지고 있었다. 여기에 더하여 영·포가 통합되면서, 도시산업구조도 신항만 개발과 포항 공대의 방사광속기 연구소 완공 등으로, 물류와 첨단 산업으로의 다변화가 모색되고 있었다.

따라서 포항이 보유한 인적자원을 지방화와 국제화시대에 걸맞는 인재로 꾸준히 양성해가는 것이 긴요하였다. 이를 위해 다리 하나를 더 놓기보다 한 사람이라도 더 많은 인재를 양성하기 위해 인재양성 기금을 조성하기로 하였다. 이에 따라 제1차(1994년~1998년)로 목표액을 2백억 원으로 설정하였다. 이를 매년 40억 원씩 조성하되 모금방법은 민관 공동 출자형식으로 진행하기로 결정하였다.

그리고 포항시의 부담은 75% 나머지 25%는 기업이나 단체·독지가 등 시민의 자율적인 참여로 충당키로 하였다. 한편 1계좌 당 1백만 원 기금을 민간에서 출자한 경우에는, 출연자의 의사를 존중하고 상속과 지정 기탁도 가능토록 조치하였다. 또 1998년 이후의 2차 목표액은 1천억 원으로 책정하였다.

또한 당면 과제로는 영·포 통합에 따른 포항 시민과 영일 군민의 화합을 도모[25] 하는 것이었다. 행정구역 확장으로 규모 있는 도시 개발과 신항만 건설 등 국가사업 추진이 한결 용이해졌다.

그러나 그동안 행정 구역이 달라 형성된 이질감, 특히 영일 군민들은 개발 소외와 더불어 혐오시설 유입 등을 우려하는 목소리가 높았다. 이에 따라 이를 우려하는 영일 군수(손원호)에게 서면으로 다음과 같이 약속했다.

1. 영일 군민의 동의 없는 각종 혐오시설은 일절 설치하지 않겠다. 오히려 시 쓰레기 소각장에 군 쓰레기 반입을 허용하겠다.
2. 내년부터 사업 예산은 시·군 간 50 대 50의 동일한 투자 배분으로 지역 균형개발을 도모하겠다. 이를 위해 상수도 및 시와 군 연결도로 등 기반시설의 연차별 투자계획을 마련하여 연내에 제시하겠다.
3. 시·군 통합에 따라 신설되는 2개 구청은 군민들이 요구하는 지역에 설치하겠다.

---

[25] 대동일보 1994. 4. 29. : '시·군민 화합으로 재도약 기틀 마련'

4. 내년에 개최되는 전국체전을 비롯하여 각종 행사에 시·군민 화합시책을 발굴하여 추진토록 하겠다.

지역 현안, 중앙부처 예산에 적극 반영

다음으로 당시 영·포 지역 내에서 추진되고 있거나 추진해야 할 각종 현안사업을 챙기기 위하여, 1994년 4월 18일부터 20일까지 중앙 8개 부처·청을 방문하였다. 그리하여 관계 공무원들과 협의한 결과, 1995년 예산에 미 추진 중인 사업들에 대하여 타당성 조사 및 설계비를 반영하기로 하였다.

따라서 1996년이면 각종 현안 사업들이 동시다발적으로 공사에 착공될 것으로 전망되었다. 이 과정에서 내가 대통령 경제비서실에서 건설부와 교통부 담당 행정관으로, 5년간(1979년~1985년) 함께 근무한 인연으로 많은 도움을 받을 수 있었다.

○ 영일만 신항 광역개발은 흥해읍 우목리 연안에 개발 규모 240만 평, 연안 매립 115만 평, 사업비 1조 9천5백44억 원(정부 20%, 민간 80%)이 투자되는 사업이었다. 또한 임해 도시 포항이 언제나 바다로 나갈 수 있게 하고, 환동해권 중심도시로써 갖추어야 할 필수사업이었다.

1993년에 타당성 조사와 기본계획 수립을 완료하고, 현재 항만 시설 중 방파제 시설에 대한 실시 설계 중이었다. 그리고 내년에도 여타

시설에 대한 설계만 계획되어 있어 신항 개발에 중요한 역할 분담도 불분명한 실정이었다.

이 문제에 관해 항만청장(김철용)실에서 차장과 국장, 이정욱 박사와 협의한 결과, 항만청은 방파제를 비롯한 항만 시설사업을 전담하고, 1995년 예산에 설계비와 신항만 조성의 관건이 될 어업권 보상을 위한 조사 용역비를 반영하였다. 이에 따라 1996년에 공사를 착공토록 추진하며 포항시에서는 신항 배후 단지 조성 등 민자 유치산업을 책임지고 추진키로 합의했다.

○ 건설부에서는 택지 개발예정지구 및 공유수면 매립 면허를 연내에 처리하기로 했다. 또한 신항만 배후단지 조성 사업에 따른 도시계획 변경(안)과 수익성 검토를 포함하고, 그 결과에 따라 토지개발공사 등의 참여범위를 결성키로 하였다. 아울러 재무부와 관세청에서는 포항세관을 영일 신항 개발에 따라 이전키로 하였다. 그리고 지방행정국장 때에는 영일만 개발기획단 신설을 장관 결재를 받아 승인하였다.

○ 한편 동해선(부산-포항-삼척-강릉-고성) 철도 부설은 영일 신항과 더불어 구축되어야 할 교통망이었다. 원래 동해선은 일제강점기 때 계획된 노선으로 별칭 동해 남부선(부산-포항, 1백42㎞)은 1918년 개통되었지만, 동해 중부선(포항-삼척, 1백82㎞)과 동해 북부선(삼척-강릉-고성, 1백4㎞)은 미 개통 구간으로 남아 있었다.

우리나라의 동해안을 잇는 철도 교통망이 구축되면, 동해안 일대의 관광·산림자원·지하자원 등 부존자원의 개발을 촉진하고, 훗날 통일이 되면 원산-나진-훈춘-블라디보스토크 같은 환동해권역 도시를 잇는 국제 교두보 역할을 할 수 있다고 생각했다.

마침 당시 철도청장(최훈)은 평소 교통 운송망 구축이 과다하게 도로에 편중되고 있다면서, 철도·항만·공항 등과 균형 있게 투자되어야 한다는 소신을 가진 분이었다. 따라서 철도청장에게 동해선 미 개통 구간의 철도 부설을 요청하자, 흔쾌히 우선 동해 중부선의 조기 추진을 약속하고 예산 확보에 포항시도 협조키로 하였다.

그리고 철도청은 공문으로 내년 예산에 타당성 조사용역비 4억 원을 확보하여 추진하겠다는 회신까지 해주었다. 그로부터 반 반세기가 지난 2020년에야 개통이 예정되어 있다. 포항에서 이명박 대통령을 배출하고 또 행정에서는 곧잘 공급이 수요를 창출한다고 하는데 아쉬운 대목이다.

○ 제2산업도로 건설은 포항공단의 원활한 물류운송을 촉진하기 위해 포항공단-경주 건천 IC 간 연장 39㎞, 폭 18.5m 로 국비 1천3백65억 원이 투자되는 건설부 소관 공사였다. 이를 조기에 추진하기 위해 건설부 차관보(김건호)실에서 도로국장·수자원국장과 담당 과장이 함께 논의했다,

그 결과 1994년 상반기 중에 지방도를 국도로 승격시키고, 1995년

예산에 제2산업도로 조사비와 하상이 높아져 홍수 때 범람 위험이 상존해 있는 형산강 하도 정비 사업비를 요구하기로 하였다. 그리고 예산 확보에는 포항시도 함께 노력하기로 했다.

아울러 경북도에서 추진하고 있는 도시고속화 순환도로건설은, 신항만 예정지-영일 동해면 도구리 간 연장 35㎞, 폭 50㎡로 사업비 1천7백50억 원은 지방비 50%, 양여금 50%로 기본설계 용역비를 확보하고 설계 중에 있었다. 그리고 포항시와 영일군 통합에 따른 도로 계획선을 재검토하기로 하였다.

○ 포항 공항은 인접한 인덕산 때문에 안전 운항에 어려움을 겪고 있으며, 이로 인해 결항률도 다른 지방공항보다 매우 높은 편이였다. 교통부에서 마련한 포항공항의 계류장 및 여객 터미널을 확장하는 사업계획(1996년-2000년, 사업비 300억 원)안이 알려지자, 공항을 이용해본 시민들이 공항 확장과 인덕산 절취가 병행되어야 한다고 했다.

이에 따라 인덕산 절취 공사를 위해 교통부 기획관리실장(이헌석)실에서 항공국장과 공항 시설과장이 참석하여, 포항시가 인덕산 절취로 발생하는 소음 민원을 책임지고 처리하는 것을 조건으로, 교통부에서 1996년 공항 확장 공사를 할 때 해발 90.5m 높이의 인덕산을, 62m까지 28.5m 절취하는 공사(추가 사업비 1백20억 원)를 병행하여 추진키로 했다.

○ 포항 농수산물 도매시장은 포항 지역 농수산물 유통을 활성화

하기 위해 홍해읍에 부지 2만 평에 건평 8천 평 규모, 사업비 2백억 원(국비 50% 지방비 50%)을 투자하여 건립하는 것이었다.

이 문제를 놓고 농수산부 농업구조 조정국장(이상무)과 협의했다. 우선 금년에 농수산부에서 추진 계획인 신농정 발전계획(1995년-1997년)에 반영하고, 다음 해에 국비와 지방비를 각각 7억 원씩 확보하고 기본계획을 수립하여 부지 매입 및 조성공사를 추진키로 했다.

○ 1995년도 전국체전이 포항에서 개최됨에 따라, 종합경기장·수영장·실내 체육관 보수 및 문화예술회관 보수가 필요하였다. 이를 위해 문화체육부 차관(이민섭)실에서 기획관리실장 등이 참석하여 논의를 했다. 그 결과 문화예술회관 보수비로 30억 원을 문예진흥기금에서 지원키로 하였다.

○ 제1형산강 가설 시가지 우회도로 확장 및 도로변 단장을 위해서는 내무부 차관보(김기재)실에서 재정국장이 참석하여 논의를 했다. 내무부에서 우선 교부세 20억 원을 지원하고 부족 사업비는 기채 또는 채무 부담 사업으로 공기 내 마무리하여, 1995년 전국체전에 차질이 없도록 조치키로 했다. 최종적으로 기획원 예산실장(이석채)실에서 당면 현안사업에 대한 관계 국장이 참석한 가운데, 신항 건설 추진 전략을 비롯하여 포항시 당면 현안사업을 설명하였고 예산 반영을 긍정적으로 검토하기로 했다.

한편 전국체전 관련해 가로환경 정비사업을 추진하였다. 내가 원주시장으로 원일로 정비사업을 추진했던 것을 경험 삼아, 버스 쉼터 등 가로 시설물 8백15개소를 일제히 정비하고 초등학교 5개교 담장을 허물고 투시화했다. 또 추경에 간판 정비를 위해 용역비를 확보하여 전문가에게 의뢰했다. 도시 모습을 바꾸기 위해서는 가로환경 정비사업을 꾸준히 챙겨야 하는데, 앞으로 민선 시장이 이해관계자들의 반발을 견딜 수 있을지 염려스러웠다.

럭키아파트 보상 문제를 해결하다

포항은 원주나 과천보다 큰 만큼 당면 현안사업도 많지만 풀어야 할 집단 민원도 산적해 있었다. 그중 1993년 5월에 발생한 럭키장성 아파트 보상 문제는 부임하자마자 경북지사와 건설부 차관보가 조속한 해결을 당부할 만큼, 입주민과 럭키개발(주)이 10개월째 격한 마찰을 빚고 있었다.

럭키개발의 부실시공으로 발생한 하자 보상 문제이지만, 입주민들의 보상 요구 내용이나 금액이 과다한 면이 있다는 것이 관계 공무원들의 의견이었다. 주민 대표에게 요구 조건을 일부 조정하도록 종용했더니, 이를 거부하고 시장이 주민이 아닌 업체 편을 든다고 내무부 장관에게 항의하려고 집단 상경한다고 했다. 간부들이 만류하겠다는 것을 그냥 두라고 했다.

상경하기 전날 내무부 장관(최형우)이 주민들이 자기를 만나러 온다는데 못 오도록 막으라고 내게 전화를 하였다. 그래서 장관에게

"시장이 집단 상경을 막으려면 주민들의 무리한 요구를 수용해야 합니다. 장관님은 시장한테 얘기하겠다고만 하시면 내가 책임지고 빠른 시일 내 해결하겠습니다"라고 했더니, 잠시 후 "알았어"하고 전화를 끊었다.

이튿날 버스 3대에 1백2명이 상경했는데 장관은 만나지 못하고 럭키개발 주차장에서 시위하다가 한밤중에야 돌아왔다. 이후 강경파의 입지가 약화되면서 협상의 물꼬가 트여 얼마 후 시장실에서 7시간 이상 마라톤협상 끝에 새벽 1시가 넘어 합의가 되었다. 나는 다행히 양측으로부터 고맙다는 인사를 들었는데 럭키개발에서는 직원들과 식사하라고 봉투도 놓고 갔다. 이어서 소개할 또 다른 피해 보상 문제에 비하면 매우 까다롭지는 않았다.

언론이 본 '시장의 서울 나들이'

앞서 언급한 포항시의 제반 현안 사항 협의를 위해 내가 서울의 여러 중앙 부처를 다녀온 것과 럭키아파트 보상 문제 해결에 관해 당시 지방 한 언론에 보도된 기사를 소개하기로 한다.

기·자·수·첩

市長의 서울 나들이

이윤석 기자

김재영浦項시장이 중앙부처를 대상으로 시정현안에 대한 로비를 위해 상경한 사실이 밝혀져 화제가 되고 있다.

김시장은 지난달 18일부터 3일간에 걸쳐 시정현안문제를 타개하기 위해 은밀히 서울방문에 나섰다.

이번 김시장의 상경은 浦項시의 주요현안사업에 대한 중앙부처의 진척여부와 불투명한 예산확보에 목적을 두고 있는 것으로 알려졌다.

정부의 개발계획수립은 불투명 한데도 불구, 소리만 요란한 신항만개발 등 이전문제에 대한 확인행정에 있다는 것이다.

이와함께 내년도 전국체전개최에 따른 국비보조 등 주요현안문제 해결의 열쇠인 예산확보에 있다는 것.

다시 말해서 확인행정과 예산확보를 위해 浦項시민을 대표해서 중앙부처를 대상으로 비즈니스에 나섰다는 것이다.

이처럼 일선 시장이 공식적으로 일정을 잡아 중앙부처를 돌아다니며 로비활동에 나선 것은 전례가 없는 일로 받아들여지고 있다.

최근 만연되고 있는 공무원의 "복지부동" 자세와는 대조적이고 인상적이다.

어쩌면 이같은 김시장의 서울나들이는 한 지역의 시정책임자로서 당연한 의무일수도 있다.

그러나 공직자로써 평소 소신없이 실행에 옮기기에는 실로 어려운 일임에는 분명한 일이다.

더욱이 내년도 지방자치단체장 실시로 재임기간이 불과 1년내에 불과한 시장으로서 이번 김시장의 작심은 신선한 충격을 던져 주기에 충분하다는 여론이다.

김시장은 지난해 2월 경기도 과천시장재임시 대기오염을 가중시키는 정부제2종합청사에 대해 행정명령과 함께 형사고발방침 등 으름장을 놓아 화제가 되기도 했다.

특히 지난달 15일에는 부실공사로 말썽을 빚어왔던 럭키장성아파트 보상문제를 부임 1개월만에 7시간의 심야마라톤 회의끝에 완벽한 해결을 해내는 수완을 발휘 주위를 놀라게 했다.

또 부임직후 김시장은 「포철속에 포항이 아닌 포항속에 포철이 있도록 노력하겠다」는 의미있는 발언을 했다.

즉 시민의 자존심을 세우는 한편 포철과의 위상을 새로정립, 소신있게 시정을 이끌겠다는 다짐이기도 하다.

아무튼 김시장의 이번 서울상경과 그 동안의 행적과 화제는 공무원무소신시대에 경종을 울리는 계기가 되기에 충분하다는 여론이며 浦項시의 앞날에 큰 기대를 해본다. ❖

시장의 서울 나들이 기사(경북경제 5월호)

영일만 어민 피해 보상 문제, 매듭을 풀다

앞서도 언급한 것처럼 나는 민선 시장선거를 앞두고 1년 정도 포항시장으로 재임하게 되어 있었다. 따라서 이것을 핑계 삼아 무허가 건물철거를 병행해야 하는 송도 해수욕장 정비 사업 등 골치 아픈 일은 손대지 않기로 내 나름의 방침을 정했다.

그러나 영일만 어민 피해 보상 문제는 챙기기로 마음먹었다. 포항 시민들은 오늘의 포항을 있게 한 포스코를 자랑스러워하였다. 하지만 한편으로는 그들만의 독립된 주거환경과 학군 등을 보며, 서운함과 피해 의식마저 느끼는 이질감도 갖고 있었다. 나는 이 같은 감정을 해소하는데 시범적인 사례가 바로 어민 피해 보상 문제라고 판단했기 때문이다.

그런데 영일만 어민 피해 보상 문제는 1968년으로 거슬러 올라간다. 당시에 영일만 일대에 제철소를 건립하면서 어민들은 어업권 소멸 등의 피해 보상을 제대로 받지 못했다. 그런 가운데 1985년 전남 광양제철소 건설에 따른 어민 피해 보상액으로 4백50억 원이 지급되는 것을 목도하게 되었다.

이에 분노한 영일만 어민들은 20년이 지난 1989년에 뒤늦게, 영·포 지역 어민회를 결성하고 투쟁에 나섰다. 그리고 피해 보상액으로 어민회가 자체 산정한 8백96억 원을 요구하였다. 이에 대해 포스코는 부산수산대 용역 결과로 산정한 29억을 제시하여 7년째 한 발짝도 나아가지 못하고 있었다.

이 문제를 풀기 위해 나는 먼저 포스코와의 관계를 재정립[26] 하기로 했다. 그간 포항시를 비롯하여 관내 단체들은 포스코의 사업이나 행사 지원 등을 예사로이 받고 있었다. 월례 조회에서 내 재임 기간 중에는 포스코에 어떤 형태의 지원 요청도 일체 하지 말고 금년에 예정된 지원도 받지 말도록 당부했다.

이 방침에 대해 시의회 임시회 시정 질의에서 어느 의원이, 포스코가 자발적으로 지원한 약속마저 거절해야 하느냐며 이의를 제기했다. 이에 나는 포항시는 포스코에 당당해야 하고 포스코와의 관계도 재정립되어야 한다'고 답변했다.

이런 가운데 1994년 5월 16일, 포항시민회관에서 어민들의 궐기대회가 있었다. 아침 간부회의에서 내가 궐기대회에 가겠다는 의사를 표명하자, 시의 간부들은 무슨 봉변을 당할는지 모른다고 만류했다. 하지만 나는 어민회장(김국광)에게 직접 전화를 걸어 할 말이 있다고 하고는 대회장에 갔다.

막상 대회장에 들어가니 나를 알아본 어민들이 "여기가 어딘데 시

---

[26] 대동일보 1994. 6. 25. : '포항시장의 소신, 포철 의존 행정 탈피하겠다'

장이 왔느냐"고 크게 고함을 치는 바람에 장내가 웅성거렸고 야유도 있었다. 그러나 나는 이를 모른 체하고 단상으로 올라가 내가 마음먹고 온 두 가지를 말했다.

첫째, "보상 요구액 896억 원을 잊어버려라. 어민회에서는 자체 산정한 피해액 896억을 주장하고, 포스코에서는 29억을 준다고 하니 7년째 한 발짝도 앞으로 나가지 못하고 있지 않느냐. 896억 원을 고집하면서 매일 궐기대회를 해도 아무 소용 없다. 그러니 보상 요구액을 현실에 맞게 기대치를 낮추어라."

둘째, "어민회는 어민 회장과 수협 조합장에게 전권을 위임하고, 보상 금액을 비롯하여 두 분의 결정에는 무조건 따르겠다고 어민 80% 이상이 동의하라. 그러면 시장이 어민 피해 보상 문제를 해결하기 위해 열심히 하겠다"라고 말하고 밖으로 나가는데 2천여 명의 어민들이 박수를 쳤다.

어민 궐기대회 참석 후 나는 포스코 보상담당 상무를 불러 대회에서 어민들에게 이야기한 내용을 설명하였다. 따라서 포스코에서도 보상액 29억 원은 현실 상황에 맞게 조정한 안을 가지고 오라. 그렇지 않으면 시장이 어민들과 함께 포스코로 몰려가겠다고 했다.

1994년 6월 시장실에서 개최한 어민 피해 보상 대책회의에서, 7년 만에 양측이 조정하여 제시한 보상금액이 어민회는 7백억 원, 포스코는 60억 원이 되었다. 회의 후 별도로 포스코 상무이사(이형팔)가 나에게 어민 요구 보상액이 4백억 원이면 1백억 원으로 제시하겠다고 말했다.

1개월 후인 1994년 7월, 포스코 회장(김만제)이 그룹 총수로는 26년 만에 처음으로 시장실을 내방하고, 조속한 시일 내 어민 피해 보상 문제를 해결할 것을 약속했다.

시청에서 김만제 포철 회장을 맞이하는 저자 (1994. 7. 8.)

그러던 차에 나는 느닷없는 내무부 본부 발령으로 후임자를 보지도 못하고 포항시를 떠나게 되었다. 그 때 나는 부시장(이병무)에게 보상액이 2백50억 원이면 양측에 다 적정할 것이라는 견해를 밝혔다.

내무부 공보관으로 근무하던 1995년 5월 13일, 나는 포항시로부터 2통의 전화를 받았다. 하나는 부시장이 시장님의 예상액보다는 적지만, 2백억 원에 어민 피해 보상이 타결되었다는 전화였다. 그리고 또 하나는 총무국장(안대웅)에게 지시했던 중국 훈춘시(琿春市)와의 자매결연 조인식을, 이틀 후에 포항시청에서 하기로 했다는 반가운 소식이었다.

Episode 1   푸른 파도·푸른 꿈·푸른 포항

시정 구호를 관내 초·중·고생과 시민을 대상으로 공모한 결과, 모두 1백68건의 작품이 응모하였다. 이를 심사위원들이 심사한 결과 선정한 3편의 작품 중 항구초등학교 6학년 문윤지(12세) 양의 '푸른 파도·푸른 꿈·푸른 포항'이 마음에 닿았다.

심사위원들은 시정 구호의 의미를 이렇게 풀었다. 먼저 '푸른색'은 곧 해 뜨는 동쪽과 넓은 바다를 나타내고 새롭게 출발한다는 의미를 담고 있어, 오늘의 포항을 상징하는 색으로 적합하다는 것이다.

이에 따라 '푸른 파도'는 어떤 고난이 닥쳐도 쉼 없이 물결치는 파도처럼 끈기 있게 나아가는 굳센 의지를 상징한다. 이어서 '푸른 꿈'은 시민 모두가 뜻을 모아 화합하고 지혜와 역량을 모아 더 넓은 세계에 우뚝 서는 도시를 의미한다. 마지막으로 '푸른 포항'은 사람과 자연이 함께 건강하게 어울려 사는 포항이라고 했다.

이에 덧붙여 당선작을 응모한 문윤지 양에게 왜 파도와 꿈과 포항이 다 푸르냐고 물었더니, 평소 푸른색을 마냥 좋아해서 자기가 살고 있는 포항이 푸른색으로 가득했으면 좋겠다고 말했다. 내 마음 또한 문윤지 양과 똑같았다. 새삼 되돌아보니 일찍이 내가 대학에 입학을 하고 여름방학이 되어 고등학교 친구들과 몰려갔던 포항 송도해수욕장은 푸르고 깨끗했었다.

그러나 내가 포항시장이 되어 새삼 바라본 송도해수욕장은 이젠 무질서하게 무허가 시설들이 난립했다. 그리고 바다는 오염되고 백사장은 망가져서 여름이 와도 피부병이 걱정되어 바다에 들어갈 수 없는 모습으로 변한 것이 참으로 안타까웠다.

시가 대신 '영일만 친구'를 부르다

포항 하면 많은 사람들은 포스코, 그리고 제철소의 우뚝 솟은 굴뚝과 흰 연기, 뜨거운 쇳물을 쏟아내는 고로(高爐) 등 철(鐵)의 도시로 연상한다. 그러나 나는 더 많은 사람들이 영일만의 넓은 바다를 떠올리는, 그런 멋진 포항이 되었으면 좋겠다고 생각했다.

그래서 1994년 4월 25일, 역사적인 영·포 통합이 확정되고, 포항시와 영일 군민 화합의 한 방안으로서 지역성을 잘 나타낼 뿐 아니라 진취적 기상을 담고 있는, 최백호의 영일만 친구라는 노래를 월례 조회 때 시가(市歌) 대신 시청 공무원들과 함께 불렀다.

포항과의 짧은 인연, 그러나 긴 여운

내가 포항시장으로 일하는 동안 주말에는 장성동 아파트 관사에 밥해주는 아주머니가 오지 않아 외식을 할 수밖에 없었다. 그런데 관사에서 조금 내려가면 작은 시장 안에 함바집이 하나 있었다. 4인용 테이블이 몇 개 있고 한쪽 구석에 온돌을 넣은 한 뼘의 자리에, 사람 얼굴도 잘 알아볼 수 없는 낡은 텔레비전과 주인 여자가 앉아있는 조그마한 그런 함바식당이었다.

주인은 후덕하고 나이 지긋한 아주머니였다. 그런데 퉁명스러운 것인지는 알 수 없으나 손님에게 인사하는 것을 본 적이 없다. 막일꾼인 듯한 손님들이 몇 명씩 함께 와서 "돈 좀 주세요" 하면 "얼마? 언제?" 하고는 돈을 빌려주었다. 그리고 메뉴는 그저 서너 가지뿐이었지만, 나는 양푼이에 밥 한 그릇 쏟아붓고 푹 삶은 콩나물과 무생채에 양념간장 쳐서 비벼 먹는 콩나물 비빔밥이 식성에 딱 맞았다.

주말마다 그 집에서 밥을 먹은 지 여러 달 지난 어느 날이었다. 그날따라 "어서 오세요" 하고 안 하던 인사를 하길래 "웬일인가" 싶었다. 그런데 "아저씨는 뭐 하는 사람이에요"하고 묻고는, "여기 와서 밥 먹을 사람 같지는 않는데 몇 달씩이나 와서…" 하고는 말끝을 흐렸다.

나는 밥을 다 먹고 나오면서 "아주머니, 텔레비전 고치던지, 새로 장만하던지 하이소" 했다. 그러고는 언젠가 내가 포항을 떠날 때 '콩나물밥 잘 묵었심더'라고 인사해야지 하는 마음은 가지고 있었다. 그러나 막상 그 말은 못 하고 급하게 서울로 올라왔다. 지금도 밥장사는 잘 되는지 궁금하다.

그 함바집 아주머니와의 인연처럼 포항과는 참으로 짧은 기간이지만 내 가슴에는 긴 여운이 이어지고 있다. 서로 잘 알기도 전에 헤어진 채 '푸른 파도·푸른 꿈·푸른 포항'이란 시정 구호만 내 마음에 덩그러니 남아있다. 저 푸른 영일만 바다를 잘 지켜서 자손만대 번영과 영광이 포항에 있으리라고 굳게 믿는다. 그래서 포항이 오래오래 푸른색으로 가득하길 기원한다.

Episode 2   가뭄과 천년 거북이 이야기

유사 이래 몬순 기후의 아시아 제국은 치산치수(治山治水)가 통치의 기본이었다. 지방 행정을 하다 보면 매년 3-5월은 산불과 봄 가뭄을 걱정하고 7-8월은 태풍과 수해를 걱정하기 마련이다.

내가 시장으로 부임하기 1년 전 포항에 대형 산불이 났던 터라, 별다른 일이 없으면 일요일에도 출근하고 산불이 나면 크든 적든 간에 현장으로 달려갔다. 현장에서 산불 관계 공무원을 독려하면서 큰 탈 없이 신록의 계절을 맞았다.

극심한 가뭄으로 기우제를 지내다

보통 7-8월이면 수해를 걱정해야 할 시기인데 어쩐지 낌새가 이상했다. 7월 초하루부터 보름 넘게 낮 기온이 30도가 넘는 이상 고온이 계속되면서 비가 내리지 않았다. 다행히 7월 26일에 태풍 '월터'로 단비가 내렸지만 다시 8월 한 달 동안 비가 내리지 않았다.

그래서 9월 초에 단계별 가뭄 대책을 실행하기 시작했다. 형산 문화제와 미국 자매도시 방문 계획을 취소하고, 9월 하순에는 제한 급수에서 격일 급수제로 전환되고 포스코 등에서는 조업 단축에 들어갔다.

이러다 보니 농민들은 예로부터 내려오던 방식에 따라 산상에 불을 지르는 기우제(祈雨祭)를 지내면서, 산 중턱에 새로 단장한 경주 김

씨 묘를 보고는 새로 쓴 묘로 오해하였다. 그래서 명당자리에 묘를 쓰면 비가 내리지 않는다는 속설을 믿고 묘를 파헤쳐 버리는 '묘끝 파기' 기우제까지 지내는 일이 벌어졌다.

경주 김씨 종친회에서는 묘끝 파기를 한 농민들을 포항 남부경찰서에 고발하였다. 그래서 경찰서장이 와서 어찌할지 걱정하기에 '농심이 흉흉하니 기다리는 것이 좋겠다고 하고, 김씨 종친회에는 내가 이야기하겠다' 하여 서장이 돌아갔는데 뒤이어 농민들이 찾아왔다.

천년 먹은 거북이 한 쌍, 방생해 달라

짐짓 묘끝 파기 때문이려니 했는데 의외로, 천년 먹은 거북이[27] 한 쌍을 방생(放生)해 달라는 것이었다. 농민들의 이야기를 정리하면, 영덕군 구계항 해안가에서 생선 횟집을 하는 사람이 쳐 놓은 그물에 천년 먹은 수컷 거북이가 잡혔는데, 며칠 후 암컷 거북이도 그물에 잡혀 한 쌍이 되었다는 것이었다.

이에 식당 주인은 한 쌍의 천년 먹은 거북이니까, 돈이 될 것이라 믿고 서울 63빌딩 수족관에 팔려고 갔었다. 그러나 가격 흥정이 맞지 않아 돌아서 나오다가 수족관 계단을 헛 밟아서 다리를 다쳤다. 이에 따라 '내가 영물을 팔아 돈 벌려는 욕심 때문에 벌을 받았다'는 생각을 하게 되었다. 따라서 거북이를 방생하기로 마음을 먹고 집으로 돌아왔다는 것이다.

그런데 부산에서 온 스님 한 분이 식당 주인을 기다리고 있다가

"간밤에 신령님이 나타나서 붙잡혀 있는 거북이를 풀어주라는 꿈을 꿨다"면서, 그동안 거북이에게 준 먹이 값으로 3백만 원을 주고 부산 절로 가져갔다고 했다. 그래서 영덕 앞바다에서 잡힌 거북이를 부산 앞바다에서 놓아주면 안 되고, 잡힌 자리에서 방생해야 비가 온다는 것이었다.

이를 두고 농민들은 암컷은 잡힌 것이 아니고 제 발로 수컷을 찾아온 것으로, 부부의 정도 사람보다 낫고 엄청난 영물이라 비를 내리게 할 것이라고 철석같이 믿는 눈치였다. 속이 타들어가는 농민들의 마음을 알기에 "알겠습니다"라고 말하고는 바로 관계 공무원을 부산으로 보냈다.

그런데 부산을 다녀온 공무원의 얘기에 의하면 그 스님은 매년 거북이 방생 행사를 하는데, 마땅한 거북이가 없으면 아프리카산 거북이를 구해서도 할 만큼 거북이 방생 전문 스님으로, 보름 후에 부산 앞바다에서 방생하겠다고 해서 더 이상 대화를 할 수 없었다고 했다.

그래서 부산시장(정문화)에게 도움을 요청하고 부산시 공무원과 함께 다시 스님에게 가서 협의한 결과, 이틀 후에 영일 월포항에서 방생[28] 하기로 합의하였다. 다만 그 조건으로 거북이와 함께 방생 행사

---

27) 거북이는 1백 년에서 2백 년까지, 혹자는 5백 년까지 산다고 한다.
28) 영남일보 1994. 9. 27. : '용왕님 보내오니 비를 주옵소서'
조선일보 1994. 9. 27. : '동해안에 비를 주소서'

에 참여할 불자 100여 명이 타고 갈 배와 방생 후 돌아갈 버스편과 불자들의 저녁 도시락을 제공하라고 요구했다.

드디어 천년 거북이 한 쌍을 방생하다

이에 따라 요구 조건을 받아들이고 배편은 포항 해양경찰서 소속의 선박을 지원받기로 하고, 관광버스와 저녁 도시락은 고등학교 친구인 포항상공회의소 회장(김봉우)의 도움을 받았다. 이렇게 하여 방생하기로 한 9월 26일 저녁 6시 반, 월포항에서 기우제를 지내는데 몰려온 인파가 3천 명이 넘었다. 그런데 기우제가 끝나자마자 어이없는 광경이 일어났다.

할머니와 아주머니들이 달려들어 기우제에 사용했던 나무 제기(祭器)를 싹 쓸어가 버렸다. 어안이 벙벙해하는 나를 보고 문화원장이, 제기를 갈아서 먹으면 소원이 이뤄진다는 속설을 믿고 아들 못 낳는 딸이나 며느리, 그리고 시험을 앞둔 자식들에게 나눠먹인다면서 "없어진 제기는 시장님이 다시 사주셔야 합니다"라고 말했다.

월포항 기우제
(가운데 오른쪽부터) 저자·우명규 도지사·손원호 영일 군수

저녁 7시 반 거북이와 불자들을 태우고 온 해경 경비정이 월포항에

도착해 경북지사(우명규)와 지역 유지들과 배에 올랐다. 그런데 초과 승선된 탓인지 배가 기우뚱하여, 바다 가운데로 나가는 동안 모두 선실과 선장실로 갔다. 얼마 후 선장이 도지사와 나만 먼저 갑판으로 나가자고 해서 따라갔다. 그런데 뒤에서 어떤 여자분이 "시장님, 거북이 등을 쓰다듬으면서 소원을 빌면 꼭 이루어진답니다"고 알려주었다.

갑판에 가서 보니 크고 둥근 대형 고무 대야 두 개에 거북이 암컷과 수컷이 따로 담겨 있었다. 크기는 1미터가 넘고 거북이 등은 얼마나 쓰다듬었는지, 등딱지 가운데가 빤질빤질하여 형형색색으로 빛이 나고 모서리 쪽은 조개껍질이 흉스럽게 붙어있었다.

막상 등을 쓰다듬으려니 어쩐지 쑥스러웠지만, 조심스럽게 암컷과 수컷의 등을 번갈아 한 번씩 쓰다듬으면서 '거북아 용궁에 돌아가서 용왕님께 잘 말씀드려 비 좀 오게 해도'라고 빌었다. 그리고 옆의 도지사를 보니 정성껏 쓰다듬고 또 쓰다듬고 하시길래 "지사님, 복이 넘치면 우짤라꼬 그렇게 쓰다듬습니까"라고 했더니, 밝게 웃으면서 "괜찮아" 하시면서 계속 쓰다듬으셨다.

저녁 8시경 배가 방생 장소에 도착했다. 모두 갑판으로 나와 스님과 불자들이 염불을 외는 가운데, 거북이를 바다에 놓아주자 눈 깜빡할 사이 바닷속으로 사라졌다. 돌아오는 배에서 솔직히 짓궂은 마음으로 "스님, 방생도 하고 마침 하늘도 흐리니 비가 올런가 보죠" 했더니, 정색을 하고 "아닙니다. 이번에 비는 안 옵니다. 보름 후에야 옵니다" 하고 단정적으로 말했다.

거북이 등 만지고 본부로 발령받다

배가 포항 내항에 도착하자 기다리고 있던 비서가 "내무부 장관이 전화해 달랬다"고 말했다. 도지사와 함께 시그너스 호텔에 가서 전화를 드렸다. 그런데 장관이 "김 시장 이제 본부로 와야겠다. 와서 대변인을 맡아서 나를 도와줘야겠다"고 말씀하셨다. 전화가 끝나자 도지사가 "무슨 전화냐"고 물어 "본부 발령 낸답니다." 했더니 대뜸 "와~ 거북이 등 쓰다듬은 것이 바로 효험이 있네."라고 말씀하셨다.

내가 포항을 떠나면서 포스코 영빈관에 마련된 송별 오찬장에서 지역 기관장과 유지 분들에게, 도지사도 놀란 거북이 효험 이야기를 했다. 그리고 "거북이 등을 쓰다듬은 내 손을 잡는 분은, 거북이 등을 쓰다듬은 것과 같은 행운이 있을 것이라"고 말했다. 그랬더니 모두들 파안대소를 하고 헤어지면서 악수를 하는데, 모두가 조금 더 오래 잡고는 퍽 재미있어 했다.

포항의 가뭄은 스님이 예언한 대로 보름 후 태풍 '세드'로 해갈되었고, 얼마 되지 않아 경북 도지사도 서울시장으로 영전하였다. 과학이 아무리 발달해도 자연 앞에선 인간은 한없이 약하다는 것을 가뭄을 통해 다시 한번 깨달았다. 그 때 방생했던 그 거북이 부부는 지금도 금실 좋게 잘 살고 있으리라 믿는다.

8장

아쉽게 좌절된 전자주민카드 사업

내무부 지방행정국장

1995. 7. – 1997. 3.

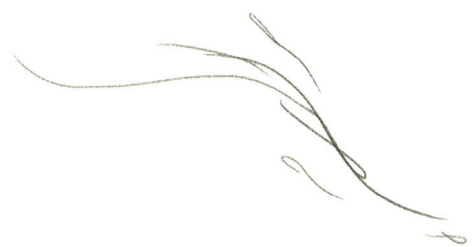

나는 포항시장 재임 중에 내무부 공보관으로 발령을 받았다. 그리고 10개월 후인 1995년 7월부터 1997년 3월까지 1년 8개월 동안 지방행정국장으로 일했다. 이 기간에 추진한 정책은 전자주민카드 사업이 있는데 우여곡절 끝에 결국 시행되지는 못하였다. 전자주민카드가 발급되었다면 득실이 무엇인지는 알지 못한 채 아쉬움만 기억에 남아있는 사업 중의 하나이다.

국가 행정사무처리의 기본인 주민등록제도

일찍이 신분증 제도는 고려 공민왕 때, 중국 원나라에서 실시되고 있던 신분증 제도를 도입한 것이었다. 그러나 잘 시행되지 않다가 조선 태종 때 신분을 나타내기 위하여, 16세 이상의 남자들에게 만들어 주고 가지고 다니게 하는 호패 제도로 다시 시행되었다.

나뭇조각에 이름과 태어난 해와 특징 등을 새긴 것인데 신분에 따라 호패의 재료가 달랐다. 이는 호적을 정비하여 백성의 이동 상황을 살피고, 장정의 수와 사는 곳을 파악하여 세금을 거둬들이는데 활용되는 등 오늘날 주민등록증과 비슷했다.

현재의 주민등록제도는 1950년 6·25전쟁이 나고, 간첩 식별을 위해 각 시·도의 규칙에 따라 시·도민증을 발급하였다. 그 후 1962년 주민등록법을 제정하여 국가 신분증제도로 통합하게 되었다. 또 1968년 1·21사태 직후 주민 개개인에게 주민등록번호를 부여해, 만 17세가 되면 주민등록증을 발급해 주고 있다.

이처럼 현행 주민등록 제도는 처음에는 단순히 간첩 식별 등 신분확인을 위해 시작되었으나, 지금은 모든 국민들의 생활과 경제활동의 근간이 되고 있고, 선거·조세·취학·병역·복지·주택 등 국가 주요 행정 사무처리의 기본으로 정착되었다.

나아가 금융과 부동산 실명제·공무원 재산등록·국토정보센터·건강보험·국민 연금제도 등 국가 주요 시책도 주민등록 제도를 토대로 하지 않고는 운영이 어려울 만큼 경제·사회적으로도 매우 중요한 기초 자료로 활용되고 있다.

전자주민카드사업의 추진 배경과 경위

내가 지방행정국장에 부임한 직후에 주민과로부터 전자주민카드 사업에 대한 보고를 받았다. 전자주민카드 사업은 원래 내무부에서 입안한 정책이 아니고, 1988년 노태우 정부 때 정보통신부 산하 한국전산원에서 '다목적 통합 신분증에 관한 연구'를 하고, 그 결과를 대통령 비서실장이 위원장을 맡고 있는 전산망 조정위원회에 보고된 것이 시발이었다.

이에 따라 내무부에서는 전자주민카드 도입에 앞서 해야 할, 주민등록 전산화 사업(1991년-1993년)을 완료하였고, 1994년 김영삼 정부 당시 행정쇄신위원회에서 '종합 전자카드화 방안'을 기획 과제로 선정하면서 추진이 본격화 되었다.

당시 주민등록증이 종이로 발급된 지 13년이 경과하여, 종이가 변질·훼손되어 신분확인이 곤란하고, 위·변조가 용이하여 사회적으로 많은 문제가 발생되고 있었다. 이에 따라 주민등록증을 경신하는 김에 전자주민카드로 교체키로 한 것이다.

그렇다면 전자주민카드란 어떤 카드인가. 지금까지는 개개인의 인적 사항, 즉 주민등록사항은 동일하지만 자격 사항이 달라서 주민등록증·운전면허증·의료보험카드·국민연금증 등을 별도로 발급하여 관리하고 있다. 그런데 전자주민카드는 이 4개의 카드와 주민등록등·초본과 인감증명서 등을 모두 합친, 34개 항목을 칩(chip)에 입력하여 발급하려는 카드를 말한다.

그동안 추진 상황을 보면 내무부는 1995년 총 사업비 2천7백35억 원(국비 1천8백37억 원, 지방비 8백98억 원), 사업기간 3년(1996년-1998년)

의 전자주민카드 사업을 확정하여, 국무회의를 거쳐 1995년 4월 17일 대통령에게 보고하였다. 그리고 전자주민카드 추진협의회(15개 기관, 17명)와 동 추진기획단(6개 기관, 18명)을 구성하였으며, 정보통신부에서는 정보화 촉진 기본법을 제정하고, 기획재정부에서는 동 사업에 따른 재원 계획을 확정한 상태였다.

전자주민카드, 선진 정보화사회의 토대 가능

나는 처음 전자주민카드 사업내용과 추진 상황을 듣고, 칩 하나에 선진국에도 없는 새로운 형태의 주민등록증에, 이토록 많은 개인정보를 모아서 가지고 다녀도 괜찮을까. 혹시 해킹이라도 당하면 어쩌나 하는 막연한 의구심이 들었다. 실무자들이 문제가 없다는 설명을 상세하게 했지만 우려가 완전히 가시지는 않았다.

며칠 후 서울 서초동에 있는 추진기획단 사무실을 방문하였다. 그런데 이들의 슬로건이 '산업화는 늦었지만 정보화는 앞서가자'는 것이었다. 일찍이 미국의 미래학자인 앨빈 토플러(Alvin Toffler)는 《제3의 물결》에서 제1의 물결인 농업혁명은 수천 년에 걸쳐 진행됐지만, 제2의 물결인 산업혁명은 3백 년이 걸렸고, 제3의 물결인 정보화의 물결은 20~30년 내 이루어질 것이라고 주장했었다.

그런 맥락에서 유추해보면 추진기획단 실무자들은 내무부가 추진하는 전자주민카드는 정보가 될 수 있는 자료의 처리·저장·검색 기술을 향상시키고, 국민들의 정보화 마인드를 획기적으로 확산하면,

'세계에서 앞서가는 정보화 사회의 토대'가 될 것이라는 믿음과 사명의식도 가지고 있었다.

선진국에도 운전면허증이나 여권 등의 신분 확인제도가 있지만, 개인들의 필요에 의한 것으로 우리처럼 지문까지 찍는 주민등록증이 없는 것은, 국가가 개인정보를 많이 가질수록 국민을 통제할 가능성도 높다는 우려 때문이었다. 이와 관련해 일각에서는 주민등록제도를 군사독재의 잔재로, 대 국민 감시 시스템이라는 인식과 개인정보의 유출이라는 우려가 상존해 있다.

그러나 이 제도는 6·25전쟁과 지금도 계속되는 북한 공산주의에 대치하는 현실의 산물이었지만, 이제는 단순히 신분 확인이 용이하여 범죄예방이나 수사에만 도움이 되는 것이 아니라, 국가 주요시책들의 기초 자료로도 활용되고 나아가 국가 전체적으로 인력과 예산의 엄청난 절감 효과도 얻고 있다.

한 실례로 일본의 경우 전국 단위의 주민등록제도가 없어서, 국회의원이나 지방선거를 치르려면 선거인 명부작성을 위해, 3개월에 걸쳐 주민 신고를 받는 등 명부작성에 총 6조 엔이 소요된다. 그러나 우리는 주민등록 전산망이 구축되어 있어 하루 만에 선거인 명부를 작성할 수 있고, 소요 경비도 종이 값 정도로서 인력과 예산 절감 효과를 보고 있다.

나는 전자주민카드 사업의 실무를 맡고 있는 이들을 만나고 나서야, 비로소 선진국에도 사례가 없고 또 위험 부담이 있다는 이유로 그냥 기존 형태로 묶어 둘 것이 아니라, 위험 부담을 안고도 정보화 사회로 앞서가는 데 도움이 되도록 진화시켜 나갈만한 가치가 있는 정책[29]이라고 판단하게 되었다.

사업 본격 추진에 따라 반대도 심화되다

전자주민카드 사업은 국민생활과 직결된 시책이라 국민에게 알리고 동의를 얻어야 했다. 그러나 사업 초기에 정부와 시민단체, 국회 주관의 공청회와 정책 토론회가 여러 차례 열렸지만 진정성 있는 대화는 이루어지지 않았다.

그 이유는 시민단체에서는 전자주민카드는 흩어져있는 개인 정보를 한곳에 모은 집중된 정보로, 누군가에 의해 쉽게 복제·변형될 수 있고 대량으로 제3자에게 넘겨질 수 있어 그 결과를 예측할 수 없다는 것이다. 따라서 전자주민카드는 우리가 이제껏 경험하지 못한 사생활 침해와 국가통제를 몰고 와서 조지 오웰(George Orwell)의 소설 《1984》에 묘사된 '빅 브라더'의 출현이 우려된다는 주장이었다.

그래서 기획단에서는 '전자주민카드 사업은 새로운 자료를 전산화하는 것이 아니라, 현재 국민들이 소지하고 있는 증과 카드에 기재된

---

[29] 서울신문 1996. 11. 24. : 전자주민카드, 년 1조 원 비용절감

내용만 수록한다. 국민의 입장에서는 한 개의 전자주민카드에 여러 개의 증명과 자료가 수록되지만, 전산망이나 센터의 자료관리 형태는 현재와 같이 각 기관에서 관리 운영하므로 발급센터에 자료가 모이는 것도 아니다'라는 논리로 설득하였다.

아울러 '정보화 사회로 진입하면 대규모 해킹이나 바이러스 등으로, 사회 전체가 마비되는 사태가 발생할 가능성이 높아질 우려가 있다. 그러나 동시에 정보의 확산과 공유를 통해 기존의 권위주의적 국가를 무너뜨리고, 자치와 민주주의를 확대할 것이라는 기대도 상존한다'라는 점도 부연해서 설명하였다.

이미 독일은 건강카드, 프랑스와 스페인에서는 사회보장카드, 일본 이즈모(出雲) 시의 건강 카드 등이 있었다. 다만 그 나라들이 통합 전자카드를 추진하지 않는 것은 우리와 같은 주민등록번호 체계가 없고, 주민등록 등·초본이나 인감증명서 제도가 없어 다목적 카드의 실익이 없어서라고 설명했으나, 전자주민카드에 칩은 절대 안 된다는 것이 시민단체들의 주장이었다.

이처럼 양쪽의 입장이 좁혀지지 않았지만 사업은 진척되었다. 한국전산원에서 시범사업을 토대로 전자주민카드의 기술적·경제적 타당성 분석(1996. 3.–8.)이 이루어졌다. 그리고 각종 증명의 운영 통합에 따른 주민등록법·도로교통법·인감증명법·국민연금법 등 6개 법령의 증명서식·운영 절차 등의 제도 개선에도 착수하였다.

이렇게 사업이 본격화되고 국민들의 관심이 높아지면서 시민 단체들의 반대도 심해졌다. 참여연대와 청년 정보문화센터 등을 비롯하여 민변·종교계·대학교수, 그리고 야당 국회위원들이 참여하는 전자주민카드 반대 및 프라이버시 보호를 위한 공동대책위원회(가칭)도 발족되었다.

이들은 내무부에서 주관하는 전자주민카드 여론 수렴을 위한 토론회의 참석을 거부하였다. 그리고 공동대책위에서는 별도로 토론회를 개최하는 등 적극적으로 반대 여론을 조성하였다. 이에 따라 일부 언론사에서는 그들의 주장대로 사생활 침해를 우려하는 내용의 보도[30]가 나왔다.

반대에 대한 두 가지 대안

한편 국회에서도 이들과 보조를 함께 하는 국민회의 소속 초선 의원 두 분이 있었다. 이 중 한 분은 여성의원으로 주민등록증에 대한 부정적 인식이 확고하여 적극적으로 반대 의사를 개진했다. 이 과정에서 내무부 내에서 반대에 대한 대안으로 2가지가 검토되었다.

하나는 '전자주민카드 발급을 원하는 사람에게만 발급하자'는 제안이었다. 이에 대해 실무자들과 협의 결과 기존 주민등록증 업무와

---

[30] MBC TV 1996. 10. 16. : '사생활이 새고 있다'
　　SBS TV 1997. 3. 18. : '전자주민카드'

새로운 전자주민카드 업무가 병합되면, 읍·면·동 공무원들이 업무량 증가에 따른 불만이 예상된다. 아울러 전자주민카드를 원하지 않는 사람들이 많거나 고착화되면 또 다른 논쟁을 유발할 수 있다고 판단하여 채택하지 않았다.

또 하나는 제주도에 시범사업을 실시해 보자는 방안이었다. 이는 시행착오를 최소화할 수 있는 이점은 있었다. 그러나 지문을 찍고 예기치 못한 시행착오가 부각할 경우에, 내년 대선에 악재가 될 수 있다는 우려로 포기했다. 그 때만 해도 반대 논리를 어느 정도 수용하고 조정한다면 사업을 마무리할 수 있으리라고 믿었다.

이런 상황에서 나는 1997년 3월, 민방위 재난통제 본부장으로 자리를 옮겼다. 그래서 이제부터 전자주민카드 사업은 내가 직접 소관하는 업무는 아니었다. 하지만 관심을 갖고 옆에서 지켜보았다. 상황이 순조롭게 진척되고 있는 모습은 아니었다.

애초 예상과는 달리 가톨릭 교단에서도 반대에 동참하였고, 김대중 후보의 대선 공약에는 전자주민카드의 폐지가 포함되었다. 이에 따라 야당인 새정치 국민회의는 내무위원회에서 법안 소위원회로 안건을 넘기는 것조차 막기로 방침을 정했다. 이에 동조하듯 주요 일간지에서는 전자주민카드 사업을 비판하는 기사[31]를 시리즈로 보도했다.

---

31) 문화일보 1996. 7. 5. : '전자주민카드제 도입'
　　한겨레 1997. 7. 12. : '여론 외면 내무부 밀실서 '주물럭' '근거법도 없이 예산 받아 장비구입'

주민등록법 개정안이 국회에서 가결되다

이처럼 반대 분위기가 격렬해지자, 내무부 장관(조해녕)은 여야 의견을 수렴하여 전자주민카드의 기능을 축소하더라도, 연내에 주민등록법 개정안을 통과시키기로 방침을 정하였다. 이리하여 국회 내무위에서는 국민회의의 수정안을 수용하여 전자주민카드에 수록할 항목 가운데, 행정자치부 소관의 주민등록 등·초본은 넣되 인감증명서는 선택하는 사람에게만 넣는 것으로 내용을 대폭 축소하였다.

이렇게 마련된 수정안은 내무위원회의 가결을 거쳐 법사위원회에서도 표결 처리되었다. 그리고 1997년 12월 17일 국회 본회의에서 '전자주민카드 발급 및 운영을 위한 주민등록법 개정안'은 가결되었고, 1998년 12월 1일부터 시행하는 것으로 공포되었다.

이로써 3년간의 열띤 찬반 논쟁에 따라, 비록 당초의 기능은 대폭 축소되었으나 전자주민카드의 법적 근거는 일단 마련되었다. 따라서 앞으로 이 전자주민카드 제도가 시행되면, 전국 읍면동 업무의 30%인 모든 증명서의 발급과 연간 1억 7천만 통의 주민등록 등·초본과 인감증명서의 발급이 대폭 줄어들고, 국민들의 읍면동 방문 시간과 경비도 절감할 수 있게 되었다.

대통령 인수위, 정책 실패 사례로 감사 의뢰

이런 가운데 1997년 12월 18일, 야당인 새정치 국민회의의 김대중 후보가 대통령으로 당선되었다. 비록 전자주민카드 사업의 폐지가 그의 대선 공약이지만, 여야 합의로 전자주민카드의 기능을 최소화한 주민등록법 개정안이 국회 의결을 거쳐 확정되었기에 별문제는 없으리라고 판단하였다.

그런데 이후 대통령 인수위가 출범하면서 전자주민카드 사업을 김영삼 정부의 대표적인 정책 실패 사례로 꼽고, 관계 공무원을 문책한다는 얘기가 돌았다. 실제로 인수위에서 감사원에 감사를 의뢰하고, 인수위 출신 신임 행정자치부 장관은 감사원 감사 결과에 따라 전자주민카드 사업의 추진 여부를 결정하겠다는 방침을 밝혔다.

한편 감사원에서는 행정자치부에 대한 정기 감사(1998. 4. 6.-18.)를 종료하고도, 감사관 3명이 남아서 전자주민카드 사업을 2주간 더 감사했다. 감사 기간 중 주 전산기 도입 회사에 대한 세무조사를 하면서, 회사 대표에게 감사원 요구 확인서를 써주면 철수하겠다고 말했다는 풍문도 있었다.

결국 나를 포함해 나와 함께 일했던 전임 주민과장(김채용, 노장택) 2명으로부터 문답서를 받고 감사는 끝났다. 감사 결과 중 사업계획 수립 및 예산집행 관련 사항은 불문에 부치고, 전자주민카드 사업의 추진 여부는 정부에서 결정하도록 했다. 다만 주 전산기 도입과 관련해 회계 처리가 부적절했음을 문제 삼아, 나는 주의를 받았고 관련 공무원 2명은 견책을 통보받았다.

이런 가운데 행자부 장관 부임 후 첫 대통령 독대 보고(1998. 5. 11.)

에서, 대통령이 전자주민카드가 사생활 침해에는 큰 문제가 없다는 얘기를 하였다고 들었다. 그러나 "시민단체 등에서 반대하고 있으니, 반드시 전문기관의 용역 결과에 따라 판단하고, 추진하더라도 1년 후에 하라"고 지시했다.

이에 따라 행정자치부에서는 전자주민카드 사업의 타당성 조사를 한국능률협회·서울대 연구소·포항공대 연구소 등 3개 기관에 공동 의뢰하였다. 그리고 '전자주민카드는 추진하는 것이 타당하다'는 용역 결과 보고서가 나왔다. 이로써 전자주민카드 사업에서 이전 정부가 무언가 숨기고 있다는 의혹은 일단 해소된 셈이다.

결국 좌절된 전자주민카드 사업

따라서 행정자치부는 예산 관련 당정 회의에서, 전자주민카드 사업을 기존 계획대로 추진하겠다는 방침을 밝혔다. 그런데 전자주민카드 사업을 줄곧 반대해온 여성의원이 크게 반발하였다. 이를 계기로 청와대와 여당의 입장도 부정적으로 바뀌고, 기획재정부에서도 IMF 상황을 감안하여 추진 반대 의견을 내놓았다.

이런 과정을 거쳐 연말 국회에서 주민등록법에서 '전자'를 뺀 법안이 그대로 통과되었다. 이에 따라 결국 전자주민카드 사업은 좌절되었다. 그리고 2000년 종이에서 플라스틱으로 재질만 바꾼 주민등록증을 교체 발급하게 되었다. 정작 21세기 전자시대에는 모든 카드가 IC카드로 갈 텐데 참으로 어이없는 종결이었다.

✥

그 후 남겨진 이야기

나는 최근 탈원전 정책을 지켜보면서 전자주민카드 사업이 떠올랐다. 우리나라는 애당초 넉넉한 나라가 아니다. 부존자원도 거의 없을뿐더러 힘세고 오만불손한 나라들 사이에 끼어있다. 그래서 우리나라가 그 나라들보다 잘 할 수 있는 것은, 위험 부담이 있다고 해서 피하거나 포기하기보다는, 위험을 감수하고 부딪치면서 개선 보완하며 헤쳐나가야 한다. 모름지기 우리나라는 현재도 미래도 그래야 한다는 것이 전자주민카드 사업의 총괄 실무책임자였던 나의 소회이다.

예전 정보화 사회를 위해 의욕적으로 일했던 추진기획단 구성원들이 '산업화는 늦었지만 정보화는 앞서가자'는 꿈이 꺾인 이후에도, '주민카드 사업에 열정을 바친 사람들'이란 의미의 '주열단[32]'이라는 모임을 만들었다.

이따금 그 모임에 가면 그들이 낭인들 같아 미안함과 안쓰러운 마음이 든다. 그러나 나는 우리가 가진 유용한 제도를 활용하여, 진화시키겠다는 그들의 희망찬 꿈은 언젠가 누군가에게 이어져 가리라고 믿는다.

---

[32] 강찬우·권순태·권혁록·김경희·김흥림·노장택·배석한·변화수·서성철·손혜숙·송호순·유정일·운덕훈·윤석근·이동헌·장영환·최충호·한상윤·저자

9장

인사는 권한이 아니라 책임이다

내무부 지방행정국장
·
1995. 7. – 1997. 3.

행정자치부 차관보
·
1999. 5. – 2000. 1.

흔히 인사는 만사라고 한다. 옳은 말이라고 생각한다. 무릇 어떤 공사(公私)의 조직을 막론하고 공정이 인사의 요체이어야 한다. 다른 말로는 적재적소라고도 표현하고 있다.

나 또한 35년간 공직 생활을 하면서 때로는 인사의 객체가 되기도 했고, 때로는 인사의 주체가 되기도 했다. 여기서는 내가 인사의 주체로서 인사를 시행한 원주시장과 내무부 지방행정국장·차관보, 그리고 민방위 재난통제 본부장 때를 허심탄회하게 얘기하려고 한다.

남달랐던 내무공무원들의 나라사랑

1995년 6월 27일 김영삼 정부는 지방자치단체장과 지방의회의원의 동시 선거를 실시하였다. 따라서 1961년 5·16군사 혁명 직후에 중단되었던 지방자치제도가 35년 만에 부활하게 되었다.

내무부 장관이 지방자치단체(이하 '지자체')를 지도·감독하는 수단인 지방 재정에 관한 권한은, 이미 1991년 노태우 정부에서 지방의회가 구성되면서 상실되었다. 그리고 이제는 인사권마저 없어졌다. 이는 내무부의 위상은 물론 내무 공무원들에게도 엄청난 변화를 가져왔다.

그동안 정부 부처에서 경제기획원이 경제부처를 대표하고 비경제 부처는 내무부가 대표해 왔다. 기획원 공무원들은 경제개발 5개년 계획을 수립하고 추진하며, 경제 개발을 주도한다는 엘리트 의식을 갖기도 했다. 한편 내무부는 비경제 부처를 대표하고 내무 공무원들은 '우리가 우리 스스로를 일으키는 새마을 운동'을 주도하면서, 근대화의 역군이라는 투철한 사명 의식과 자부심을 가지고 있었고 아울러 나라사랑 또한 남달랐다.

그럼에도 불구하고 내무부는 결코 이권을 가진 부처가 아니었다. 지방에서 발탁되어온 내무 공무원들에게는 서울 생활이 경제적으로 매우 힘들었지만, 참고 견뎌 온 것은 언젠가는 고향의 시장이나 군수로 금의환향한다는 믿음이 있었기 때문이었다. 이제 꿈은 사라지고 선거를 통해서만 고향의 시장이나 군수가 될 수 있게 되었다.

내무부 지방행정국의 기능과 역할

이처럼 내무부의 위상은 물론 내무 공무원들에게도 엄청난 변화를 가져온, 지방자치제가 실시된 직후에 나는 내무부 지방행정국장

(이하 '행정국장')으로 발령받았다. 대한민국 정부 수립 후 나라 살림이 어렵던 시절에는, 경제기획원 예산국장·재무부 이재국장·농림부 양곡국장·내무부 치안국장과 더불어 내무부 지방국장이 중앙 부처 5대 중요 국장 중의 하나로 꼽히던 자리였다.

이 옛 내무부 지방국의 맥을 이은 것이 바로 지방행정국이었다. 예전 내무부 지방국장은 광역시장·도지사를 비롯하여 시장·군수·구청장 등 전국 지방자치단체장에 대한 인사를 내무부 장관에게 천거하는 막강한 힘을 가졌었다. 그러나 1978년 차관보 직제가 만들어지면서 지방국장은 지방행정국장으로 직명이 변경되었다.

이제 행정국장은 자치단체장에 대한 인사권이 없어졌다. 그리고 광역 부시장·부지사와 일반시 부시장·부군수·부구청장 등 전국 지자체 소속 국가 공무원의 인사권만을 갖고 있을 뿐이었다. 그럼에도 불구하고 정부를 움직이는 10대 실세 자리[33]로 꼽히는 것은, 지방자치 행정의 지원·지자체 간 분쟁 조정·주민등록 업무와 각종 선거업무 지원·민간 운동단체 지원과 자원봉사제도 업무 등을 총괄하는 자리이기 때문이었다.

---

33) 월간조선 1996년 8월호 : 정부를 움직이는 10대 실세 자리

내무부는 지역 연고 인사가 많았다

내무부는 전국 지자체를 지도하고 감독하는 부처의 업무 특수성으로, 전국 지자체에서 올라온 공무원들로 구성된다. 따라서 부내 지역별 모임이 타 부처에 비해 활발한 편이었다. 그래서 인사 때는 학연보다 지연에 따른 인사가 많았고, 어느 지역 출신 장관이 오느냐에 따라 인사에 많은 영향을 미쳤다.

흔히 지역색을 이야기할 때 경상도와 전라도로 구분하곤 한다. 그런데 내가 내무 공무원을 하면서 느낀 점은 양 지역에 따른 동질성은 있지만 좀 더 살펴보면, 같은 경상도이지만 대구·경북(이하 'TK')과 부산·경남(이하 'PK')이 다르고 광주·전남과 전북이 달랐다.

일반적으로 TK는 폐쇄적이지만 PK는 개방적으로 지역색이 TK보다 약한 편이었다. 그리고 광주·전남이 폐쇄적이며 TK보다도 지역색이 더 강한 것은, 오랜 소외 의식에서 오는 유대감이라고 여겨졌고 전북은 양반스러웠다. 끈기를 가진 충청도는 충남보다 도세가 약한 충북이 은근히 지역색이 강한 반면 도세가 비슷한 강원도는 지역색이 없는 편이었다. 서울과 경기도는 수도권을 형성하고 있는 지역답게 지역 티를 내지 않는 편이었지만, 시간이 지나면서 경기도의 지역색이 드러나는 것을 느꼈다.

내무부 내 1급 승진 서열 1순위로서 인사권을 가진 행정국장이 공석이 되면, 국장 서열 상 2순위인 지방재정경제국장이 그 자리에 가는 것이 통례였다. 그런데 내 경우처럼 공보관이 간 것은 드문 일이었다. 그것은 내가 유능해서가 아니라, 인사 라인이 차관과 차관보에 이어 행정국장마저 PK가 되는 것이 부담일 수도 있었고 장관과의 지역 연고도 고려되었다고 생각한다. 장관(김용태)도 "TK 봐줬다는 소리를 들을 각오하고 결정했다"고 말했다.

그래서 평소 가까이 지내는 지방재정경제국장에게는 "미안합니다. 1급 승진은 형님이 먼저 하이소"라고 미안한 마음을 표했다. 당시 나는 낙동회[34]의 회장을 맡고 있으면서도, 딱 한 번 행정과장 자리에 TK를 앉힌 것을 제외하고는 TK를 챙기지 못했다. 인사를 챙기려면 조직으로부터 욕먹을 배짱이 있어야 하는데 나는 그런 것이 없었다. 오히려 나는 인사에 대해 강박 관념이 있었다.

원주시 인사위원회 구성 및 운영

그래서 나는 인사의 공정성과 객관성을 확보하기 위해 원주시장으로 재직할 때는 인사위원회를 구성해 운영했다. 내가 원주시장으로 부임하고 며칠 되지 않아 총무국장이 전임자가 미루고 간 인사 문제를 의논해 왔다. 그러나 나는 그간 인사 부서에서는 근무한 경험이 없어선지, 잘 알지도 못하는 사람들의 인사를 해야 하는 것이 곤혹스러웠다. 그렇다고 인사라인에 있는 사람들을 믿고 맡기기도 왠지 내키지 않았다.

---

[34] 내무부 본부 내의 대구·경북 출신 공무원들의 모임

공직을 수행하는 공무원의 사기에 인사만큼 영향을 미치는 것은 없었다. 따라서 시장이 공정한 인사를 하지 못한다면, 누가 시장을 믿고 따르겠는가라는 생각이 들었다. 그래서 내가 여러 날 궁리 끝에 내어놓은 것이 인사위원회 운영방안이었다. 그 내용을 요약하면 인사 담당부서에서 일단 인사(안)을 마련한 후에, 인사 대상에 따라 인사위원회를 구성하고 인사위원회에서 그 인사(안)을 협의하고, 그 결과를 시장이 결재하겠다는 구상이었다.

예컨대 인사위원장의 경우 국장급 인사는 부시장이 맡고, 과장 및 계장급 인사는 총무국장이, 실무자 인사는 총무과장이 맡기로 했다. 그리고 인사위원의 경우 국장급 인사는 국장과 과장을 합쳐 5명, 과장 및 계장급 인사는 과장과 계장을 합쳐 7명, 계장 이하 인사는 계장과 직원이 합쳐 7명으로 하되, 간부 인사위원의 선정은 시장이 하고 실무자 인사위원의 선정은 부시장이 하도록 했다.

내가 이렇게 구상한 것은 바른 소리를 하거나 직원들의 신임이 있는 인사위원을 고르는 것이 그리 어려운 일이 아니라고 판단되었기 때문이다. 그리고 인사위원회가 제대로 운영되었는지는 인사위원에게 한 두 가지만 물어보면 금방 알 수 있을 것이라고 생각했다. 이렇게 인사위원회를 거친 인사(안)에 대해 나는 손대지 않고 원안 그대로 결재했다. 첫 번째 인사 후문에 대해 시청 출입 기자들에게 들어보니, 인사 뒷말이 별로 없다는 것이 중평이었다.

아마 인사 담당 부서에서 누가 누군지 잘 모르는 시장보다는 속속들이 잘 알고 있는 동료나 직원들에게 책잡히지 않기 위해, 자연스레 공정한 인사가 되었었다고 생각하였다. 그런데 인사위원회를 운영한다고 해서 시장이 인사에 전혀 간여하지 않는 것은 아니다. 두 번째 인사 때에는 내가 꼭 인사에 반영하고 싶은 계장이 있었다. 그래서 총무과장에게 인사위원회에서 솔직히 시장의 뜻을 설명하고 반영되기를 주문하기도 했다.

원주시청에서 인사위원회를 이용한 인사 방식은 내가 인사권을 가진 과천시장, 포항시장 때에도 그대로 시행하였고, 행정자치부 차관 때 과장급 이하 인사에도 적용하였다. 아무튼 '인사는 권한이 아니라 책임'이라는 인식이 항상 뇌리에 박혀 있어서 나는 인사가 즐겁기보다 부담스러웠다.

인사의 핵심, 얼마만큼 공정했는가의 여부

세상에 온전히 공정한 인사라는 것은 없고 얼마만큼 공정하느냐의 문제라는 것이 나의 변함없는 지론이다. 그것은 아무리 합리적인 인사권자라 하더라도 학연·지연·혈연 등의 연고로, 자신도 모르게 편견을 갖게 마련이기 때문이다.

조직원들 또한 각자 나름의 다른 잣대를 가지고 인사를 평가하기 때문에, 인사의 공정성 시비는 끊임없이 이어질 수밖에 없다. 그렇다고 하더라도 인사권자는 늘 공정한 인사가 되도록 힘써야 한다. 왜냐하면 인사가 조직원과 조직운영에 미치는 영향이 너무나 크기 때문이다.

나에게 한 번도 인사 지시를 한 적이 없는 TK 장관이 떠나고 PK 장관이 왔다. 장관이 외부에서 받은 인사 청탁 쪽지를 주면, 나는 행정과장(김용대)이나 총무과장(김채용)에게 검토시키고, 그 결과를 장관에게 보고하곤 했는데 대부분 안 되는 무리한 청탁들이었다.

그날도 여느 때처럼 안 되는 이유를 설명하니까 "행정국장은 벌써 몇 번째 안 된다고만 하느냐"고 했다. 그래서 "장관님이 무리한 청탁만 받아오셔서 그런 것입니다"고 말하였다. 그랬더니 "좀 무리하더라도 행정국장이 욕먹을 각오를 하고 해주면 되지 않겠느냐"고 말해서, "직원들이 귀신처럼 다 알고 나를 욕하는 것이 아니라 장관님 욕을 합니다"라고 대답했다.

그날 간부들과 함께한 저녁 자리에서 "행정국장은 털 뽑아서 그 구멍에 다시 털 박는 사람"이라고 불편한 심기를 나타내었다. 그러자 어느 국장이 "장관님, 행정국장이 몇 달을 내내 같은 넥타이를 매다가 엊그제 넥타이를 바꿨습니다. 이번에는 얼마 동안 맬 것인지 제가 세어보고 있습니다"고 하자 좌중이 웃고 넘어갔다.

예전엔 자기들도 많이 서운 안 했겠나

당시 장관과 차관 모두 PK인데다 차관이 인사를 챙기는 스타일이라, 사전에 장관에게 보고했다면서 주는 인사(안)들이 대부분 지역편중 인사였다. 특히 호남지역 공무원들이 소외된 인사(안)이 많았다. 나도 TK 지역 인사 덕을 보고도 지역편중 인사(안)을 보고는 못

참아 자주 부딪히기도 하였다. 그래도 그때가 TK한테는 호시절이었던 셈이다.

김대중 정부 시절에서 민방위 본부장을 할 때다. 그런데 인사가 이루어지는 것을 옆에서 지켜보면서, 그제서야 비로소 낙동강 오리알이 된 TK의 위상을 절감하였다. 실제로 내무부와 총무처의 통합 과정에서 내무부 TK 국장 둘 중 하나가 대기하였고, 내무부 출신 대기 과장 8명 중 4명이 TK이었다. 후배들이 찾아와서 서운한 마음을 토로하면 내가 한다는 말이 "예전에는 자기들도 많이 서운 안 했겠나"였다.

인사 문제로 뇌물 수수 혐의를 받다

민방위 재난통제 본부(이하 '민방위 본부') 소속 공무원들 인사는 내무부 인사 부서에서 하지만, 소방직 공무원들의 인사는 별도로 본부장 책임 하에 소방국 소방과에서 인사(안)을 마련하고, 소방국장이 장관과 차관의 결재를 받아 시행하는 시스템이었다.

소방직은 군인과 경찰처럼 계급 정년이 있어서 일반직 공무원들보다 훨씬 예민하고 인사 잡음도 많았다. 내무부 본부장 때는 소방국장에게 맡기고 간여하지 않아 부담이 없었지만 김대중 정부의 행정자치부에서는 상황이 급변했다.

행정자치부 장관(김정길)이 본부장인 내 책임 하에 소방 조직의 인사혁신을 주문했다. 그동안 정권이 바뀌면서 공직사회에 새로운 바람을 일으킨다면서 추진하는 인사 혁신이 제대로 되는 것을 나는 본 적이 없었다. 무능하거나 무사안일한 공무원을 퇴출시켜야 하는데, 모두가 다른 잣대를 가지고 있어서 누가 누구를 퇴출시킨다는 것은 용이한 일이 아니었다. 그래서 늘 적용하는 잣대가 나이였다. 공무원을 용퇴시키는 데에 나이보다 더 편한 기준은 없었다.

1938년생 소방총감인 소방국장과 1939년생 소방정감인 소방학교장이 두말없이 용퇴하였다. 그래서 후임 소방국장에는 서울 소방본부장을 소방총감으로 승진 발령하고 후속인사를 전적으로 맡겼다. 그러면서 "우선 지역을 안배하고 소방인사는 계급 정년제로 인해 연공서열 순에 너무 얽매여 있는 것 같다. 따라서 이번 기회에 조직이 활성화 되도록 발탁 인사도 고려해 보라"고 했다.

얼마 후 소방국장이 인사(안)을 보고하면서, 소방감 승진자들 중에 대전의 소방서장을 발탁했는데 경북고등학교 내 후배라고 했다. 이름도 처음 듣는 이름이지만 듣는 순간 느낌이 이상해서 이것저것 물었는데, 유능하고 주위 평도 좋다는데 후배라고 역차별 할 수도 없어 원안대로 결재하였다. 이후 소방국장이 장관의 결재를 받아, 소방 사상 최대 인사라 불리는 인사를 단행했었다. 그런데 인사 잡음이 별로 없었다. 그래서 내 나름대로 물의 없이 잘 마무리 됐다고 판단하였다.

그리고 장관이 바뀌고 내무부 출신 장관(김기재)이 와서 차관보 자리로 옮겼다. 그런데 장관이 나의 인사(안)을 청와대와 사전협의를 하는 과정에서, 사정과 정무 쪽에서 내가 인사 관련 뇌물 수수 혐의가 있다고 하면서 이의를 제기했다고 한다. 그래서 나의 뇌물 수수가 밝혀지면 장관이 책임을 지겠다고 했다면서, 그대로 두면 승진이 어려울 터이니 한번 챙겨보라고 했다.

그래서 내가 알아보니 국무조정실 공직 기강 팀에서 작년 소방직 인사 때, 내가 돈을 받고 후배를 승진시켰다는 첩보를 입수했다는 것이었다. 이에 따라 청와대 사정 팀에 통보하였고, 사정 팀에서 오래전에 검찰에 내사를 의뢰하여 서울지검 특수부에서 가지고 있었다.

그 얘기를 듣고 내가 서울지검 차장 검사(정상명)[35]로 있는 후배에게 전화해서, "검찰에서 조사를 의뢰 받았으면 조사하고, 끝났으면 그 결과를 통보해야지 왜 그냥 가지고 있어요"라고 말했다. 그로부터 얼마 후 검찰에서 무혐의라는 조사 결과를 청와대 사정 팀으로 통보했다는 이야기를 들었다. 그리고 몇 개월 후 나는 행정자치부 차관으로 승진했다.

중앙인사위원회는 필요한 조직이었나

행정자치부 차관으로 취임하고 나서 2000년 5월 미국 연방재난관리청과 한·미 재해 재난 안전협정서를 체결하기 위해 워싱턴으로 출장을 갔다. 협정을 체결하고 워싱턴 주재 특파원들을 초청해서 15여

---

35) 정상명 : 제35대 검찰총장을 역임하였다.

명이 저녁식사를 함께 했다.

그 자리에서 어떤 기자가 작년 대통령 직속으로 신설된 중앙인사위원회의 운영 성과를 물었다. 그래서 개인 의견이라고 전제하고 "성공적이지 않다"고 말했다. 그 이유로 행정자치부와 중앙인사위 간에 업무분장이 불

미국 재난관리청장과 협정서 체결 (워싱턴, 2000. 5. 26.)

명확하고, 대(對) 국회 관계 혼선 등을 문제로 지적했다. 그런데 다음 날 매일경제[36]에 '중앙인사위 사실상 실패'라는 배꼽기사가 나왔다. 이를 본 청와대에서 "대통령이 구상하고 만든 조직인데 실패라고 해도 되느냐"라는 질책이 있었다.

나는 국내에 없었으니 기획실장(김범일)과 차관보(조영택)가 기사 빼느라, 청와대에 해명하느라 진땀을 뺐다고 했다. 내가 귀국해서 중앙인사위원장에게 사과함으로써 소동은 일단 끝이 났다.

그로부터 9년 후 이명박 정부에서 중앙인사위원회는 결국 행정자치부와 통합되었다. 이런 맥락과 내 경험에 비추어 최근에 정치권에

---

36) 매일경제 2000. 5. 27. : 1면 배꼽기사 '중앙인사위 사실상 실패'

서 격한 논란 가운데 확정된 공수처의 신설도 꼭 필요한 것인지는 의문이 든다.

✥

인사를 보면 그 정부의 의지가 보인다

나는 제14대 대선에서 민주화 투사들의 대권 경쟁을 보면서 이제는 산업화와 민주화의 대립을 끝내고, 우리 사회에 만연한 지역·세대·빈부 간 갈등을 풀 수 있는 큰 바위 얼굴의 지도자가 나오기를 바랐다.

박근혜 정부, 국민화합 의지가 약했다

나는 박근혜 후보가 제18대 대통령으로 당선되는 것을 보고, 원하던 국민 화합형 대통령이 될 것으로 나름대로 예상하였다. 전형적으로 보수 골통인 나는 조국 근대화를 일궈낸 박정희 대통령을 좋아한다. 그렇지만 장기 집권 중 인권이 탄압되고 국민 갈등이 유발되는 등 과오도 있었다고 인식하고 있었다.

그래서 아버지에 이어 대통령이 된 딸이 이 앙금들을 풀어 박정희 일가의 전설이 만들어질 것으로 기대하였다. 왜냐하면 여성 대통령이 가장 잘 할 수 있는 것이 국민을 보듬는 것이라 믿었기 때문이었다. 그래서 대통령 취임사에서 비록 뒤늦게나마 딸이 아버지의 과오를 인정한다면 그것은 아버지의 위업이 손상되는 것이 아니라, 오히려 당시 억압받았던 사람들의 마음을 위로함으로써 산업화와 민주화를 잇는 끈이 될 수도 있었다고 생각했지만, 아버지에 대한 언급은 전혀 없었다. 그러나 한편으로는 정쟁이 될 수도 있는 사안이라서 언급하지 않을 수도 있겠다고 나름대로 이해하였다.

그런데 막상 박근혜 정부에서 발표한 첫 조각에서도 국민 화합을 추구하려는 의지나 최소한의 지역적인 안배도 없었음이 드러났다. 이에 따라 나는 박근혜 정부에 대한 그간의 기대를 완전히 접으면서 가장 잘 할 수 있는 것을 제쳐놓고 무얼 할까라는 강한 의심이 들었다.

문재인 정부, 사회주의 의지가 강하다

최근 문재인 정부에서는 새 법무부 장관에 악재가 될 것이 뻔한, 흠결 많은 청와대 민정수석을 역임한 사람을 임명하였다. 이를 두고 '이 사람만이 검찰개혁을 할 수 있다'라든가 '마땅한 사람이 없어서다'라는 등 말들이 많았다.

여러 복합적인 사연이 있겠지만 내가 보기에는, 결국 사회주의 국가로 가기 위한 외연 확장이라는 좀 더 큰 그림에서 보아야 된다고 본다. 그래야만 이 나라 지성인이라는 교수와 작가들이 집단으로 새 법무부 장관 지지 시국선언을 하고, 수많은 사람들이 촛불시위를 하는 것이 이해가 된다.

앞으로 문재인 정부에서는 통일을 지향하고 북한과의 이념적 괴리도 줄일 겸 사회주의 외연 확장을 보다 적극적으로 전개할 것이라고 생각한다. 그런데 문제는 사회주의 정책으로 가난해지지 않는 나라가 없다는 데 있다. 미국 대통령 레이건은 "자본주의의 태생적 결함은 행복을 불평등하게 나누어 주는 것이고, 공산주의의 태생적 결함은 불행을 평등하게 나누어 주는 것"이라고 말했다. 참으로 걱정스럽다.

Episode 　내무부 장관 독대 보고

　내무부에서는 지방행정국장이 장관에게 독대 보고하는 관례가 있었다. 언제 무엇을 보고한다는 규정은 없지만, 월 1회 1시간 내외로 부내 분위기부터 지방동향·당면 현안사항·인사(안) 등 각종 상황을 다양하게 보고하면서, 사안에 따라 행정국 나름의 대안이나 대책을 제시하곤 하였다.

　내가 지방행정국장으로 발령을 받은 것은, 전국 지방선거(1995. 6. 27.) 실시로 지방자치시대가 개막되고 채 한 달이 되지 않아서였다. 그간 내무부는 통치권자의 후광을 업고 지방에 군림했으나, 이제는 지방을 지원하는 부처로 탈바꿈하여, 국정의 통합성과 지방의 자율성이 조화되도록 도모해야 했다. 따라서 내가 해야 될 당면 과제로 권한은 줄고 할 일은 늘어난 내무부의 위상 정립[37]이었다. 이 주제를 가지고 장관에게 첫 독대 보고를 했다.

　먼저 공문서 시행 시 권위주의적인 행정 용어를 줄이기 위해 법적 근거가 없는 한, 지침 대신 권고나 조언 등을 사용하겠다. 그리고 지방으로부터 받기만 하던 각종 정보 및 동향을 앞으로는 중앙 각 부처의 동향을 종합하거나, 지방 행정에 필요한 법과 제도의 변화 등을 사

---

37) 경향신문 1995. 7. 6. : '지시와 통제'에서 '설득과 대화로'
　　동아일보 1995. 9. 25. : '실감나는 지방자치시대', '내무부서 단체장에 동향보고'
　　국민일보 1995. 9. 28. : '내무부 지방행정 조정기능 개편'

전에 알려주어 내무부와 지방간 쌍방향 정보 교환이 되도록 하겠다.

또한 중앙 권한의 지방이양 문제는 그동안 지속적으로 추진하여 자치사무를 확대해왔다. 그러나 차제에 획기적인 사무 이양이 되도록 지방자치제도 발전위원회에서 사무 재배분 차원에서 심도 있게 논의 되도록 하고, 사무 조정 문제는 내무부 지방자치기획단에 유관 부처를 참여토록 하는 등의 추진을 촉진하겠다.

그리고 자치가 너무 자율로 가서 비능률적이어도 곤란하나 불합리한 규제는 적극적으로 풀겠다. 따라서 지방 조직개편 모델을 개발하여 제시하고, 내무국을 비롯하여 몇 개의 실·국 명칭들을 제외하고는 시·도지사가 재량대로 정하도록 하겠다.

나아가 현행 직제 배치 및 인력 배치 기준 규정을 폐지하고, 시·도의 실·국 가운데 내무국을 비롯한 몇 개 실·국만 공통 필수 기구제로, 기타 실·국은 단체장이 지역 특성을 감안하여 자율조직토록 하겠다. 앞으로 내무부 권한의 지방이양 문제는 일본 사례에 비추어, 어차피 지방으로 넘어가야 할 권한은 지방 요구 전에 먼저 넘기도록 하겠다.

그리고 민선자치단체장이 국외로 나가는 것을 통제하는 것은 무리하다고 보고, 시·도지사 국외 출장을 대통령 허가에서 신고로 풀자는 제안을 장관이 승낙했다. 그런데 이 제안을 다음날 차관실 간부 회의에서 얘기했더니 의외로 여러 국장들이 반대했다. 그래도 시행할 작정으로 청와대 행정비서실에 설명했는데 청와대에서도 반대했다. 하는 수없이 장관에게 시·도지사 국외출장 허가제를 당분간 유지해야겠다는 보고를 하면서, "내무부가 변하지 않아 걱정입니다"라고 했더니 장관이 "내무부 변했다. 김재영이가 행정국장하는 것이 변한 것 아니냐"고 했다.

나의 첫 독대 보고 마지막에 지방자치로 축소된 내무부 기능을 보강하는 방안을 제안했다. 당시에 행정국에는 사회단체에 대해 지도·감독하는 사회진흥과가 있었다. 그런데 국회에 가면 국민운동 단체인 새마을운동·바르게살기협의회·자유총연맹을 관변 단체라면서 야당 질의가 집중되고 있었다.

이런 상황에서 지방자치제 실시로 이들 단체의 지방조직은 어차피 민선 지방자치단체장의 영향을 받게 되었다. 따라서 내년 총선을 앞두고 차제에 사회진흥과 업무를 계로 축소하고, 대신 공원과를 신설하여 내무부 이미지도 개선하는 한편 환경 관련 새로운 기능을 보강하자고 하였다.

그런데 장관은 추진할만한 가치가 있지만 내년 4월 총선을 앞두고, 시기적으로 안 좋고 여당 반발이 예상된다고 반대했다. 매우 합리적인 정치인으로 선거에 대한 남다른 감각을 가진 장관의 판단을 믿고 더 고집하지는 않았다. 훗날 내무부가 폐지될 때 못내 아쉬움으로 남았다.

선거 동향 보고, 역사 속으로 사라지다

1996년 4월 총선이 있었다. 선거업무는 주민과 소관이지만 비공식적인 선거 관련 동향은 행정과에서 맡아왔다. 선거 동향은 먼저 행정과에서 업무 카운터 파트인 시·도 지방과로 의뢰한다. 그러면 시·도 지방과는 시·군 내무과로, 시·군 내무과에서는 다시 읍·면·동까지 모두 연계된다.

이런 과정을 거쳐 현지 여론이 올라오면, 여기에 행정과 나름으로 각종 신문이나 정보사항 등을 참고하여 종합 정리한다. 이처럼 전국적으로 현지 상황이 취합되다 보니 다른 정보기관에서 나오는 선거 판세 분석보다 정확하다는 평이었다.

1월 중 독대 보고(안)으로 선거 동향을 보고하기로 했다. 그러나 지방자치 실시로 야당 민선 자치단체장들도 있어, 확인 과정에서 물의가 일지 않을까 우려되어 실무자들에게 걱정했다. 그런데 예전과 달리 조심스럽지만 오랫동안 일을 하면서 서로 잘 알기 때문에 괜찮을 것이라고 했다.

첫 선거 동향 보고는 일요일 오전에 장관(김우석) 개인 사무실에서 했다. 보고서를 보자 "어떻게 만드느냐"고 물어서 작성 과정을 설명하고, 시·도지사나 시장·군수 가운데 야당들이 있어 솔직히 걱정된다고 했다. 보고는 별다른 설명 없이 장관이 보고서를 보면서 궁금한 것을 물어보면 대답하는 식이었다. 꼼꼼히 다 보고는 "잘 만들었네" 하고는 다른 말이 없었다.

그러다 며칠 후 장관이 "아무리 생각해도 선거는 악재가 없는 것이 최선이라고 생각된다. 그래서 앞으로는 선거 동향 보고는 받지 않을 테니 만들지도 말라"고 했다. 이후 주민과의 공식적인 선거업무만 수행하여 내무부 발 악재는 없었다. 지방자치가 준 긍정적 효과 중의 하나이다.

제15대 총선 후 내무부 주민과 직원들과 함께 (1996. 4. 12)
(앞줄) 노장택(왼쪽)·저자(오른쪽)
(뒷줄 왼쪽부터) 권동균·김상환·배석한·노정윤·진광례·김창원·장영환·최문환·윤영렬·심보균·변종만·박정호·전태현·조용건·오석빈·최애선·이광열·권혁록·김경희

9장. 인사는 권한이 아니라 책임이다   213

10장

안전한 나라는
안전문화가 있다

민방위 재난통제 본부장

1997. 3. – 1999. 5.

나는 1997년 3월부터 1999년 5월까지 2년 2개월 동안 민방위 재난통제 본부장(이하 '본부장')으로 재직하였다. 그런데 이를 구분하면 1997년 3월부터 1998년 3월까지는 '내무부의 마지막 16대 본부장'으로서, 그 이후부터 1999년 5월까지는 내무부와 총무처가 합쳐 새로 출범한 '행정자치부의 초대 본부장'으로 재직한 것이다.

내무부 본부 조직은 전국 지방자치단체 업무를 지도하고 육성하기 위한 지방행정부서와, 국민의 생명과 재산을 보호하기 위한 민방위 재난통제 본부(이하 '민방위 본부') 부서로 나뉜다.

월남 패망으로 출범한 민방위 본부

민방위 본부는 1960년부터 1975년까지 진행된 베트남 전쟁과 관련이 깊다. 1975년 자유 국가인 월남과 공산 국가인 월맹이 우리처럼 반쪽으로 나뉜 채 싸우다가 월남이 월맹에게 함락되었다. 이에 우리 한반도도 월남처럼 공산화될 수 있다는 위기감에서, 적의 침공이나 지방의 안녕질서를 위태롭게 할 재난으로부터 국민의 생명과 재산을 보호하기 위해 민방위법을 제정하였다.

이에 의거하여 민방위 본부를 창설하고, 치안본부의 소방업무를 인수하여 민방위와 소방업무로 출발하였다. 한편 민방위 본부는 1990년 한강 하류인 일산 제방 붕괴가 계기가 되어, 그동안 건설부에서 태풍과 지진 등 각종 자연재해(이하 '재해')로부터 국토를 보전하고, 국민의 생명과 재산을 보호하기 위해 수행하던 방재 업무를 이관 받았다.

이어서 1993년 청주 우암 아파트 붕괴·부산 구포 열차 전복·아시아나 여객기 추락·서해 훼리호 침몰·1994년 성수대교 붕괴·1995년 삼풍백화점 붕괴 등 대형사고가 잇따르자, 각종 인위적·사회적 사고(이하 '재난')로부터 국민의 생명과 재산을 보호하기 위해, 1995년 기존의 재난관리과를 재난관리국으로 확대하여 4개국으로 편성하였다.

한 지붕 네 가족, 민방위 본부

한편 국가 재난의 사고 예방 및 대책을 소관별로 살펴보면 다음과 같았다. 산업 재해는 노동부, 해난 사고 및 구조는 해양수산부와 해양경찰, 자동차 사고는 교통부와 경찰에서 각각 담당하였다. 그리고 내무부 민방위 본부는 적의 침공이나 천재지변으로 인한 피해를 막기 위해 민간인이 주축이 되어 행하는 비군사적 방위행위는 민방위국에서, 자연재해는 방재국에서, 인위적인 재난 중 화재는 소방국에서 담당하고, 재난관리국은 재난을 총괄 조정 업무를 맡았다.

따라서 국민의 생명과 재산을 보호한다는 목표는 같았지만, 민방위 본부는 사실상 한 지붕 네 가족 같은 조직이었다. 그리고 업무 성격과 직종도 제각각인 가운데 소방과 방재국은 강한 소외감을 갖고 있었다. 또한 언제 발생할지도 모르는 재난과 재해에 대비해서 연중 근무체제였고 특히 소방은 24시간 대기상태였다.

내가 본부장으로 온 지 일주일 되는 날인 1997년 3월 24일, 전북 남원 철도 건널목에서 안전 수칙을 무시한 시내버스가, 열차와 충돌해 사망 16명·부상 16명의 사고가 발생하였다. 이어서 3일 후인 3월 27일 부산 구포대교에서 사찰버스가 다리 아래로 추락해 사망 4명·실종 1명의 사고가 있었다.

사고는 끊이질 않았다. 다음 날인 3월 28일에는 김해 철도 건널목에서, 덤프트럭이 열차와 충돌하여 8명의 부상자가 발생하였고, 또 이틀 후인 30일에는 서울 서부 이촌동 중산아파트 화재로 2명이 사망하고 14명이 부상을 입었다. 이처럼 이틀이 멀다 하고 사고가 나는데 대부분이 교통사고이다 보니 자연스레 재난관리 업무에 집중하게 되었다.

역량을 재난관리에 집중하다

민방위 본부 업무 가운데 민방위나 소방 그리고 방재 업무에 있어서는 조직이 안정되고 숙련되어 있었다. 그러나 재난 업무는 신설된 지 2년도 되지 않아 제대로 자리가 잡혀 있지 않았다. 그래서 간부들과 수차례 걸친 협의 끝에 민방위 본부의 역량을 재난 관리에 집중하기로 합의하고 주요 정책 과제를 선정했다.

첫째, 각 부처에 산재되어 있는 안전 관리 정보를 총괄할 수 있도록 다음과 같이 조치하였다. 먼저 민방위 본부 내 국 단위로 가지고 있는 정보를, 공유하는 정보 시스템으로 구축하기 위해 한시적으로 합동 기획단을 발족시켰다. 그리고 재난 관련 정보를 수집·가공·저장·관리하고, 재난 발생 시 유관기관 간 정보 공유체제를 구축하고 효율적으로 대처할 수 있도록, 국가 안전 관리 정보시스템 구축을 삼성SDS에 기본 설계용역으로 의뢰하였다.

둘째, 전국 민방위대를 재난 대비 위주로 개편하여, 재난 발생 우려 지역에는 연합 민방위대를 구성하도록 편제를 보완하였고, 매월 15일 민방위 훈련의 날에는 재난과 함께 재해 훈련도 병행하여 실시키로 했다.

셋째, 우리 사회의 구석구석에 만연해 있는 안전 불감증이 각종 사고의 가장 큰 문제라고 보고, 생활과 밀접한 교통안전의식을 고취키로 하였다. 이를 두고 일부 간부들이 교통 관련 업무는 경찰청 소관이고, 이젠 캠페인 같은 관(官) 주도는 바람직하지 않다는 의견이 있었으나 마땅한 대안이 없어 추진키로 하였다.

이에 교통사고와의 전쟁 100일 계획을 마련했다. 1997년 7월 7일 자동차 1천만 대 돌파를 계기로 문화시민운동 중앙협의회와 협의하여, 21세기 대비 선진 교통 문화 정착을 위한 공청회 개최와 캠페인을 대대적으로 전개해 나가기로 하였다. 그리고 경찰청의 교통사고 운동 줄이기 운동과 연계하기로 합의하였다. 또 매년 4월을 안전 문화의 달로 지정하여 운영키로 했으나 이는 중앙 안전대책위에서 부결되었다.

넷째, 해마다 피해 규모가 커지고 있는 수해를 줄이기 위해, 그간 방재국의 숙원 사업이었던 국립방재연구소를 개소했다. 그리고 복구 위주의 방재 행정을 예방 위주로 전환한 제5차 방재기본 5개년 계획(1997년-2001년)과 별도로 재해위험지구 정비사업 10개년(1998년-2007년 : 416개 지구, 9,916억 원)을 수립하여 추진키로 했다. 참고로 그 해(1997년)도 방재분야 예산은 2,400억 원으로 도로 분야 8조 1,000억 원의 3% 수준이었다.

그리고 본부장 재임 이후의 일이지만 2000년 4월 차관 재임 시에는, 강원도 산불 피해 복구지원 대책회의에서 그동안 산불 피해 시 적용하지 않던 관행을 깨고, 처음으로 자연재해대책법 및 농어민재해대책법의 복구지원 기준에 준하여 지원키로 합의한 바 있다.

내무부·총무처 통폐합, 행정자치부 출범

한편 1997년 12월에 시행된 대통령 선거에서 국민회의[38]의 김대중 후보가 제15대 대통령으로 당선되었다. 당시는 IMF(국제통화기금) 관리체제에서 작은 정부가 불가피한 상태였고, 김대중 후보의 공약 중 내무부 폐지와 소방청 독립이 있었다. 이런 상황에서 소관 업무에 대해 아이디어를 개발하고, 새로운 시책을 추진한다는 것은 뒷전이었다. 조직의 명운이 걸린 발등의 불부터 꺼야 했다.

먼저 내무부 폐지 공약은 15대 총선 때에도 국민회의 공약이었지만, 이에 따른 구체적 대응 방안을 강구한 적이 없었다. 그래서 막상 김대중 대통령이 되고 나니 내무부의 진로를 두고 부내에서도 일부는 총무처와의 통합을, 일부는 독자 생존을 주장하는 등 이견이 있었다. 나 또한 조직이 축소되어 자치처(自治處)가 되더라도 독자적으로 살아남기를 원하는 입장이었다.

일본의 경우 패전 후인 1947년 우리의 내무부 격인 내무성(內務省)은 폐지되고, 자치청(自治廳)으로 축소되었지만 1960년에 다시 자치성(自治省)으로 승격되었다. 또 자치성 출신이 민선 자치단체장으로 진출하는데 유리하다는 인식 등으로, 당시는 대장성(大藏省)·통상성(通商省)과 더불어 3성(省) 중 하나로 꼽히고 있었다.

---

[38] '새정치국민회의'의 약칭. 1995년 창당된 대한민국의 민주당계 보수정당. 새천년민주당의 전신

그리고 만약 독자 생존이 어려운 경우에는, 업무 시너지 효과가 클 것으로 예상되는 환경부와의 통합을 선호하기도 했었다. 그러나 환경부에서는 개발 독재의 전위대인 내무부와는 절대 통합할 수 없다고 반대했다. 특히 김대중 정부에서는 그동안 내무부가 관권 선거의 온상이었다는 인식이 뿌리 깊었다. 그래서 더욱더 독자 생존이 어려울 수밖에 없었다.

하지만 이 과정에서 더 안타까웠던 것은 주변에 내무부의 우군이 없었다는 점이다. 이에 대해서는 1995년 지방자치제 실시를 전후해 내무부가 위상과 역할을 과감히 변화시켜, 지방자치단체들을 최고의 우군으로 만들 수 있는 기회가 있었다. 하지만 그렇게 하지 못했던 것이 못내 아쉬웠었다.

김대중 정부가 정식으로 출범하기 전인 1998년 1월 26일, 1차 정부조직 개편이 단행되었다. 이에 따라 내무부는 총무처와 통폐합이 되어 행정자치부(이하 '행자부')로 개편되었다. 이로써 1948년 11월 4일 출범하여 1998년 2월 28일까지, 총 50년 간 존속하였던 내무부는 역사의 뒤안길로 사라지고 말았다.

정부조직 개편으로 반토막된 민방위 본부

내가 민방위 본부장에 부임한 뒤 국민안전을 위해 가장 중시하고 역량을 집중했던, 재난관리국은 민방위국에 통·폐합 되어 민방위 재난관리국으로 개편되었다. 이로써 민방위 본부는 4국 15과에서 3국

14과로 1국 1과가 축소되었다.

　IMF 관리 체제에서 출범한 김대중 정부는 당연히 작고 효율적인 정부를 표방하였다. 이에 따라 정부 조직을 관리하는 부처의 수장인 행자부 장관(김정길)은, 행자부는 중앙과 지방 조직에 대한 결정권을 가지고 있으므로 솔선하여 수범을 보여야 한다는 주장에 따라, 통폐합 부처로 새로 출발한 어수선한 분위기 속에서도 1998년 7월 2일 2차 자체 조직개편을 단행하였다. 2차 자체 개편으로 민방위 본부는 민방위 재난관리국의 민방위 편성운영과와 교육훈련과를 통합하고, 소방국의 소방과와 장비통신과를 통합하여 2개 과를 줄였다.

　그리고 행자부의 조직 개편을 마무리하고 나서 시·도 광역자치단체의 조직개편은 자율적으로 추진하도록 권유하였다. 그 과정에서 경남도에서는 민방위국과 소방본부를 통폐합하여 민방위 소방국을 추진했다. 소방공무원들이 술렁이고 사기가 위축되었다.

　1998년 7월 시·도 부지사 회의에서 나는 이 같은 말을 했다. "민방위는 통장이 민방위 대장인 기초체제이고, 소방은 시·도 소속인 광역체계 조직으로 상호 이질적 집단이다. 따라서 이들 통합은 매우 비효율적이므로 소방본부는 그대로 살리고, 민방위와 재난은 내무국 소속으로 하도록 당부하여 소방본부가 그대로 유지토록 하였다."

　민방위 본부 내에서는 소방 조직이 이기적인데도 소방을 편애한다는 목소리도 있었지만, 온몸을 던져 국민으로부터 신뢰받고 있는 소방 조직을 힘 빠지게 해서는 안 된다는 것이 당시 생각이었다.

또다시 도마 위에 오른 민방위 본부

작은 정부를 실현하기 위한 정부 조직 경영 진단으로 민방위 본부 조직은 3번째 조직개편의 도마 위에 올랐다. 이에 따라 먼저 미국 연방 재난관리청(FEMA : Federal Emergency Management Agency)처럼, 예방·수습·복구같이 상황별로 기구를 재편성하자는 안이 제시되었다.

그 제안에 대하여 현재 자연적 재해를 담당하는 방재국은 조직이 상황별로 편성되어 있고, 인위적 재난은 상황 관리 및 지원 기능 뿐이므로, 상황별로 구별할 실익이 없다고 주장하였다. 그러자 또다시 제1차 정부 개편 때 거론되었던 비상기획위원회와의 통합안을 제시했다가, 최종적으로는 방재국을 국토부(옛 건설부)로 이관하거나 민방위 재난국과 통합하는 사실상의 민방위 본부 해체안을 제시하였다.

이렇듯 여러 진통 끝에 민방위 본부는 존치하되, 민방위 재난국과 방재국을 통폐합하여 민방위 방재국으로 한다. 그리고 토목 부이사관에 방재기획관을 두고, 민방위 재난국에 있던 안전지도과를 폐지하여 1국 1과가 축소되었다.

내가 본부장 재임 중에는 큰 사고가 거의 없었다. 1997년 3월 24일에 발생한 남원 철도 건널목 사고가 가장 큰 정도였다. 그렇지만 그것이 민방위 본부 조직에는 불운이 되었다. 만약 대형 사고가 잦았다면 조직 개편 때마다 줄어들지는 않았을 것이다.

김대중 대통령이 당선되고 17개월 동안 앞서 소개한 3차례에 걸친 정부 조직개편으로, 민방위 본부 조직은 당초 4국에서 2국으로 반 토막이 났다. 그리고 며칠 후 나는 민방위 본부장에서 차관보로 자리를 옮겼다. 비록 나는 민방위 본부를 떠났지만 그 이후에도 민방위 본부는 많은 부침을 겪었다.

우선 민방위 본부의 소관 부처인 행정자치부가 정권이 바뀔 때마다 부처 이름이 계속 바뀌었다. 즉 행정자치부(1998년)에서 행정안전부(2008년)로 다시 안전행정부(2013년)와 행정안전부(2017년)로 계속 바뀌었다.

이에 따라 민방위 재난통제 본부 또한 2004년 행정자치부 안전정책관실과 소방방재청으로 개편되었고, 2008년 행정자치부는 비상기획위원회를 흡수하여 재난안전실로 확대되었다.

이어서 2013년 안전행정부 안전관리본부로 개편되었다가, 2014년 세월호 사고로 신설된 국민안전처 안전정책실로 이관되었다. 이때 소방방재청도 폐지되어 중앙소방본부로 편입되었다가, 2017년 국민안전처가 폐지되면서 행정안전부 재난관리본부와 소방청이 신설되었다. 참 변화가 많은 조직이었다.

우리에겐 철저한 안전 문화가 없다

이렇듯 국민의 생명과 재산을 보호하기 위한 재난관리부서를, 경제가 어렵다는 이유로 마구 축소하고 정권이 바뀔 때마다 개편하는 것은, 우리에게 국민 다수가 생활 속에서 보편적으로 지키려는 안전의식, 곧 안전 문화가 없기 때문이라고 나는 생각한다.

안전 분야는 필연적으로 규제를 동반하고 투자를 해도 가시적 효과가 잘 나타나지 않는다. 그래서 평시에는 홀대하다가 대형사고가 터지고 나서야 모두가 누구 탓이냐고 요란스럽게 따진다. 그런 다음에는 관계자를 문책하며 제도를 고치고 조직을 바꾼다.

그러나 안전은 결국 스스로의 책임이고 그 책임을 지켜야 된다는 것을 명심해야 한다. 따라서 제도와 조직을 바꾸기보다는, 운영의 묘를 살리기만 해도 충분한 경우가 많다. 하지만 사고가 나면 누구도 그렇게 이야기하지 않는다.

나는 민방위 본부장으로 오랫동안 재직하면서 재해가 발생할 때마다, 많은 국민들이 거부감을 갖고있는 일본이 그렇게 부러울 수가 없었다. 일본은 태풍이나 호우로 산사태만 없다면 사망과 실종자가 10명을 넘는 것을 본 적이 없다.

한 예로 1997년 9월 20일 제19호 태풍 올리와(Oliwa)가 일본을 직접 강타하고, 일본 열도를 빠져나오면서 약화되어 비만 뿌리며 우리나라에 상륙했었다. 그런데 사망 및 실종자가 일본은 7명이었고 우리는 11명이나 되었다.

또한 1998년 8월 1일 지리산에 국지성 호우로 사망과 실종자가 80명이 넘었었다. 그런데 일본은 우리와 유사한 집중 호우(같은 해 8. 27.)와 산사태로 인한 사망과 실종자 8명을 포함하여 15명의 인명피해가 있었다.

일본 국민은 언제 닥칠지 모르는 위험에 대비하여 오랜 세월 안전에 대한 교육과 훈련을 통해, '자신의 안전은 자기 책임 아래 자신이 지킨다'는 안전의식이 몸에 배어서 문화로 자리 잡았기 때문이지 싶다. 우리가 본 받아야 할 점이다.

어릴 때부터 확고한 안전교육이 필수

1998년 여름에 국지성 집중 호우를 겪으면서 교통사고를 줄이기 위해, 간부들의 반대에도 불구하고 단기적 캠페인으로 안전의식을 고취하려 한 것이 잘못이었다는 것을 깨달았다. 왜냐하면 어릴 때부터 안전의식이 생활화 되도록 긴 시간을 갖고 교육해 나가야 하는 것이 안전에 대한 정답이었기 때문이다. 잘 알다시피 문화는 어느 날 갑자기 만들어지는 것이 아니고, 오랜 시간 다수가 함께 하면서 형성되는 것이다.

오랫동안 대한민국 정부의 민방위 본부장으로 재직하면서 어릴 때부터 안전의식을 기르는 게 무엇보다 중요하다고 생각했었다. 그러나 그저 생각뿐이었다. 재직 기간 내내 끊임없이 이어진 민방위 본부의 조직 문제에, 나의 거취 문제까지 얽혀 어떻게 될지도 모를 때이라서, 그것을 실행으로 옮길 의욕이 나지 않았다. 훗날 자연인이 되어 세월호 사고를 보면서 참으로 부끄러웠다.

> Episode **세월호 사고에 대한 유감**

내가 민방위 본부장직을 떠난 지 꼭 15년이 되던 2014년 4월 16일 아침, 인천에서 제주로 향하던 대형 여객선 세월호가 진도 인근 해상에서 침몰했다. 그 사고로 탑승객 476명 중 무려 304명의 사망과 실종자가 발생했다.

보통 사고는 크든 작든 간에 순간적으로 일어난다. 그래서 사고 당사자가 아니면 후에 그 결과만을 알기 마련이다. 그런데 세월호 사고는 양상이 전혀 달랐다. 왜냐하면 배가 기울기 시작해서 뒤집어지고, 배 안의 많은 학생과 승객을 구조하는 과정을, 피해자 가족과 온 국민이 TV를 통해 생생하게 지켜보았기 때문이다. 따라서 세월호 유가족들의 충격과 슬픔은 고스란히 국민들의 트라우마가 되었다.

국민 안전 책임자였음이 부끄러웠다

세월호 사고를 지켜보면서 한때 국민 안전을 책임졌던 사람으로, 재직 당시에 맡은 책임을 간과하고 조직과 나의 문제에 매달려 열심히 하지 않았던 자신이 부끄러웠다.

그리고 예전과 달리 먹고 살 만해서 해외여행도 많이들 가고, 교통법규도 곧잘 지켜서 국민 안전 수준도 달라진 것으로 알았는데, 15년 전과 똑같은 것 같아서 매우 실망스러웠다. 사고 원인이나 책임은 앞으로 철저히 규명되겠지만, 나는 언론 보도를 보면서 사고 원인을 나름으로 정리해보았다.

살펴본 세월호 사고의 여러 원인들

첫째, 건조된 지 8년 된 세월호를 일본으로부터 들여와서, 여객선 3-5층에 승객 1백16명(정원 8백40명)을 더 태우려고, 선실 구조를 무리하게 변경하고 증축한 결과 복원력이 약해졌다. 또 화물 기준(1천77톤)의 2배인 2천1백40여 톤을 싣고 컨테이너와 자동차 등 화물을 제대로 고박(固縛) 하지도 않았다.

그리고 미숙한 3등 항해사가 배를 급회전하는 순간, 배가 기울자 고박이 부실한 화물이 한쪽으로 쏠리면서, 배의 균형을 잡는 복원력이 약해서 전복된 것으로 추정되었다. 이후 검경 합동수사 본부에서도 무리한 선체 증축과 화물 과적 및 고박 불량, 그리고 조타수의 운전 미숙 등을 침몰 원인으로 공식적으로 발표하였다.

이는 1993년 10월 10일 서해 훼리호가 초속 13미터의 강풍이 부는 날씨에 정원 2백30명에 3백62명을 태우고 출항하여, 항해사가 아닌 갑판장이 급회전하다가 돌풍으로 인한 파도에 침몰한 사고와 닮아 보였다. 당시 사고의 사망자는 2백92명이었다.

그리고 배가 전복되는 과정에서 선장과 승무원들이 승객을 구조해야 할 본분을 팽개치고 달아난 것은, 2003년 2월 18일 대구 지하철 사고 때 기관사가 객차 문을 닫아놓은 채 도망쳐 192명의 사망자 발생한 사고와 똑같았다. 이런 현상은 평소 우리 주변에 만연해있는 수치스러운 우리의 자화상이었다.

참으로 아쉬웠던 초기의 적극 대응

예전에 우리나라 국민의 안전을 책임졌던 사람으로서 구조 과정에서 가장 아쉬웠던 것은, 현장에 도착한 해경 구조 대원들의 초기 대응이었다. 통상 긴박한 구조 활동은 현장 구조요원들의 판단에 따라 이루어진다. 왜 해경 구조 대원들이 침몰되어가는 배 안으로 바로 들어가 퇴선을 유도하지 않고, 오로지 배 밖으로 나온 승객들만 구조하는지 의아스러웠다.

아마도 승객 대부분이 배 안에 있다는 것을 알지 못했거나, 전복되는 배 안으로 들어가는 잠수 구조 훈련이나 구조 장비가 없어 순간적으로 주저한 것이 아닐까 싶다. 나는 그들이 주저한 순간을 나무람을 하려는 것이 아니다. 흔히 용기와 두려움은 백지장 한 장 차이로 순간이 갈린다고 한다. 주저했던 그 순간이 세월호 사고로 인한 국민 트라우마를 씻어줄 기회였다고 생각하기 때문이다. 옛말에 '문신(文臣)이 돈을 밝히지 않고 무신(武臣)이 죽음을 두려워하지 않으면 나라가 평안하다'는 말이 있다.

국민의 트라우마를 씻어 줄 한 번의 기회가 더 있었다. 대통령이 좀 더 빨리 현장으로 달려가서 희생자 가족의 아픔과 슬픔을 함께 하는 것이었다. 예전 왕조시대에는 가뭄이 심하면 왕이 기우제를 지내면서 부덕함을 하늘에 고하고 용서를 빌었다. 대통령이 현장에 달려가고 사과를 한다는 것이 정치적으로 어떤 파장을 일으키는지 나로서는 알 수 없었다. 그렇지만 대통령이 반드시 해야 할 일이 바로 그런 일인데 왜 하지 못하는지 안타까웠다.

진상 규명보다 정치쟁점화에 주력

국민들은 세월호 트라우마에 휩싸였다. 그러자 범야권에서는 세월호 사고에 대한 본질적인 진상 규명보다는 사고 당일 대통령이 오전 10시 사고보고를 받고, 오후 5시 중앙안전대책본부를 방문할 때까지의 7시간을 정쟁화했다.

그리고 사고 원인을 놓고 조사위원 중 반은 '선체의 무리한 증·개축, 복원성 훼손, 화물 과적, 급격한 우회전 등이 복합적으로 작용해 침몰했다'하고 다른 조사위원 중 반은 '잠수함 등 외부 충격의 영향으로 세월호가 침몰했다'면서 추가 검증이 필요하다고 주장하였다.

이에 2017년 11월 사회적 참사 특별법에 따라 2018년 3월 출범한 특별조사위원회에서 계속 진상 규명을 진행하게 된다. 그리고 유가족과 4·16 연대에서 세월호 사고 책임자 17인 명단을 발표하면서 진실을 밝히고 처벌을 촉구했다. 이에 검찰에서 처음부터 다시 수사한다고 한다.

반드시 지켜야 할, 남겨진 과제

세월호 사고로 희생된 아이들이 우리에게 남겨준 과제는 명백하다. 바로 안전한 나라를 만드는 것이다. 이를 위해 우리는 무엇을 하고 있는가. 세월호 사고로 안전에 대한 예산은 크게 증가했을 것으로 예상된다. 세월호 사고 전과 사고 후의 예산은 어떻게 달라졌을까. 그리고 세월호 사고를 계기로 안전한 나라로 가기 위해 어떤 계획과 사업들이 있고, 어떻게 추진되고 있는가. 혹 우리는 진상 규명과 사고 책임자 처벌에 매달려 아이들이 남겨준 과제에는 관심이 멀어지고 있지는 않는가. 나는 안전한 나라로 가는 기본은 어릴 때부터의 안전교육과 훈련이라고 믿는다. 그런데 어릴 때부터 안전에 대해 교육하고 훈련토록 한다는 것이 말은 쉽다. 그러나 교육은 사회의 제도나 의식과 밀접하게 연계되어 있어 말도 많고 탈도 많아 용두사미로 끝나는 경우가 많다.

2015년 인성교육진흥법이 의원 입법으로 가결되어 공포되었다. 우리 사회에 만연한 비리와 비양심적인 행동을 바로잡자는 취지로, 일명 이준석 방지법이라고도 한다. 자신의 내면을 바르고 건전하게 가꾸며, 타인·공동체·자연과 더불어 사는데 필요한 인간다운 성품과 역량을 기르는 것을 목적으로 한다.

그리고 국가와 지방자치단체와 학교에서 의무적으로, 인성교육을 해야 하고 예산도 뒷받침하도록 되어있다. 제대로만 운영된다면 바람직한 성과를 거둘 수 있을 것 같아 기대된다. 따라서 별도로 안전교육과 훈련을 하지 않고 인성교육 과정의 하나로 진행되어도 좋을 듯싶다. 이와 관련하여 나는 행정안전부에 다음과 같이 제안하고자 한다.

❖ 안전교육을 행정안전부에 제안한다

첫째, 행정안전부에서 역점 시책으로 어린이 안전교육과 훈련을 채택한다. 둘째, 동 시책 추진을 희망하는 시범 자치단체를 선정한다

(시·군·구 각 1-2곳). 셋째, 자치단체에 동 시책에 따른 소요 사업비 전액 또는 일부를 지원한다. 여기에 안전교육과 훈련에 필요한 시설 건립비도 포함한다. 넷째, 행정안전부에서 동 시책에 활용할 안전교재를 전문기관에 용역 의뢰한다. 이때 시범자치단체도 참여토록 한다. 다섯째, 안전 관련 시민단체의 건전한 육성방안을 강구한다.

그런데 여기서 유념해야 할 것은 서두르지 말고 지금 유치원 어린이들이 어른이 될 때까지, 한 걸음씩 안전한 나라로 다가간다는 마음으로 추진해 나가는 것이다. 그래야 세월호 희생자들이 남긴 과제도 풀 수 있지 싶다.

11장

나에게 공직이란 과연 무엇이었나

행정자치부 차관
·
2000. 1. – 2001. 4.

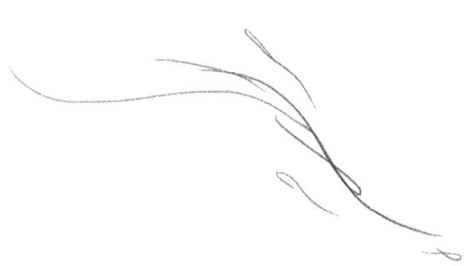

나는 2000년 1월 27일부터 2001년 4월 2일까지, 1년 2개월 남짓 행정자치부 차관으로 재직하였다. 1971년 10월 11일 강원도청 수습사무관으로 시작한 나의 공직생활의 마지막 보직인 것이다. 여행으로 치면 참으로 긴 여정이었다. 그렇다면 나에게 공직이란 과연 무엇이었나.

공무원의 박봉에도 D그룹 스카우트를 거절

돌이켜 보면 공무원들은 늘 박봉에 생활이 어려웠다. 예를 들면 1971년 강원도청 수습 사무관으로 받은 첫 봉급이 1만 8천 원이었다. 당시 쌀 한 가마니 값이었고 춘천에서 독방 하숙비는 1만 원이었다.

1975년 정부의 서정쇄신이 나오기 전 강원도 건설국 주무과 주무계장인 지역계획계장으로 근무할 때이다. 당시 출장비가 현실화되지 않고 턱없이 적어서 20여 명의 지역계획과 전 직원이 1년 내내 허위 출장 명령을 내고 사무실에서 근무했다. 그런데 실제로 직원들이 출장 갈 때는 불문율이 있었다. 예컨대 지역계획계 직원은 시·군에서 밥도 못 얻어먹는다고 해서 1박2일 출장이면 4일 치 출장비를 주었다.

그러나 도시계 직원은 숙식 정도는 대접받으니까 출장비는 주지 않았고, 중기(重機) 검사 나가는 중기계 직원은 뒷돈 생긴다고 출장비를 주지 않는 것은 물론이고, 다녀와서는 전 직원들에게 밥을 사게끔 되어 있었다. 이렇게 해서 남은 여비는 건설국장실과 지역계획과 운영비로 썼었고, 그러고도 남은 돈은 적었지만 봉급날 직급에 따라 별도로 봉투에 나누어주었다. 비록 정당한 방법은 아니었지만 그만큼 당시의 공무원 급여는 공무를 제대로 수행할 수 없을 정도로 박봉이었다.

1977년 내가 지역계획과장으로 승진하기 직전 때의 일이다. 강원도와 연고를 갖은 D그룹에서 나에게 스카우트 제의가 있었다. 부장 최고 호봉의 봉급을 주고 빠른 시일 내에 이사로 승진시켜준다는 조건이었다. 하지만 나는 봉급이 얼마인지를 물어보지도 않고 거절하였다.

내가 기업에 가서 일을 잘 할 자신도 없었지만, 6년이란 공직생활을 하면서 봉급은 적어도 돈으로 환산할 수 없는 보람이란 것이 있다고 느꼈기 때문이었다. 그로부터 10년 후 강원도 기획관리실장으로 근무할 때이다. 행정고시에 합격하고 강원도에 수습 온 사무관들을 격려하기 위해 저녁을 사는 자리였다. 이런저런 얘기 속에 공직에 대한 이야기도 나왔다.

그들은 이구동성으로 공직도 많은 직업 가운데 하나일 뿐이고, 삼성 같은 대기업 직장보다는 못하지만, 안정적인 직장이라는 것은 매력이라고 했다. 그런데 공직에 대한 보람이나 사명감을 아무도 이야기하지는 않았다. 그때만 해도 조국과 민족을 위해 일한다는 긍지와 사명의식이 남아있었던 터라, 내가 그들에게 걱정스레 한 말은 '공직에 대한 긍지나 사명감 없이 박봉의 공무원 생활을 어떻게 견딜라 하노'라는 것이었다.

사익 아닌 공익을 위한다는 것은 행운이었다

그렇다면 나는 왜 공직을 평생을 바칠만한 보람 있는 직업이라고 여기게 되었을까. 그것은 결코 조국과 민족을 위해 일한다는 긍지와 사명의식에 투철해서가 아니었다. 젊은 시절 조국과 민족이란 낱말에 설레던 가슴은 새마을운동이 한창일 때는 '우리도 한번 잘 살아보자'를 시대적 사명으로 여겼다. 하지만 나이가 들고 사명의식이 없어지면서 더 이상 매력적이지는 않았다.

그럼에도 불구하고 내가 평생을 공직에 바친 것은, 나의 주인이 특정인이 아니고 국민이라는 것이었다. 아울러 정책의 결정이나 집행 과정에서 자신의 가치판단이 영향을 미칠 수 있다는 것이었다. 이런 점들이 내 나름의 긍지요 보람이었다.

영어로 공무원을 뜻하는 'servant'는 하인, 또는 봉사자라는 의미이다. 물론 예전의 공직자는 군주를 위한 봉사자였지만 현대 민주정치에서는 당연히 국민의 봉사자이다. 이때의 국민은 국민 개개인이 아니고 국가를 구성하고 있는 사람을 의미하므로 매우 추상적이라, 실체적으로는 공공(公共)의 이익 즉, 공익을 통해 국민에게 봉사한다는 의미이다.

이처럼 공직자는 대통령이나 기업주 같은 특정인을 위해서가 아니라 국민을 위해 일하고, 사익이나 기업 이윤이 아니라 공익을 통해 국민에게 봉사하는 일을 한다는 것이 무엇보다 내 마음에 들었다.

내가 국민을 위해 일하는 것이 마음에 들었다고 해서 내가 진정한 공복이었다는 것은 물론 아니다. 내가 공직을 좋아하게 된 이유 가운데 하나는, 이따금 '내 성질에 기업으로 갔으면 견디지 못했을 텐데 다행'이라는 생각의 연장선상에서, 공익을 통해 국민에게 봉사하게 된 것이 행운이라는 의미도 담겨있었다.

공직자는 직급이 높아서 중요한 국가정책을 결정하고 추진할 때에만 보람이 있는 것이 아니다. 직급이 낮아 정책 결정에 무관 하더라도, 집행 과정에서 자신의 가치와 판단으로 봉사할 수 있는 기회가 많다. 힘없는 노약자나 가지지 아니한 사람을 돕기 좋아하는 성품을 가진 사람에게는 더없이 보람 있는 일이다.

나는 국민을 위해 일하면서도 자신이 '을'이라기보다는, '갑'이라는 인식이 전제되는 시혜의식이 잠재해 있었다. 그런 의미에서 나는 바람직한 공직자는 아니었다. 이 같은 나를 기준으로 볼 때, 선거철이면 국민의 충실한 머슴이 되겠다고 말하는 정치인들을 보면서, 열에 아홉은 거짓말한다는 것이 나의 판단이었다.

이렇듯 공익을 통해 국민에게 봉사하는 것이 매력이라면, 공직자가 정책 결정이나 집행 과정에 참여하여, 자신이 옳다고 판단하는 가치를 실현할 수 있다는 것은 더 할 나위 없는 긍지가 되었다. 나는 가난했던 젊은 시절에, 새벽부터 밤늦게까지 늘 일만 하시는 아버지를 보면서 세상은 공평하지 않다고 생각했고, 정의나 진리에 대한 믿음도 가질 수 없었다.

그러다가 내가 공무원이 되고 나서 깨닫게 된 것이 있었다. 바로 국민을 위해 추구해야 할 본질적 가치는 공익이고, 그 공익을 추구하는 과정에서 지켜야 할 지도적 이념 가운데, 대표적인 이념으로 행정에서 논란이 되고 있는 사회적 형평성이 있었다. 이는 사회적 약자를 위해 다른 사람은 다르게 취급하는 불평등도 정당하다는 이념이다. 따라서 행정은 기본적으로 평등을 추구하지만, 때로는 상황에 따라 형평을 실행하기도 해야 한다.

평등과 형평
(Interaction Institute for Social Change | Artist: Angus Maguire)

사회적 약자를 위할 수 있어 보람 있었다

이 같은 입장에서 공무를 수행한 사례가 적잖게 있었다. 내가 청와대에 근무할 때다. 도시 빈민의 가난한 삶을 그린 조세희(趙世熙)의

《난쟁이가 쏘아 올린 작은 공》을 읽고, 공무원이 사회적 약자를 보호하기는 커녕 괴롭히는 현실이 안타까웠다. 마침 그 때 경제 차관 회의에 비서관 대신 참석했는데 회의 내용만 듣고 보고할 작정이었다. 그런데 해외 근로자들이 근무를 마치고 귀국할 때 각종 전자제품을 한도액 범위 내에서, 면세로 구입할 수 있게 한 혜택을 폐지한다는 안건이 상정되었다. 이에 나는 "국산 전자제품의 활성화 방안이 겨우 땡볕에서 힘겹게 일하고 돌아오는 근로자들의 혜택을 폐지하는 것 밖에 없습니까"라고 이의를 제기하였다. 잠시 회의 분위기가 조용해졌다가 혜택을 1년 더 연장하기로 했다.

강원도에서 설악동 사업을 추진할 때 일이다. 기존 지역 상가 철거 대상자들에게 신 단지 상가 입주 추첨 순위를 부여하면서, 약자 편에 서서 상가 임대주 보다 임차 상인에게 앞 순위를 주었다. 비록 바람직한 결정이었는지에 대해서는 확신이 없지만, 자신의 가치 판단으로 결정할 수 있었다는 것을 긍지로 알았다.

경기도 과천시장으로 재직할 때는, 관내 소년소녀 가장들을 위해 소형 아파트를 매입해 이들에게 성년이 될 때까지 무상 임대한 적이 있다. 내가 목민관이 아니었다면 무슨 재주로 이같이 사회적 약자를 도울 수 있었겠는가.

융통성있는 합리적인 행정을 펴려고 했다

행정은 삼권분립의 원칙에 따라 법을 집행하는 기관이다. 따라서 공직자가 집행하는 전 과정이 합법적이어야 한다. 그러므로 법을 위반하면 당연히 처벌받는다.

그러나 정책을 결정하거나 집행하는 과정에서 합법성과 합리성이 상충하는 경우가 적지 않았다. 이 경우 명백하고 중대한 위법이 아닌 경우에는 합리적 판단에 따르는 것이 바람직한 행정이라고 나는 생각한다.

이와 관련해서는 내가 원주시장으로 재직하며 추진한 역점 사업의 하나였던, '원일로 확장사업'의 경우를 예로 들겠다. 당시에 공사 진척이 부진하여 사업 독려 차 현장에 갔었다. 그런데 시공회사 사장이 자금 사정이 어려워서 부진하다면서 공사 잔금을 주면 준공 일자를 맞출 수 있다고 했다.

이에 대해 실무자들은 지방 영세업체이므로 준공 전에 미리 공사 대금을 다 주면 뒷감당이 안 된다고 극구 반대했다. 그럼에도 불구하고 나는 시공사 사장을 믿기로 하고 자금을 지급토록 했다. 이후 사업이 급속히 진척되어 계획대로 행사를 치렀다. 하지만 나는 준공 처리는 못한 채 원주를 떠났다.

몇 개월 후 동 사업의 준공이 한 달 이상 지연되었고, 원주 검찰 지청에서 민원 정보를 받고 수사하고 있다는 소식을 들었다. 내가 추진했던 사업으로 원주시 공무원이 다칠까 걱정되었다. 원제윤 번영회장에게 상황을 묻고, 내가 원주 검찰지청을 가겠다고 했더니 소문난다고 못 오게 했다.

그날 저녁 여러 생각 끝에 담당 검사에게 편지를 썼다. 동 사업의 추진 배경과 준공 전 공사비를 전액 지급한 것은, 법에 저촉된다는 담당자들의 반대에도 불구하고 지급토록 한 이유를 설명했다. 그리고 이 건은 전적으로 나의 책임임을 밝히고 연락을 주면 검찰에 출두하겠다고 했다. 며칠 후 건설국장(신욱선)이 "원주 지청에서 압수해간 관계서류 돌려받았다"는 전화를 해 주었다. 이렇듯 합법성과 합리성이 충돌하는 경우는, 법과 현실 사이에는 늘 간격이 있기 마련이다. 이 간격을 융통성 있게 처리할 것이냐, 말 것이냐는 공직자의 몫이지만 결정에 대한 책임은 반드시 져야 한다.

공직자가 사안을 융통성 있게 합리적 판단을 할 경우에는, 항상 법적인 책임 문제가 따르고 이상하리만큼 감사에서 꼭 문제가 지적된다. 그러나 나의 공직 경험상 합리적인 결정을 할 때 사심이 없었다면, 감사나 수사기관에서 처벌하는 경우는 없었다. 법대로만 집행한다면 공직이라는 것이 때로는 무미건조할 수도 있다. 공직자는 자기의 가치판단과 책임 아래 융통성 있는 행정을 수행할 수 있다는 것은 또 하나 공직의 매력이고 묘미이다.

공직자의 책무는 무한하다는 것을 깨달았다

공직자는 법적 책임만 지는 것이 아니다. 국가와 정부가 국민에 대하여 지는 좁은 의미의 법적 책임뿐만 아니라, 넓은 의미로는 셀 실버

스타인(Shel Silverstein)의 《아낌없이 주는 나무》처럼 무한봉사를 해야 한다. 공직자 또한 이와 같다는 것이 나의 인식이었다.

대학에 다닐 때이다. 영화 관람료가 인상되었다고 비난하는 기자에게 관계 공무원이, "비싸면 영화 보지 않으면 되지 않느냐"고 했다면서 신문에서 비난한 것을 본 적이 있었다. 그 당시에는 그 말이 어딘지 잘못된 것 같긴 한데 왜 잘못된 것인지는 정확히 알지 못했다.

그런데 훗날 공무원이 되고서야 비로소 그 잘못된 까닭을 알게 되었다. 즉, 아무리 관람료 인상이 불가피해도 국민 부담을 주는 경우에는, 끊임없이 설득해야 하는 것임을 알게 되었다. 그것이 바로 국민에 대하여 무한책임을 지는 공직자의 올바른 자세이기 때문이다.

내가 민방위 본부장을 할 때이다. 1998년 여름 전국 각지에 산발적으로 내린 게릴라성 집중 호우로 야영객 인명피해와 산사태로 주택 붕괴 등 재산 피해가 발생했다. 이를 국회 상임위에 보고하면서 보고서에 내가 우겨서, 공무원은 '무한책임'이라는 포괄적 의미로 '공무원 대응 미숙'이라고 표현했다. 그런데 이를 인재로 몰고 가려는 의원에게 곤욕을 치르고, 본부 간부들에게 핀잔만 들었다. 책임 범위를 두고 의원과 나는 현실과 이상만큼 달랐다.

공직을 떠나고 노무현 정부 때 종합부동산세를 부과하는 과정을 지켜봤다. 당시 부동산 가격이 급등하자 9억이 넘는 고가 주택에 대해서 종합부동산세를 도입하고 부과했는데, 대상자는 23만여 세대로 전체 가구의 2.4%였고 주로 서울 강남지역 주택이었다. 강남 주민들이 아우성 치자 고위 공무원이 "집 팔고 이사 가면 되지 않느냐"고 했다.

종부세 부과는 다수를 위해 소수를 희생시키는 세금 정책이다. 그런데 그 정책이 비록 옳다고 하더라도, 그 정책으로 피해를 보는 소수도 개개인으로서의 국민이다. 진정성을 가지고 왜 이 정책 방향이 옳은지, 무엇을 위해 그렇게 하는지를 끊임없이 설명하고 이해하도록 노력해야 한다.

집권한 정부의 이념에 따라 정책은 언제나 달라질 수 있지만, 정책에 따라 득을 보는 집단의 수가 많다고 옳고, 피해를 보는 집단의 수가 적다고 무시해도 괜찮은 것은 아니다. 어떤 정책이든 득과 실이 있는 사람들로 구분된다. 하지만 그들 모두 개개인 국민이고, 그들에게 무한책임을 지고 있다는 것을 명심해야 한다. 국민 개개인에 대한 무한책임은 공직자가 져야 할 멍에이다.

때로는 마음에 답답한 한계도 느꼈다

이렇듯 공직생활을 긍정적으로 수행하면서도 때로는 마음에 답답한 한계도 뼈저리게 느끼곤 하였다. 그 하나의 예로 내가 원주시장을 할 때이다. 8·15 광복절을 앞둔 아침회의에서 '관내 독립유공자분들을 모시고 오찬을 하는데, 매년 시장을 대신하여 부시장이나 담당국장이 참석한다'고 했다. 그러나 시장이 모시는 것이 그분들에 대한 도리라 생각되었다. 그래서 그 해에는 내가 직접 참석하기로 결정하였다.

그래서 오찬장에 가서 보니 많은 분들이 나오셨는데, 얼핏 뵈어도 하나같이 생활이 어려운 분들로 보였다. 우선 '나와 주셔서 고맙습니다'라고 말하면서, 두 손으로 그분들의 손을 잡고 인사부터 드렸다. 그런데 마지막에 잡은 한 할머니의 손은 유난히 더 거칠고 단단해서 내 손이 마치 여자 손같이 느껴졌다. 얼마나 힘들게 살아오셨는지 바로 피부로 느껴져서 마음이 매우 무거워졌다.

일단 식사가 끝나고 나서 '혹시 시장이 도울 일이 없겠습니까'라고 여쭈었다. 그랬더니 아까 그 할머니가 비록 나이는 많지만 몸은 건강하니 일자리를 마련해 달라는 의견을 표하였다. 그래서 연세가 얼마신데 아직도 일을 하시려고 하느냐고 했더니, 자기 나이는 예순여섯이지만 돈을 벌어 초등학교 다니는 손자에게 먹고 싶은 것을 사주고 싶다고 말씀하셨다. 그런데 시에서 검토해보니 연세 때문에 마땅한 일자리를 찾을 수가 없었다.

그래서 매월 갖는 관계기관장과 지역유지 모임에 가서 그 할머니 걱정을 했다. 내 얘기를 들은 참석자 가운데 한약방 원장(정상철)이 마침 자기 한약방에 잔일할 사람이 필요하다고 하면서 보내 달라고 했다. 그러고는 다음 달 모임에서 할머니의 안부를 물었다. 할머니가 일을 무척 잘 하시고, 할머니를 보기 위해 손자가 자주 오는데 기골이 예사롭지가 않아 장군감으로 보인다고 말하였다.

또 하나는 내가 과천시장을 할 때이다. 어느 날 경인일보에서 '관내 독립유공자 할머니 한 분이 별세하셨는데 연고가 없어 빈소가 쓸쓸하다'는 기사를 읽었다. 그래서 일부러 틈을 내어 조문을 갔는데 역시 빈소에는 아무도 없었다. 마침 함께 동행한 관할 동장에게 상주 노릇을 하도록 하고, 총무과장에게는 직원들이 조문을 하고 빈소를 지키도록 당부하였다. 그리고 나도 밤늦도록 함께 빈소를 지켰다.

다음날 아침에 고인의 발인을 지켜보면서 독립운동에 관련된 분들을 보살피기는커녕, 관내에 살고 계시다는 사실도 현직 시장인 내가 미처 몰랐다는 것이 정말 부끄러웠다. 그리고 내가 고등학교를 다닐 때 학우들과 어렵게 사시는 독립투사 한 분을 찾아뵙고 생필품을 갖다 드린 적이 있었다. 그때 그분의 무용담을 듣고 나서 나도 장차 그렇게 닮아가고 싶었던 기억이 다시 떠올랐다.

바로 그런 분들이 어렵게 사시다가 외로이 떠나는 모습을 접하게 되니 참으로 안타까웠다. 암담한 시절에 조국과 민족의 독립을 위해 온몸을 바친 분들과, 그분들의 자손들에게 제대로 예우를 해드리지 못하는 현실이, 공직에 몸담고 있는 내 마음을 한동안 무겁게 했었다. 막상 공직을 마감하려고 하니 그런 점도 아쉬움으로 다가왔었다.

공직생활 30년, 나름대로 최선을 다하였다

나는 2000년 1월 27일 행정자치부 차관 취임사에서 이렇게 말하였다. "일본 자치성의 경우에 장관은 정치인이 오고, 차관은 공직자가 승진하는 마지막 자리라서 1년만 하고 후배들에게 넘기고 떠난다고 한다. 그래서 우리도 이런 전통이 생겼으면 좋겠다"고 하면서, 나도 1

년만 하고 떠나겠다고 약속하였다. 나는 평소 장관은 내가 되고 싶다고 되는 것이 아니고, 운때가 맞으면 어디에 있든 상관없이 된다고 생각하기 때문에 차관을 오래 할 생각은 전혀 없었다.

그래서 1년이 되자마자 약속대로 사의를 표했다. 그런데 청와대에서 한 부처만 인사하기가 곤란하니, 정부 차관 인사 때까지 기다려 달라고 했다. 그래서 본의 아니게 1년에서 2개월 남짓을 더하고, 2001년 4월 2일 자로 30년에 걸친 공직을 떠났다.

이임식을 하고 집으로 돌아오는 차 안에서 공직을 떠나는 섭섭함보다는 나름대로 최선을 다하였다는 홀가분한 마음이 더 컸다. 집에 돌아와서는 이틀 밤낮을 참 편안하게 자고 또 잤다. 그동안 도움을 준 선배·동료·후배들께 참으로 고마울 뿐이었다. 그리고 나의 퇴임에 즈음하여 딸과 아들이 보내준 이메일이 내 마음을 아늑하게 해 주었다.

행정자치부 차관 시절

이제는 이 메일주소로 아빠께 메일을 보낼만한 날이 얼마 안 남은 것인가요?

우습지요?
그렇게 오랫동안 준비해오고 각오해오고 예상해오고 예측해오던 날인데..
막상 그날이 되고 보니, 정말 준비라는 것이 얼마나 허무한 것인지,
얼마나 거짓말 같은 일인지 알았답니다.

별로 도움이 안 되더군요. 그 각오.

혹은,
그동안 너무도 자주 각오하고 준비해오던 일이라서, 저는 내심 가슴속에서는 "양치기 소년"이 되어버렸는지 모릅니다.

막상,
변함없는 아빠의 목소리를 듣고 나니 - 막 눈물이 나왔습니다.

이 눈물은 아쉬움의 눈물도,
속상함의 눈물도,
안타까움의 눈물도 아닙니다.
그냥-
아빠는 이럴 수 없을 거 같아서
나같이 이렇게 표현할 수 없을거 같아서
이렇게 울어버리거나 밖으로 분출할 수 없을 거 같아서

그런 생각에 제가 대신 눈물을 흘립니다.

정말로 사랑해요. 아빠.

그리고 정말로 지은이는 아빠가 정말로 정말로 자랑스럽답니다.
매번 매 순간 그리고 누구에게나 아빠를 자랑하고 싶어 못 견딜 만큼..
그렇게 아빠가 너무 자랑스러워요.

사랑해요. -

2001.3.26
딸 지으니. ;-)

그동안 수고 많이 하셨습니다.

아버님께서는 짧지 않은 30년의 공직생활 동안 많은 것을 하셨을 뿐 아니라, 많은 것을 이루셨습니다. 하지만 잃거나 아쉬웠던 것들도 적지는 않으리라 생각됩니다.

개인적으로 저는 대한민국 사람이라면 누구나 적어도 아버지께 감사해야 한다고 생각해요. 직접적이건 간접적이건 능력 있고 바른 공무원을 가졌었다는 건 국민으로서의 행복이니까요.

아버지는 기억하실지 모르겠는데..

제가 옛날 고3 때 아버지랑 연대 원주분교로 시험 보러 가서
시험 보기 전에 약국에서 우황청심원을 사 먹은 적이 있는데..

거기서 우리는 우연히 아버지랑 안면이 있는 기자[주]를 한 명 만났지요.

원주시장이셨던 아버지는 그 당시에는 그 기자에게 아들의 그런 모습을 자랑스러워하지는 않으셨던 것 같아요.. 물론 부끄러워하지도 않으셨지만..

아무튼, 그 기자도 그걸 느꼈는지.. 이렇게 말을 하고 갔는데..
"시장님 걱정 마세요. 호랑이에게서는 고양이 새끼가 나오지 않는답니다."

그 후 한 10년 정도 지났나요..
원주분교도 못 들어가던 제가 이제는 제 욕심대로
아버지의 바톤을 물려받을 때가 된 것 같습니다.
물론 그러기에는 아직도 부족한 점이 턱없이 많지만, 이제부터 아버지는 아들을 통해서 아버지가 미처 다 끝마치지 못한 일들이나 못다 한 꿈들이 아들을 통해서 이루어지는 것을 지켜보시는 일만 남았네요.

고양이 새낀지 호랑이 새낀지 구분도 안 가던 놈이 어느새 아버지 못지않은 호랑이가 되어가고 있다는 것을 잊지 마시고, 어머님이랑 같이 항상 건강하셔서..

멀지 않아 펼쳐질 못난 아들의 쇼를 편안하게 구경하세요.

그럼..

아들 올림 :)

저자 주) 연합통신 서옥수 기자

12장

지적 기술자들과 보람찬 3년

대한지적공사 사장

2001. 4. – 2004. 4. (3년)

나는 앞서도 언급한 것처럼 행자부 차관직을 끝으로 공무원 신분을 벗어났다. 그리고 일주일 후에 공석이던 대한지적공사(이하 '공사') 사장으로 발령을 받았다. 그런데 이 자리는 행정자치부 산하기관으로 장관의 제청을 받아 대통령이 임명하는 말하자면 낙하산 인사인 셈이었다.

아무튼 나는 덤으로 또 다른 형태의 공직생활을 이어가게 되었다. 지금은 '공사'의 명칭이 '한국국토정보공사'로 바뀌었고, 주무 부처도 행자부에서 국토교통부가 되었다.

내가 좋아하는 기술자들의 조직, 대한지적공사

나는 어릴 때부터 무인을 좋아했다. 그래서 소년 시절의 장래 희망은 군인이 되는 것이었다. 그런 까닭인지는 알 수 없으나, 나는 행정직이지만 기술직을 좋아했고 그들을 무인으로 간주하고 있었다. 나의 경험상 기술직 공무원들은 행정직들보다 솔직하고 담대하며, 언행이 일치하여 믿을만하다는 인식을 가지고 있었다.

그런 의미에서 공사 사장 발령이 내무부 산하단체 중 조직 규모가 가장 크기 때문이 아니라, 기술자들로 구성된 조직이라는 점에서 마음이 편하고 좋았다. 사장에 취임하면서 "내가 앞장서서 무엇을 어떻게 하겠다는 것보다는, 여러분이 하고자 하는 일이 원활히 추진할 수 있도록 돕도록 하겠다"고 약속했다. 공사의 전반적인 업무 운영은 예상대로 능력 있고 숙련된 임직원들이 합심하여 나무랄 것이 거의 없었다.

측량 현장을 찾은 저자 (서울 방이동, 2001. 6.)
(왼쪽부터) 권혁진·우병헌·류광위·우상뇌·저자·신영순·최용섭·이낙수

매년 시·도 및 시·군·구별로 사업량을 예측하고 이에 따라 지사별로 인력을 조정하는 등, 차질 없이 사업계획을 수립하여 추진되고 있었다. 다만 공무원의 업무가 경쟁이 없는 까닭에 변화를 기피하고 철

밥통 소리를 듣듯 이 공사 또한 그러한 상황이었다.

단적인 예로 지적측량 수수료를 현금으로만 받고 카드는 받지 않고 있었다. 경쟁업체가 있다면 할 수 없는 자세였다. 마침 지적측량 업무를 개방해 달라는 헌법 소원이 제기되어 있었다. 따라서 공사도 변화를 피해 갈 수 없는 상황이었다. 공사 직원들의 의식 변화와 공사의 장기 성장전략 마련이 절실한 시점이었다.

그래서 스펜서 존슨(Spencer Johnson)의 《누가 내 치즈를 옮겼을까?》란 책을 구입하여 전 직원에게 배부하고 읽게 하였다. 그리고 지사 별로 변화를 주제로 토론을 하고 그 결과를 제출받았다. 그러나 쓸만한 아이디어나 추진 방안은 별로 없었다. 다만 인재 양성을 위해 장학기금을 마련하고, 해외 파견 교육훈련 대상자와 관련해 문호를 개방하는 제안을 채택하고 추진하는 수준이었다.

전문 용역업체에 의뢰한 장기 성장전략은 임직원들의 아이디어와 판단에서 기초하였다. 그리고 지적법을 개정하면서 공사의 법적 지위를 확고히 하는 특수법인 설립과, 지적재조사 사업의 법적 근거를 마련한 것은 전적으로 임직원들[39]의 판단과 노력에 따른 것이었다.

다만 지적재조사 사업에 따른 예산 확보를 두고 나와 임직원들과

---

[39] 류병찬 부사장·장한영 사업이사·윤석재 관리이사·곽정완 기획실장

견해가 달랐었다. 생각해보니 자칫 공사나 지적인들을 소용돌이에 휘말리게 할 수 있어 내 의견을 접고 욕심 없이 적은 예산 확보에 만족하였다.

이 건을 제외하고는 재직 중 특별히 임직원들과의 이견은 없었다. 내가 임직원들의 의견을 따라갈 수밖에 없었던 것은 그들의 오랜 경험과 판단이 옳았기 때문이다. 내가 할 수 있고 해야만 했던 것은 임직원들의 사기 진작이었다.

공사 직원의 처우를 개선하다

내가 공사에 와서 가장 놀라웠던 것은 공사 임직원들의 봉급이었다. 늘 공무원 봉급이 적다고 생각하고 있었는데, 공사 직원들은 더 적다는 사실에 충격을 받았다. 즉, 공사 직원의 봉급은 지적측량 수수료 수입으로 충당되므로, 봉급 인상은 바로 지적측량 수수료 인상과 직결되었다.

이에 지적측량 민원인 입장을 고려하여 봉급 인상을 통제하는 것은 바람직했다. 그러나 공사 직원 봉급이 공무원 봉급보다 적다는 것은 과잉 억제이며, 아울러 지적측량 수수료가 현실화되지 못하고 있다고 판단되었다.

또 한편으로는 공사 직원 3,916명 중 95%가 지적측량사 자격증을 가지고 있을 뿐만 아니라, 무거운 측량기기를 메고 산이나 들판을 헤매는 힘든 업무에 종사하고 있다, 그리고 땅의 경계를 확정하는 일은 종국적으로 금전적 가치와 연관된다. 그럼에도 봉급이 적다는 것은 지적 기술자들이 자기 몫을 챙길 만큼 영악하지 못해 제대로 대우받지 못하고 있다고 읽혀졌었다.

그래서 재임 중 봉급을 왕창 올려서 공사 직원들의 기(氣)를 살리기로 마음먹었다. 먼저 장관(이근식)에게 부임인사를 가면서 공사 직원들의 애로사항을 들고 갔다. 직원 교통비를 월 10만 원에서 15만 원으로 인상하고, 5급 현장측량팀장 414명의 직급을 4급으로, 경기도 업무부장 직급을 2급에서 1급으로 승급하는 문제를 풀었다.

그리고 첫해 봉급 인상안을 놓고 복지부장(신철화)이, 노조와 실랑이 끝에 합의됐다고 가지고 온 인상안이 8%였다. 내 생각으로는 첫해에 대폭 올려야 잔여기간이 편할 것 같았다. 그래서 본봉 인상을 20% 하고 추가로 각종 수당을 본봉에 편입시키는 등, 봉급 체제를 정비해서 총액을 더 올리자고 했다. 그 후 공사를 지도·감독하는 행자부에서 일부 조정을 하였으나 21%로 대폭 인상되었다.

2002년 1월 인상된 첫 봉급이 보너스와 함께 지급된 후, 지방 순시에서 김해 지사장(공기주)이 "부인이 당신 봉급 봉투 잘못 가져온 것 아니냐. 웬 봉급이 이렇게 많으냐"고 물었다고 했다.

다음 해에도 인상률을 높이기 위한 명분으로 인력 조정안을 제시했다. 당해 퇴직자 수의 50%만 충원하고 나머지는 감축하는 대신, 이를 봉급 인상에 반영하였다. 이외 상여금 200%를 기본급에 산입하는 등의 조치로 13.1%를 인상하고 마지막 해엔 9.4%를 인상하였다.

이에 따라 1999년부터 2001년까지 3년간 1인당 평균 인건비가 총 900만 원 증가하고, 예산 대비 인건비 비율이 2001년 기준으로 59.1%였으나, 2002년부터 2004년까지 3년 동안은 1인당 평균 인건비가 총 2천100만 원 증가하고, 예산 대비 인건비 비율이 2004년 기준 70%가 넘게 되었다.

이 같은 파격적인 처우개선은 나에 대한 전관예우가 있다고 그냥 된 것이 아니다. 전 직원이 합심하여 인력감축이나 경비절감 등에 기꺼이 함께 해준 성과였다. 이 과정에서 경기도 본부장(류광위)이 명예퇴직에 반발하는 지사장들을 설득하기 위해 본인이 자진 퇴직하는 희생도 있었다. 지금도 내 마음의 빚으로 남아있다.

내가 떠난 다음 해부터 공기업 봉급 인상은 기획재정부에서 정부 인상률을 제시하고 확인하면서 그 범위를 초과하기 어려워졌었다. 나의 재임 기간이 공사 임직원들의 처우개선을 할 수 있는 마지막 기회였던 셈이다.

공사 설립 이후 최초로 배출된 여성 측량팀장

공사에서는 3인 1조의 지적측량팀(972개 팀)이 공사의 중추적 역할을 했다. 그러나 여직원 211명은 지적측량사 자격을 가지고 현장에서

측량 업무를 원해도, 그 중 일부만 현장에 투입되고 있었다.

이는 여성에 대한 차별인 동시에 공사의 인력활용에도 바람직하지 않다고 판단되었다. 부임 후 창사 이래 처음으로 여직원을 대상으로 하여 여성 현장 실무반과 여성 간부반 교육을 실시하였다. 이에 특강을 가서 여성도 측량팀장을 할 수 있도록 하겠다고 약속했다.

그리고 간부 회의에서 여직원도 남자직원과 똑같은 업무를 하도록 하고 승진도 같이 시키도록 당부했다. 그리고 2년 후 2003년 9월에 김명숙·오애리(현 경영지원본부장) 2명의 여성팀장이 배출되었다. 이는 1938년 조선지적협회(대한지적공사 전신) 설립 이후 65년 만에 처음으로 이루어진 일이었다.

직원의 상훈 확대로 사기를 올리다

공사 창립일에 매년 유공자 표창을 수여하는데, 가장 높은 상훈이 포장으로서 그 대상자는 포장 1, 대통령 표창 4, 총리 표창 4, 장관 표창 215명이었다. 그런데 전국적인 조직에 공사의 업무가 국민의 재산권인 토지의 경계를 확정·공시하는 중요한 국가업무를 대행하는 공적인 업무인 점을 감안하면 인색한 것 같았다.

그래서 지적 업무 유공자들에게 장관 표창을 줄이고 대신 품격을 높여 줄 것을 행정자치부에 요청했다. 이듬해부터 훈장과 포장이 각 2개씩, 대통령 표창 8, 총리 표창 10, 장관 표창 130명에게 수여되어 직원들 사기가 진작되었다. 행자부 후배들이 배려해준 덕분이다.

직원 포상 해외여행을 확대하다

공사에서는 연말이면 직원들의 업무 실적 등을 종합 평가하고, 평가 결과 우수한 직원들은 이듬해 봄이면 단체 해외여행을 보내주는 제도가 있었다. 우수 직원들 해외여행 결재가 올라왔는데, 수학여행 보내듯 모두 3박 4일로 태국 파타야로 되어 있었다. 그래서 내가 담당 부장에게 이렇게 말했다.

"태국을 비롯한 동남아는 가볍게 가 볼 수 있는 곳 아닌가. 우수 직원들에게 평생 기념이 될 수 있는 곳으로 보내주자. 우선 여행 기간을 일주일 이상으로 늘리고, 여행지도 유럽과 미주 지역 등으로 나누고, 직원들이 자기가 가고 싶은 곳을 선택하도록 하자. 그리고 부부 동반을 원하는 직원들은 함께 가도록 하되, 부인 여행 경비는 본인이 부담토록 하자"고 했다.

이런 과정을 거쳐 포상 해외여행을 확대 시행한 결과, 이듬해 해외여행을 다녀온 직원들이 유럽과 미국을 다녀온 얘기는 없고, 부인한테 점수 땄다고 좋아들 한다는 얘기만 들었다.

직위명칭과 근무환경을 조정하다

전국 조직인 공사에서는 시·도 단위는 지사, 책임자를 지사장이라

하며 시·군 단위는 출장소, 책임자를 출장 소장이라고 부른다. 시·도 단위 책임자를 거쳐 본부에서 근무하고 있는 간부들이, 시·도 단위 지역 기관장 모임에 가면 호칭에 열등감을 느낀다면서 호칭을 조정하자는 의견이 있었다. 이에 지사장은 본부장으로, 소장은 지사장으로 명칭을 조정하였다.

김대중 정부 출범 후 작고 효율적인 전자 정부 구현을 위해, 2002년까지 행정 업무의 50% 전자화하고, 2003년까지 공무원 1인 1PC로 모든 업무를 처리한다는데, 공사에서는 지사별로 PC가 2~3대 밖에 없었다. 그래서 공사도 2003년까지 1인 1PC를 보급했다.

지적측량 업무는 무거운 측량기기를 메고, 더운 여름이나 추운 겨울에 산이나 들판을 헤매야 하는 힘든 일이다. 그러나 측량을 끝내고 사무실에 돌아와도, 제대로 된 샤워 시설을 갖춘 지사가 많지 않을 만큼 사무실 근무 환경이 열악했다. 불편한 근무 환경을 보완하고 지사 신축이 서둘러 추진될 수 있도록 예산 편성 시 우선 반영하였다.

또한 지적측량 업무는 대부분 현장에서 수행하다 보니, 직원 근무복을 공사에서 2년마다 공개경쟁 입찰을 통해 일괄 구입하여 지급해 왔다. 나는 공개경쟁입찰로 얻는 경비 절감보다 직원들이 예산액 전액만큼 좋은 근무복을 입고, 아울러 모든 직원이 똑같은 근무복을 입기보다 여러 종류의 근무복 중 직원들이 선택하도록 하여 획일성을 지양하고 싶었다.

따라서 간부회의에서 근무복 구입을 수의계약 조건으로 여러 업체로부터 제품을 받아, 이를 직원 선호도에 따라 3개 업체 제품을 선정하고, 직원들은 자기가 좋아하는 모델을 선택하도록 하자고 제안했다. 그러자 회계부장(신철순)이 예산액이 2억이 넘어 수의계약 시 문제 된다고 반대했다. 문제가 생기면 내가 책임지겠다고 우겨서 수의계약으로 집행했다.

예산은 1인당 10만 원인데 3개 업체의 근무복은 백화점에서 30만 원이 넘었다. 마침 내가 재직 중에 감사원 감사에서 문제가 되었다. 내가 감사반장에게 '10만 원 예산으로 30만 원 넘는 근무복을 구입했으니 상을 받아야겠다'하고는 그냥 넘어갔다. 내가 떠나고 다시는 수의계약을 하지 않는다고 했다

한국지적백년사 발간

사장으로 취임하여 얼마 되지 않아 류병찬 부사장이 한국지적백년사(韓國地籍百年史) 발간을 제안하였다.

우리나라의 근대 지적은 조선 말기인 1895년 내부(구 내무부) 판적국에 지적과를 설치한 이래 1백 년이 되었고, 대한지적공사도 국가를 대신해서 지적측량업무를 수행 해온 지 65년이 되었으니 근대 지적에 관한 1백 년의 역사적 사실과 아울러 대한지적공사의 변천과정 등을 총정리하여 기록으로 남기자는 것이었다.

이는 한국의 지적사에 한 획을 긋는 의미 있는 작업으로 판단되어 발간계획을 수립하여 추진하였다. 본 계획을 추진하면서 내 임기에 구애받지 말고 역사적 사실과 배치됨이 없도록 정확하고 객관성 있게 기록하도록 당부하였다.

지적백년사를 발간하기 위하여 편찬기획단과 3개 위원회(편찬, 집필, 감수)를 각각 설치하고 학계·관계·업계를 망라한 전문가 35명을 위촉해서 4년간의 작업 끝에 2005년 말에 발간하게 되었다. 작업 중에 편찬기획단 간사(송영준 차장)는 뇌졸중이 발병되어 머리 수술까지 받는 고통을 겪었지만《한국지적백년사》를 성공적으로 발간할 수 있도록 끝까지 마무리해 주어 고맙게 생각한다.

편찬위원회 위원 일동과 함께 (2002. 5. 21.)
(앞줄 왼쪽부터) 강석진·리진호·저자·박순표·강태석
(뒷줄 오른쪽부터) 김추윤·송호룡·장한영·이성진·박양신·서희석·류병찬 편찬위원장·
양근우·윤석재·문덕현

그 결과 역사편을 비롯하여 지적관련법규, 옛 용어사전, 지적인 명부 등 총 6권 5,126쪽에 달하는 방대한《한국지적백년사》를 발간하였다.

《한국지적백년사》의 발간과 병행하여 충북 제천에 있는 지적박물관(관장 리진호)의 인수를 추진하였다. 지적박물관을 인수하여 용인에 있는 공사 연수원의 사료실과 통합·운영하면 각종 자료를 효율적으로 관리할 수 있고 지적제도의 연구나 국내외 홍보에 도움이 될 것으로 기대되었기 때문이다. 그러나 리진호 관장과의 협의가 여의치 않아 성사되지 못한 게 아쉬움으로 남아 있다.

국제측량사연맹 상임위원회 개최

국제측량사연맹(FIG)은 1878년 파리에서 설립된 비정부조직으로 현재 115개 국가가 회원국으로 가입하고 있다.

우리나라는 대한지적공사와 대한측량협회가 공동으로 한국측량사연맹을 결성하여 1981년에 가입하였고, 1996년 총회에서 박경석 전 대한지적공사 사장 등 대표단이 2001년 국제측량사연맹 상임위원회의 서울 개최를 유치하였다. 이는 지적 100년사에 처음 개최하는 국제회의로 의미 있는 성과였다. 동 상임위원회는 매년 개최되며 세계 측량사들의 기술 교류와 정보교환 그리고 교육의 장이면서 축제의 장이기도 하다.

2001년 5월 6일부터 11일까지 6일간 서울 쉐라톤 워커힐 호텔에서 47개국의 외국인 측량사 260여 명과 내국인 측량사 700여 명이 참가한 가운데 상임위원회가 열렸다.

행사기간 중 세계 각국의 참가자들에게 기술견학과 문화체험 등 다양한 프로그램을 제공하여 좋은 반응을 얻었다.

특히 기술견학의 일환으로 서울시 중구청에서 전국 시·군·구를 온라인으로 연결하여 지적관련 정보를 처리하는 과정과 지적민원실에서 토지와 건물등기부 등본의 교부를 시연하였다. 이를 본 각국 참관자들이 "한국은 선진국 G7에 들어가는 우수한 지적제도를 갖추고 있다"고 격찬을 하였다.

개회사 하는 저자 (2001. 5. 6.)

내가 3년간의 공사 사장직을 마치고 떠나면서 돌아보니, 공사의 장기적인 성장을 위한 조직 변화에는 큰 도움이 되지 못한 듯했다. 하지만 공사 직원들의 사기 진작에는 보탬이 된 것 같았다.

김재영입니다.

제가 여러분과 함께 일한지가 벌써 3년이 되었습니다.
33년 동안 조직생활을 했었지만 여러분과 함께 한 3년은 정녕 저에게는 행운이었습니다.
그러기에 지금 이 순간 여러분으로부터 도움을 받기만 하고 주지 못한 부끄러움이 더 크게 느껴집니다.

그러나 저는 믿습니다.
66년이란 긴 세월 동안 온갖 어려움을 극복하고 오늘의 대한지적공사를 있게 한 여러분들이기에, 앞으로 어떤 위기도 주인의식으로 뭉쳐진 화합과 슬기로 극복하여, 자랑스럽고 아름다운 대한지적공사를 만들 것임을 말입니다.

모든 면에서 부족한 제가 큰 과오 없이 떠날 수 있게 해주신 여러분께 감사인사를 드리면서, 여러분들에게 언제나 밝은 웃음이 함께 하시길 축원합니다.

고맙습니다.

2004. 4. 8. 오후 김재영 드림

떠나기 전날 저자가 직원들에게 보낸 이메일

가장 아름다운 CEO의 모습을 보여주신 사장님께 박수를 보내드리고 싶습니다.

단 한 번도 당신의 편의나 이익을 위해 직원들을 희생시키지 않으셨던 모습..
무엇보다도 직원들의 복지향상과 처우개선 문제를 위해 노력을 아끼지 않으셨던 모습…
직원들은 당신을 이렇게 평가합니다.
"우리 공사 역사상 가장 훌륭한 인품을 가지신 분이시기에 그냥 보내드리기에는 너무나 아까운 분이시라고…"

"변해라… 위기는 기회다… 할 수 있다"라고 항상 격려해 주셨던 모습을…

사장님의 정책과 위기관리능력으로 인해 우리 공사가 많이 변하고 직원들의 위상도 대외적으로 많이 높아졌다고 생각합니다.
변화는 한 사람의 노력으로 되는 것은 아니지만, CEO가 어떤 생각과 의지를 가지고 정책을 펼치느냐에 따라 CEO를 믿고 따르는 이들의 모습이 변화된다고 생각하기에 저는 확신합니다.

당신은 직원들의 CEO였음을.. 당신은 직원들의 마음을 들여다보셨던 CEO였음을..

과연 이 사회에서 몇 명이나 자신의 CEO를 자랑스러워할까요?
역사상 가장 아름다운 뒷모습을 남기신 분으로 남으시리라 확신합니다.

사장님께서 각 직원들에게 마지막으로 보내신 글을 읽었습니다.
3년 동안 행운이라 생각하며 생활하셨다니 저희들을 믿어주신다니 감사합니다.

사장님… 정말 감사했습니다.
그리고 부디 건강하시고 행복하십시오!
사장님과 함께 했던 시간들은 평생 잊지 못할 것입니다.

"당신은 진정한 우리 한 가족이십니다."

아름다운 사장님을 떠나보내며
(경기도 본부 직원 대화방에 올라온 글)

극동대학교 초빙교수를 하다

극동대학교 초빙교수
2004. 9. - 2008. 8.

대한지적공사를 떠나고 2004년 9월부터 2008년 8월까지 4년간 극동대학교 초빙교수로 강의했다. 초빙교수란 국가에서 공직 경험을 후진들에게 전달할 수 있는 기회를 주는 제도이다. 나는 초빙교수로 1주일에 3시간, 3년간 강의를 하고 류택희 총장의 권유로 1년 더하고 나니 몸이 너무 피곤하여 그만두었다. 그리고 그해 크리스마스 이브 날 위암 수술을 받았다.

내가 극동대학교에서 초빙교수로 '국가와 행정'을 강의하면서 느낀 것이 있다. 즉, 시중 서점에 나와 있는 행정학 서적을 보니, 대체로 너무 학문적이고 논리에 치중되어 있는 것 같았다. 그래서 행정학을 공부하거나 행정을 하고 있는 후배들에게 '사례 위주의 살아있는 행정학'이라는 책을 쓰고 싶었다.

틈틈이 자료를 모으면서 혼자 하기에는 모든 면에서 부족할 것 같아 내무부의 '고스톱' 동료들과 의논한 결과 분야별로 나누어 집필하기로 하였다. 총괄과 각 분야별 집필까지 합의하였지만 내가 위암 수술을 받게 되어, 부득이 경험을 접목한 행정학 책의 출간은 접을 수밖에 없었다. 내가 해야 될 몫을 하지 못한 것 같아서 후진들에게 미안함과 아쉬움으로 남아있다.

13장

내가 바라는 조국

나는 애국자가 아니다. 평생을 공직에 몸담았지만, 남달리 국가에 헌신적이거나 국민의 성실한 봉사자도 아니었다. 그럼에도 불구하고 내 삶을 관통한 화두는 조국과 민족이었다. 이 화두는 이따금 가슴 설레게도 하지만 오히려 가슴을 답답하게 누르는 편이었다. 왜 삶을 관통한 '화두'가 되고도 가슴을 눌렀을까.

나는 자라면서 우리는 일제 지배로 나라를 잃은 민족이었고, 이어서 광복 이후에는 6·25라는 동족상잔을 겪었다는 한 맺힌 이야기만 듣고 자랐다. 이에 따라 학창시절에 역사를 배우면서도 우리는 내세울 것이 별로 없고, 그래서 창피스럽다는 열등의식과 함께 힘없는 조국과 민족을 지켜야 한다는 사명감이 뒤엉켜 있었다.

1933년 조선일보에 연재된 《유정》에서 춘원(春園) 이광수(李光洙)는 이렇게 썼다. "나는 바이칼 호의 가을 물결을 바라보면서 이 글을 쓰오. 허름하게 차려입고 기운 없이 사람 눈 슬슬 피하는 저 순하게 생긴 사람이 조선 사람이겠지요. 언제나 한번 가는 곳마다 '나는 조선 사람이요'하고 뽐내고 다닐 날이 있을까 하여 눈물이 나오" 나는 자라면서 이 글에 깊이 공감하였다.

그래서일까. 일본 위안부 할머니와 소녀상을 보면 왠지 죄스럽고, 보수 집단의 태극기 집회에 성조기가 보이는 것도 부끄럽다. 그리고 중국이 사드 국내 배치를 두고 부리는 몽니에 주눅 든 대응 자세가 나를 속상하게 한다. 어디에도 근대화를 일궈 낸 나라의 긍지는 볼 수가 없다. 이는 오랜 세월 동안 약하고 가난하게 살아온 열등감을 아직도 극복하지 못한데 그 원인이 있을 것 같다.

그러나 기성세대와는 달리 스스럼 없고 밝은 아이들에게 그늘진 마음을 갖게 해서는 안 된다. 우리의 미래인 우리 아이들은, 우리보다 당당하게 더 나은 세상에서 살아가게 해야 한다. 당당하다는 것은 자신을 긍정적으로 보고 자긍심을 가질 때 가능하다. 나아가 당당한 국민이 당당한 나라를 만들고, 당당한 나라가 세계를 이끈다고 믿는다. 그래서 나는 우리나라가 당당한 나라이기를 소망한다.

우리 아이들이 당당하게 자라도록 하기 위해서는 교육만 한 것이 없고, 그 가운데 올바른 역사 교육이 있다는 것이 나의 믿음이다. 우리가 역사를 배우는 이유는 어떠한 역경에도 좌절하지 않고 극복해 온 선조들의 행적을 통해, 자긍심을 가지고 올바른 미래로 나아가는 데 있기 때문이다.

새로운 인식이 필요한 한국 고대사

내가 가진 우리 역사에 대한 열등의식은, 일제가 주입한 반도적 성격론, 사대주의론 그리고 당파성의 식민사관 때문이라고 주장하는 글을 보면서도 마음으로는 수긍되지 않았다. 왜냐하면 내가 생각해도 우리 역사는 굴욕으로 점철되어 있다는 인식 때문이었다.

신라 시대 중국 당나라에는 외국 유학생에게 오늘날 9급 공무원에 해당하는 진사를 주는 시험이 있었다. 그런데 이 시험의 합격자 수에 따라 온 신라가 웃고 울었다. 고려(高麗)는 원나라에 조공품으로 공녀를 보냈는데 어느 해에는 5백 명이나 보낸 적도 있다. 과부나 처녀뿐만 아니라 자발적으로 14-15세의 동녀를 뽑아 보내기도 했다.

조선 시대에는 당시 중국은 전통적인 이이제이(以夷制夷) 전략에서, 우리를 동쪽 오랑캐란 뜻의 동이(東夷)로 보았다. 이에 반해 우리 스스로는 동쪽의 큰 활을 쓰는 사람 '대궁인(大弓人)'들이 사는 나라라고 자처했다. 그리고 소중화를 꿈꾸며 유교문화에 빠져들어 중국의 속방임을 자인하였다. 자기 나라를 제대로 지키지 못하고 유린당하면서도 동방예의지국이니, 찬란한 오천 년 역사니 하는 게 무슨 자랑인가 싶었다.

고대사 연구에 더욱 힘써야 한다

1980년대에 접어들면서 대통령 비서실에 근무할 때이다. 식민사관을 비판하는 재야 사학계의 주장이 빈번하게 나오면서 한국사의 새로운 이해가 주목받기 시작할 즈음, 김성호(金聖昊)의 저서《비류 백제와 일본의 국가기원》을 읽었다.

저자는 이 저서에서 우리가 알고 있는 온조(溫祚)의 백제(百濟)와 온조의 형 비류(沸流)가 세운 비류백제(沸流百濟, A.D. 18-396)가 있었는데, '비류백제'는 광개토대왕에게 토멸 당하자, 유민들이 일본으로 건너가서 오늘의 일본 황실과 일본 국가를 세웠다고 주장하고 있다. 바로 광개토대왕 비문의 '리잔국(利殘國)'이 '비류백제'로서 한국 고대사의 제4왕조라고 주장한 것이다. 이는 광개토대왕 비문에 '백잔국'은 항복하고 '리잔국'은 토멸했다고 기술되어 있기 때문이다.

어느 날 청와대의 동료 과장들과 저자를 모시고 저녁을 하는 자리에서 저자는 식민사관을 이렇게 설명했다. 일제는 강제합병 이전부터 이미 한반도 지배사관이 일본 사학계의 역사 이념으로 정형화되어 있었다. 그리고 일제사학이 우리 역사에 타율성과 정체성을 뒤집어씌운 것은 강제합병 이후에 추가된 것이다.

일본 식민사관의 본질은《일본서기》에 바탕을 둔 남선경영설(南鮮經營說)이다. 즉 왜(倭)가 4세기 중엽에 한반도 남쪽 가야 지역을 군사적으로 정벌하여 '임나일본부'란 직할 통치기관을 설치하고, 6세기 중엽까지 200년 동안 한반도 남부를 통치했다는 학설이다.

이렇듯 일본인들의 한반도 지배사관은 하루아침에 이뤄진 것이 아니니다. 에도(江戶) 시대(1603년-1867년)에 《일본서기》에 바탕을 둔 국쇄주의적 국학파 사관이 자리 잡았다. 그리고 해외로 눈을 돌리던 메이지(明治) 시절(1868년-1911년)에는 "고대의 한반도가 천황가의 속지였다"는 국학파의 주장이 국민적인 각광을 받지 않을 수 없었고, 따라서 한반도 지배사관은 일본 민족주의의 사상적 연원이 되었다고 했다.

일본 사학은 임나일본부설을 합리화 하기 위해, 고대의 지배자인 일본과 피지배자인 한반도를 일원적인 관계로 보았다. 한국사 연구 특히 우리 고대사를 집중적으로 연구하면서 우리 역사를 고대로부터 한반도에 국한시켰다. 그러나 한국 사학은 임나일본부설을 묵살하고, 우리 고대사를 일본과 별개로 구분한 분리주의 원칙에 따라 일본사 연구는 전무한 실정이다.

이런 관계로 일본은 우리 고대사에 대해 우리보다 더 많은 연구 업적을 남겼기 때문에, 일본인의 연구 논문을 인용하지 않고서는 우리는 자신의 고대사 연구 논문조차 쓰기 어려운 실정이란 것이다. 그제서야 우리 역사를 한반도에 가두고 굴욕의 역사라는, 식민사관의 실체와 우리 사학이 이를 극복하지 못하는 속사정을 알 것 같았다.

이에 따라 나의 역사 인식에 열등의식이 자리한 것도 그 영향을 받지 않을 수 없었음을 깨닫고, 잘못 배운 역사가 얼마나 무서운지를 실감하게 되었다. 이런 맥락에서 최근 일본군 위안부 피해를 상징하는 소녀상을 놓고, 일본 정부가 진심 어린 사과를 하지 않는 것은, 어쩌면 옹졸해서 만이 아니라 한반도 지배사관의 영향일 수 있다는 생각이 들기도 한다.

이제 광복된지 반세기가 훨씬 넘었고 먹고 살 만해졌으니, 우리 고대사와 일본사 연구도 하고 교육에도 힘써야 한다. 아울러 심상찮은 중국의 동북공정에도 대비하는 의미에서 사학계는 변화의 계기를 마련해야 될 것이다. 그에 따라 우리 역사도 재조명되어야 한다.

역사 연구는 빠른 시일 내 성과가 나오는 것이 아니므로, 긴 시간을 두고 꾸준히 추진할 수 있도록, 역사과목을 우대하고 유능한 사학자를 양성해야 한다. 아울러 사학계의 중지가 모아졌을 때 언제든지 시행할 수 있는, 다양한 역사 교육이 고려되었으면 하는 것이 나의 바람이다.

폭넓은 고대사 교육이 필요하다

학교 다닐 때는 알지 못했다. 은행에 다니다가 뒤늦게 고시 공부를 하면서, 한국사의 주요 사건이 전개된 시기에 세계사에서는 어떤 일들이 있었는지를 정리하면서 알게 되었다. 그리고 왜 한국사와 세계사를 따로 가르쳤는지 의아스러웠다. 청소년들이 한반도에 갇히지 않고 세계 속의 한반도란 시각으로 역사를 인식하도록, 역사 교과서를 국사와 세계사로 따로 만들지 말고 시대 구분에 따라 합쳐서 역사 교과서를 만들고 가르쳐야 한다.

그리고 역사 교과서의 부교재를 통해서 우리 역사를 보다 폭넓게 들려주면 좋겠다. 예컨대 B.C. 108년, 한 무제가 고조선을 멸망시킨 뒤 설치한 한사군의 위치에 관한 것이다. 특히 4백 년간 존속했던 낙랑군의 위치를 두고 주류 사학계는 낙랑군이 평양성 일대에 있었다고 보지만, 재야 사학계는 요하 서쪽에 있었다고 주장한다.

이와 같은 논쟁 외에도 단군의 홍익인간, 비류백제와 허구의 임나일본부설 등 폭넓은 고대사 교육을 통해 우리 역사에 대해 관심과 흥미를 갖게 한다면, 베일에 싸인 우리 고대사의 진실을 그들이 밝힐 수도 있을 것이다.

누가 우리 현대사를 폄훼하는가

나는 우리 고대사는 일제의 식민사관으로, 근대사는 일제 지배를 받았다는 사실만으로도 엄청난 낭패감을 느꼈다. 그러나 광복 후 대한민국은 유례가 없을 만큼 짧은 기간에 경제적으로는 세계에서 가장 가난한 나라에서 10대 경제대국으로 발돋움하였고, 정치적으로는 자유민주주의를 원칙으로 하는 민주화를 이루어 내었다.

보수와 진보 갈등이 가장 큰 문제

이와 같은 놀라운 성과에도 불구하고, 나에게 현대사 또한 걱정이 앞서는 것은 다음과 같은 이유에서이다. 우리가 근·현대사에 대한 국민적 합의를 이루지 못하고 있는 것은, 그동안 근·현대사 연구에 소홀했던 탓도 있지만, 나는 무엇보다 보수와 진보의 갈등에 더 큰 원인이 있다고 보기 때문이다. 내가 역사에 대한 깊은 이해나 지식이 있는 것은 아니다. 평생을 공직생활 속에서 보수와 진보가 상대의 공과를 인정하지 않는 편협된 역사인식을 안타깝게 생각하면서 내 나름으로 판단했던 것들을 말하고자 한다.

일반적으로 보수는 개인의 재산과 자유를 최고 가치로 삼는 자본주의·자유주의·민족주의이며, 현실을 인정하고 점진적으로 보완해 나아가자는 주의이다. 그리고 진보는 사회의 조화와 평등을 최고 가치로 삼는 사회주의·이념주의·세계주의이며, 현실을 부정하고 급진적으로 혁신하자는 주의이다.

우리는 광복 후 줄곧 보수가 집권해 오면서, 진보의 사회주의에 대해 북한 공산주의를 의미하는 빨갱이로 몰아왔다. 그 여파로 산업화에 매진하던 시기에는, 오로지 독재 대 민주화의 양립 구도로 일관되어 왔다. 사실상 김대중 정권이 출범할 때까지는 보수만 있고 진보는 없었다. 당시 사회적 분위기도 사회주의는 공산주의의 시작 단계이다 보니 한통속으로 알았고, 나 또한 그렇게 인식하였다.

그러다가 내가 원주시장으로 재직할 때, 박경리 선생으로부터 "사회주의와 공산주의는 다릅니다. '두메'가 공산주의자가 됩니다"라는 소리를 듣고, 내 나름대로 대충 다음과 같이 구분하였다. 즉, 공산주의와 사회주의는 생산재를 공유하려고 한다는 점은 같다. 다만 사회주의는 사유재산과 종교자유와 계급차등도 인정하는, 선진국의 사회주의 정당이 지향하는 가치라는 정도로 인식하였다.

그런 가운데 박근혜 정권에서 보수 논객들이 1948년 건국론에 이승만을 국부로 호칭하는 글들을 보면서, 왠지 1919년 국가는 아니었지만 항일투쟁의 상징인 상해 임시정부와 단절하려는 것 같아서 왜 이러나 싶었다. 그런데 촛불혁명을 앞세우고 '대한민국은 기회주의가 득세한 부끄러운 역사'라고 주장하는 진보 진영이 집권하게 되었다.

역사를 정쟁 도구화해서는 안 된다

이에 따라 내가 가장 우려하는 것은 역사가 정쟁 도구화되어, 지금껏 '전교조' 교사들이 청소년들에게 폄훼하여 가르쳤던 현대사의 내용이 보편화되는 것이다. 왜냐하면 우리 역사를 한반도에 가둔 일제식민사관처럼, 대한민국의 자긍심을 위축시키고 청소년들의 마음에 어둡고 그늘진 열등감을 심어줌으로써, 이 나라의 미래를 암울하게 할 수 있기 때문이다.

나는 박정희 정부부터 김대중 정부까지 다양한 공직을 수행하였다. 그 과정에서 매우 안타까웠던 것은 역대 대통령들에 대한 평가가, 진영이 보수냐 진보냐에 따라 너무나 상반되고 왜곡되었다는 것이었다.

이제 본격적으로 우리 현대사는 보수와 진보의 치열한 정쟁 도구로 전락될 것이 확실시되고 있다. 이에 따라 양 진영에서 각각 중요한 의미를 가진 이승만 대통령과 김구 선생, 그리고 박정희 대통령과 김대중 대통령에 대한 내 나름의 견해를 논쟁 위주로 이야기하고자 한다.

이승만과 김구

나는 이승만 대통령의 자유당 정권 시절에, 이른바 야당 도시로 유명했던 대구에서 초·중·고 교육을 받으며 성장하였다. 그래서인지는 모르겠으나 백범(白凡) 김구(金九, 1876년-1949년) 선생은 상해 임시정부를 이끈 독립운동가로서, 광복 후에는 나라의 분단을 막으려다 암살당한 비운의 민족 지도자로 추앙받는 훌륭한 사람이었다.

반면에 우남(雩南) 이승만(李承晩, 1875년-1965년) 대통령은 미국에서 호의호식하며 편하게 독립운동을 하고서도, 광복 후에는 대통령이 되었고 오히려 김구 선생 암살범을 비호하고 일당 독재를 하다가, 4·19혁명으로 하와이로 망명한 대통령으로 인식되었다. 그러나 나이가 들면서 그런 인식은 차츰 바뀌게 되었다.

분단은 누구의 책임인가

1945년 8월 15일 그토록 염원했던 광복을 이뤘지만, 1940년 9월 창설된 상해 임시정부의 항일 무장부대인 광복군의 독립투쟁을, 강대국으로부터 인정받지 못한 채 일본이 항복하였다. 따라서 한반도는 38선 남쪽은 미군이 북쪽은 소련군이 분할 점령하면서, 통일정부 수립이 요원하게 되었다. 그런 가운데 1945년 12월 27일, 모스크바 협정에서 신탁통치안이 채택되자, 새로운 나라를 어떻게 만들고 누가 이끌 것인가를 놓고 나라는 극심한 혼란에 빠졌다.

광복 직후 한반도는 공산주의가 급속히 확산되었다. 그들의 '착취 없는 평등사회'라는 구호가 조선 5백 년 동안 유교 국가로서의 '대동사회' 이념과 유사하고, 무엇보다 동학혁명의 인내천과 제폭구민 정신과도 맞닿아 있어, 동학혁명에 가담했던 농민들이 대거 조선노동당에 가입하고 공산주의자가 되었다.

결국 이승만의 선택이 옳았다.

경상도 동학교도였던 박정희의 부친과 맏형도 이에 가담했다. 이 와중에 통일을 열망하던 김구를 비롯한 여운형·김규식 같은 순수한 민족주의자들은, 좌파든 우파든 중도를 표방하고 좌우합작을 도모하여 국민들의 절대적 지지를 받았다. 그러나 결국 발붙이지 못한 채, 이남은 이승만이 1946년 6월 남한 단독 정부 수립을 주장하고, 1948년 8월 15일 자유민주주의 대한민국 정부를 수립했다.

이북은 김일성이 1946년 6월 북조선 인민위원회를 창설하고, 1948년 9월 9일 김일성을 수상으로 하는 조선민주주의 인민공화국을 수립했다. 이처럼 남북 분단은 한반도가 분할 점령되면서 잉태되었고,

그 책임은 이승만과 김일성 모두에게 있다. 그러나 결국 이승만의 결단과 선택이 옳았음은 오늘날 대한민국의 번영과 위상이 확실하게 증명하고 있다.

왜 우리에게 빨갱이 시비가 생겼을까

1950년 6월 25일 북한의 김일성은 전쟁을 일으키면, 남한의 노동자·농민과 기층민들의 호응으로 손쉽게 적화통일을 할 수 있다고 믿고 기습 남침했다. 그러나 전쟁이 나기 전 농지개혁이 70% 마무리되어, 남한 내부의 호응은 없었고 3년여 만에 정전 협정에 들어갔다.

원래 빨갱이는 러시아 볼셰비키 혁명 때, 공산주의자들이 붉은색을 자신들의 색깔로 정하고 활동하여 공산주의자를 상징하지만, 우리 국민들이 빨갱이라면 치를 떠는 것은, 6·25라는 미증유의 동족상잔 중에 붉은 완장에 죽창을 들고, 지주·자본가와 지식인들을 반동분자로 처형하는 집단적 만행을 목격한 데서 확산되었다.

이와 같은 사회적 분위기 속에 1958년, 진보당이 북한의 주장과 유사한 주장을 했다는 혐의로 정당 등록이 취소되고, 위원장인 조봉암이 사형당한 사건이 발생하였다. 이를 계기로 보수정권은 좌익·좌파·친북·종북·사회주의 등을 명칭과 관련 없이 빨갱이로 몰아 색깔론을 정쟁 도구화했다.

이처럼 대한민국에서 사회주의를 주창하는 엄밀한 의미의 진보가

설 땅이 없었던 것은, 보수정권에서 색깔론을 정쟁 도구화한데 있지만, 그 단초는 북한 김일성이 일으킨 6·25 동족상잔이 결정적인 불쏘시개 역할을 했다는 것이 나의 생각이다.

이승만의 과오, 친일 청산 실패와 독재

한편 이승만의 과오는 분단에 있는 것이 아니라 친일 청산 실패와 독재에 있다. 해방 후 친일 청산은 온 국민의 염원이었다. 1948년 9월 7일 제헌국회에서는 국권 강탈에 적극 협력한 자와 일제 치하의 독립운동가나 그 가족을, 악의로 살상·박해한 자들을 처벌할 목적으로 '반민족행위 처벌법'을 통과시켰다.

그러나 이승만은 공산주의자들의 준동을 저지하는 것이 급선무라 보고, 반민족행위 특별조사위원회(이하 '반민특위') 활동을 방해하고, 급기야 반민특위의 특별경찰대를 강제 해산시켜 사실상 친일청산을 막았다. 이로 인해 남북 대결에서는 정통성에 밀리고, 진보 진영으로부터는 '기회주의자가 득세한 부끄러운 역사'라는 비난의 빌미가 되었다.

그리고 이승만은 1960년 독재에 항거한 4·19 학생 혁명에 의해 권좌에서 물러나 하와이로 망명했다. 아무튼 이승만은 임시정부의 초대 대통령이었고, 연안 수역 보호를 위해 평화선을 선포하여 일본과의 갈등을 마다않던 분이었다.

그럼에도 불구하고 친일과 친일 청산 실패는 엄연히 다른데, 그를 친일로 매도하고 심지어 지도층 진보 인사가, "이승만을 국립묘지에서 파내야 한다"고 말했다. 결론적으로 그는 굴곡이 심한 우리 현대사에서 대한민국의 공산화를 막고 오늘의 번영을 있게 한 공(功)도 있으며, 아울러 친일 청산 실패와 독재란 과(過)도 있다고 균형 있게 평가해야 한다.

김구는 낭만주의자, 이승만은 현실주의자

김구는 《나의 소원》(1947년)에서 "우리나라가 세계에서 가장 아름다운 나라가 되길 원한다. 우리의 부력(富力)은 우리의 생활을 풍족히 할 만하고, 우리의 강력(强力)은 남의 침략을 막을만하면 족하다. 오직 한없이 가지고 싶은 것은 높은 문화의 힘이다"라고 했다. 한 평생을 조국 독립을 위해 투쟁한 분이 가난하고 힘없는 나라를 두고, 부국강병이 아닌 문화에 방점을 찍은 것이 의아스러웠다.

나는 이 나라가 먹고 살만해지고서야 문화를 입힐 수 있다는 것이 혜안이었음을 뒤늦게 알았다. 나는 두 분을 이렇게 결론짓는다. 즉, 김구는 청소년 때와 달리 민족통일을 열망하는 낭만주의자이고, 이승만은 국제적 감각이 뛰어난 현실주의자이다. 그래서 김구는 존경하고 이승만에게는 감사한다.

고질적인 좌절감을 떨쳐낸 박정희 대통령

역사는 5·16을 어떻게 평가할 것인가

　1961년 5월 16일 새벽 박정희 소장이 이끄는, 3천6백여 명의 군인들이 아무런 저항 없이 한강을 건너 수도 서울을 장악했다. 우리 현대사에서 5·16은 어떤 의미를 지니는가. 진보 진영에서는 군사 쿠데타라 한다.

　1960년 4·19혁명 이후 나라는 가난과 혼란에 휩싸여 있었다. 자원도 자본도 기술도 없는 헐벗은 나라였으며, 내가 다니던 고등학교 강당에 학생들을 모아놓고 젊은 연사가 "우리가 손에 손을 잡고 38선을 넘어가면, 북한이 같은 동포로 어찌 막겠느냐. 우리 모두 손을 잡고 삼팔선을 넘어가서 통일을 이루자"고 열변을 토할 만큼 사회적 혼란도 극심했다.

　그해 정초에 학우들과 만든 '주춧돌회' 발기문에 박삼옥 학우는 이렇게 썼다. "조국의 위기가 왔다. 국토와 민족은 분열되고 굶주리고 헐벗은 조국은 남의 문화, 남의 원조에만 의존하는 비참한 실정이다. (중략) 오늘날 조국을 좀 먹는 것은 모조리 불태우고 캄캄한 밤에 길을 잃은 동포의 앞길을 밝혀줄 불꽃이 되자"고 썼다.

　당시의 한낱 고등학생의 눈에도 나라가 위기에 빠져있다고, 느낄 만큼 극심한 혼란이었으니 5·16은 시대적 소명 같았다. 그리고 실제로 국민들의 고질화된 좌절감을 송두리째 바꾼 엄청난 변화를 가져

왔다. 이뿐만 아니라 농경사회에서 산업사회로 패러다임을 바꿨다. 이것을 혁명이 아니라고 하면 어떤 것이 혁명인가. 과연 역사는 5·16을 어떻게 평가할 것인가. 정신 바짝 차리고 지켜보아야 한다.

산업화의 밝음과 개발독재의 어두움

박정희 대통령(이하 '박통')은 인간생활에서 경제가 정치나 문화보다 중요하다고 믿었다. 그리고 조상 대대로 이어온 가난을 해결하고 우리도 한번 잘 살아보자는 강한 집념으로, 조국 근대화 운동을 본격적으로 시작했다. 이는 1868년 일본의 메이지유신(明治維新)보다는 1백 년 늦었지만, 1981년 덩샤오핑(鄧小平)이 실질적인 권력을 장악하면서 시작된 중국보다는 20년 빨랐다.

박통은 1962년 제1차 경제개발 5개년 계획을 수립하고 추진하면서, 관 주도였던 재건 국민운동의 실패를 거울삼아, 1970년대에는 농민들이 자발적으로 끌고 가는 새마을운동을 제창했다. 새마을운동이야말로 박통의 철학이 녹아있는 잘 살기 운동이자 국가 개조사업이었다. 박통은 새마을운동을 내무부에 믿고 맡겼다. 그래서 내무 공무원들은 새마을과 30년간의 영욕을 함께 하며 마음속에 고향 같은 깊은 정을 담고 있는 경우가 많다.

경제개발계획과 새마을운동에 힘입어 5·16 혁명 당시 1인당 국민소득이 87불로써, 북한의 120불, 필리핀의 160불보다 적은 세계의 최빈국에서, 1979년 1,693불로 세계 49위의 중진국으로 발돋움했다.

박통은 경제발전을 위한 투자 재원을 마련하기 위해, 국민의 반발을 무릅쓰고 한일 배상 청구권을 행사하고, 독일에 간호사와 광부를 파견하고, 월남에 군인들을 파병하는 등 물불을 가리지 않고 외화를 획득하였다.

그리하여 경부고속도로(1970. 7.), 호남고속도로(1970. 12.), 영동고속도로(1971. 12.)를 건설하고, 포항제철 준공(1973. 7.), 서울 지하철 건설(1975. 10.), 소양댐 건설(1973. 10.)을 비롯한 4대강 댐 건설 등 지금의 SOC를 거의 이 때 구축하였다. 한편 통일벼 개발을 비롯한 식량 증산으로 우리나라는 만성적인 빈곤에서 허덕이던 국민들이 가난의 한을 풀고, 눈부신 경제성장으로 유례없는 국가 발전을 이끌어 한강의 기적을 일궈냈다.

산업화는 근면하고 높은 교육열을 가진 국민의 힘으로 일궜다고 말한다. 물론 국민이 해냈다. 그러나 국민의 근면 에너지를 모아 산업화에 매진토록 한 지도자 없이 가능하였겠는가.

이 과정에서 그의 통치는 많은 빛과 어두움을 만들어냈다. 16년간의 장기집권을 통한 개발독재는 인권 유린 등 씻을 수 없는 수많은 그림자를 드리웠다. 당연히 반성되어야 할 대목이다. 그럼에도 불구하고 나는 우리 역사상 가장 좋아하는 광개토대왕(廣開土大王) 만큼 박통을 좋아한다.

왜냐하면 민주주의는 모든 것을 해결하는 만능 시스템이 아니며,

경제발전에 따라 중산층이 형성되지 않으면 제대로 꽃을 피울 수 없다. 그런 의미에서 우리나라 민주화의 바탕은 튼튼하게 자리 잡은 산업화가 마련했다고 믿기 때문이다.

12·12 사태와 산업화의 연속성

박통 사망 후 전두환 보안사령관이 이끌던 하나회 중심의 신군부 세력이 12·12 쿠데타로 국가권력을 장악하고, 이에 저항하는 5·18 광주 민주화운동을 유혈 진압함으로써, 전두환 대통령(이하 '전통')은 역대 대통령 중 가장 미움받는 대통령이 되었다.

그러나 그에게도 잘한 점이 있다. 당시 상황은 정치적으로는 유신독재가 끝나고, 민주화 시대가 열리리라는 기대에 찼던 서울의 봄이었다. 하지만 경제적으로는 20년간의 고도성장 기간 동안 누적되어 온 경제적 모순이 표출되어, 이를 해소하고 조정해야 하는 당면 과제를 안고 있었다.

그때 3김이 주도하던 민주화가 진행되었다면, 만성화된 인플레의 고리를 끊고 경제 체질을 바꾸는 것이 용이하지 않을 수 있었다는 것이 나의 시각이다. 왜냐하면 민주화는 효율적이지만 능률적이지 않아서, 아직 중산층이 굳건하지 않는 데다 집권을 지상 목표로 하는 정치 집단의 속성 때문에, 포퓰리즘에서 벗어나기 쉽지 않기 때문이다.

그런데 전통이 고질적인 한국 경제체질을 바꾼 것은, 김재익(金在

益) 청와대 경제수석의 경제 철학이자 시장 경제에 바탕을 둔 개방 경제를 믿는 뚝심이 있었기에 가능하였다고 생각한다.

계속 이어간 경제성장 기조

당시 추진하던 긴축정책으로 여기저기서 불만이 쏟아지고, 총선을 앞둔 해에 예산마저 동결하자, 이를 걱정하는 측근에게 전통이 "내나 니나 경제에 대하여 아는 게 뭐 있나. 전문가가 인플레 잡는 건 마약 끊는 것만큼 어렵다 하니 참고 나갈 수밖에 없잖아"라고 했다는 얘기가 비서실에 돌았다.

올곧은 경제전문가를 믿고 주위의 비난을 아랑곳 없이 밀고 나가는 전통의 뚝심이 없었다면 풀리기 어려운 과제였다. 1983년 10월 9일 아웅산 묘소 폭탄테러 사건으로 김재익 수석이 순직하고, 사공일(司空壹) 수석이 그 정책을 이어감으로써 1980년대 후반에는 물가 안정·국제수지 흑자·높은 경제성장률이라는, 세 마리 토끼를 잡는 성과로 산업화를 진화시켰다.

언젠가 신문에서 전통 고향에서 공원 명칭을 그의 아호(雅號)에 따서 '일해공원'으로 하려고 했다. 그런데 광주 전남 시민단체에서 반대는 그렇다 치고, 박통과 산업화를 함께한 정치인들도 눈에 띄어 안타까웠다. 언젠가 공과를 제대로 평가받는 날이 오리라 본다. 나는 나라 사랑하는 마음에서는 정치인보다 군인을 더 믿는다.

민족 통일에 관심 쏟은 김대중 대통령

우리나라 근대화는 1961년 5·16혁명에 의한 산업화 국면에서, 1987년 6·29 민주화 선언으로 민주화 국면에 접어들 때까지, 오랜 기간 동안 민주화 투쟁의 선봉에는 늘 김영삼(이하 'YS')과 김대중(이하 'DJ')이 있었다.

공직생활을 하면서 이들에 대한 이른바, 찌라시 수준의 험담을 수없이 들었는데 DJ 쪽이 더 심했다. 그러나 민주화가 성숙되면서 YS가 먼저 대통령이 되고, 이어서 DJ가 15대 대통령으로 당선됨으로써, 해방 후 반세기 만에 진보 색채의 호남 정권이 탄생되었다.

꼼꼼한 통치 스타일, 박 대통령과 흡사

내가 DJ를 처음 만난 건 행정자치부 연초 순시할 때였다. 인사를 드리면서 마주 본 눈빛이 담담한 듯 느껴졌다. 내가 본 대통령들은 대체로 눈빛이 강했는데, 모진 각고를 겪은 분으로서는 의외였

김대중 대통령 내외분과 함께 (2000. 1. 27. 차관임명)

다. 그리고 업무보고를 받고는 적어 온 노트를 보면서, 꼼꼼하게 훈시하는 모습은 예전 강원도 순시 때 본 박통과 닮았다고 생각했다.

사람들은 DJ 업적으로 IMF 조기 졸업이나 IT 강국 기반 구축을 꼽지만, 나는 호남인들의 오랜 소망을 이룬 것을 꼽는다. 그동안 지역차별에 따른 호남인들의 마음속 응어리가 풀린다는 것은, 나라 장래를 생각하면 그 무엇보다 의미가 크다고 보기 때문이다. 내가 중·고등학생이던 자유당 시절에만 해도 대구에서 가장 인기 있는 국회의원은, 전남 광양 출신인 조재천(曺在千) 민주당 의원으로 기억하고 있다.

그런데 언제부터인지 영·호남지역이 갈라져 등을 졌다. 흔히들 호남지역이 낙후된 것이 경상도 정권의 푸대접에 있다는 주장이 있다. 그러나 나는 이에는 동의하지 않는다. 다만, 공직 생활 속에서 고향이 호남이라는 이유로 인사에서 홀대받는 것을 본 적이 많았다.

그런데 김대중 정부 출범 후 세상이 많이 바뀌었다. 가까이 지내던 주위 동료나 후배들이 공직을 떠나는데 호남 출신 공직자는 예외였다. 내무부와 총무처가 통합된 후 부서장 인사를 놓고 총무과장(이재충)이 '직원들 최대 관심사가 TK 본부장이 어떻게 되느냐'에 있다고 했다. 그리고 2년 후 차관 발령을 받고는 경상도 정권에서는 생각지도 못할 축하 인사를 많이 들었다.

박준규 전 국회의장의 비서실장이 축하 전화를 하면서 "의장님이 TK 씨가 다 마르지 않았나'라고 하셔서 김 차관은 희귀종입니다"라고 말씀드렸다고 했다. 이처럼 김대중 정부에서는 경상도 홀대가 심했다.

온 국민의 대통령이길 원했다

YS는 박통이 잘한 것은 무시하거나 인정치 않아서 새마을 대회에 참석한 적이 없었다. 그러나 DJ는 좀 달랐다. 새마을중앙회 회장에 새마을운동에 부정적인 인물을 앉혔다. 그러나 전국 새마을 지도자 대회에 참석하고 안동 하회마을과 박정희 생가도 방문하였다. 또 TK 원로들이 건의한 박정희 기념관 건립비를 정부 예산에 반영하는 등 지역 간의 화해를 바랐다.

이런 얘기를 하면 주위에서 쇼한다고 한다. 그럴 수 있다. 그러나 나는 2000년 11월 17일 여수 돌산체육관에서 전남지역 인사들에게 '상대가 잘 해야 나도 잘 한다는 생각 말고, 같은 국민으로서 지역감정에 책임감을 느끼고 해결에 앞장서 달라'는 당부를 들으면서 DJ가 호남 대통령이 아니라, 지역갈등을 넘어 온 국민의 대통령이길 진심으로 원했다고 생각한다.

햇볕정책, 과연 잘못된 것일까

보수 진영에서는 DJ의 햇볕정책을 두고 북한 핵 개발만 도와준 실패한 정책이라고 한다. 이솝 우화인 북풍과 태양에서 따온 햇볕정책은 북한과의 경제적 교류 확대를 통해, 정치적 변화를 이끌자는 민족주의적 정책이다.

박통 생전에 "통일에 이르는 지름길은 우리의 국력을 배양하여, 북한을 능가하고 자유에의 열망이 우리로부터 북으로 넘쳐흐르게 하는 것"이라고 했지만, 박통 사후 보수 정권에서는 국력이 북한을 능가하고도 통일에 대한 구체적인 대안을 마련하지 못했다.

그런데 진보 정권에서 경제를 통해, 북한을 개방시키기 위한 구체적 실천 계획을 제시한 것이 햇볕정책이다. 1998년 '남북경협 활성화 조치'에 따라 현대 정주영 회장이 소를 몰고 방북하고, 금강산 관광이 시작되었으며 2000년 남북 합작으로 개성공단이 조성되고 운영되었다.

민족의 염원인 통일은 평화 통일이어야 한다. 우리는 북한 체제가 붕괴되면 절로 통일이 되리라 믿지만, 북한에 급변사태가 발생하면 중국 입장에서는 미국 동맹국이 국경을 접하는 것을 원치 않아 친중 군사정권을 세울 가능성도 배제할 수 없고, 일본 또한 통일을 원치 않아 예상치 못한 상황이 초래될 수도 있다.

통일문제, 경제로 풀어야 한다

바람직한 방법은 북한 주민들이 경제개방을 통해 생활수준이 향상되고, 인권과 자유 그리고 정보가 북한으로 흘러들어가, 주민 스스로 인간다운 삶을 위해 통일을 선택할 수 있는 여건을 조성하는 것이다.

이처럼 통일 문제는 경제로 풀어야 한다. 그래야 외세의 개입을 줄이면서 우리 힘으로도 추진 가능하고 통일 비용도 최소화할 수 있다.

햇볕정책은 잘못된 정책이 아니다. 꾸준히 개선하고 보완하면서 추진되어야 할 바람직한 정책이다. 다만 이 정책은 안보가 튼튼하게 뒷받침되어야 한다.

또 다시 침략과 수모를 당하지 않으려면

젊은 시절 다시는 이웃 국가로부터 침략과 수모를 당하지 않으려면, 어떻게 하면 될까 궁리해 보았지만 방책은 없었고 가슴만 답답할 뿐이었다. 그러다 세월이 흐르고 답을 보았다. 바로 '핵과 미사일'이었다.

박통은 이를 알고 1968년 자주국방을 강조하면서 핵 보유를 열망했다. 그리고 중화학 공업을 바탕으로 핵 개발을 진척시키고, 1978년 사거리 1백80㎞ 유도탄 '백곰'의 시험발사에 성공하고는 얼마 후 비명(非命) 했다.

1994년 포항시장 때이다. 세계적인 핵물리학자인 포항공대(현 '포스텍') 김호길(金浩吉) 총장을 오찬에 모셨다. 총장과 포항공대가 있어 포항이 자랑스럽다는 감사의 자리였다. 평소 과학기술발전이 제2독립운동이라는 지론을 가진 분으로 돌아가시기 3일 전이었다.

내가 핵 개발에 궁금한 것이 많아 이것저것 물었더니 그분이 "박통 때 핵 개발과 관련하여, 해외 두뇌들을 유치한 분들이 몇 있지만 자기는 아니라"고 하였다. 그리고 "북한이 핵을 가지고 있다고 보느냐"에 대해서는 "아직은 아니지만 어떻게 하던 오래지 않아 핵을 보유할 것으로 본다"고 했다. 또 우리 핵 개발 수준도 "통제가 없다면 2년 정도면 가능하고, 일본은 유사시에 중화학 공장 등에서 바로 핵 생산에 들어갈 준비가 마친 상태라 1년도 채 걸리지 않을 것이라"고 했다. 25년 전의 이야기이다.

핵과 미사일 보유, 선택이 아니라 필수

보수진영에서는 북한 핵 개발이 퍼주기식 햇볕정책 때문이라고 하지만, 나는 북한의 핵과 미사일 개발은 생존전략이자 한반도 통일 수단이므로, 햇볕정책이 없었어도 진행했다고 본다. 이제 적화 통일한다고 남침했던 북한이 주민을 굶기면서 핵과 미사일을 가졌고, 중국 또한 보유하고 있다.

또 평화 헌법을 가진 일본도 유사시 핵을 생산할 수 있는 준비를 끝냈는데, 우리는 미국 핵우산에 의존하며 보수는 비핵화를, 진보는 민족 화해로 풀고 싶어 한다. 북한은 같은 민족이면서 엄연히 적이다. 따라서 북핵에 대응하고 언젠가 불편한 이웃 국가에 대비하는 최선의 방법은, 우리도 핵과 미사일을 보유하는 것이다.

언제까지 남의 보호 아래 안주할 수 있겠는가. 역사적으로 불편한 이웃을 둔 우리에게는, 핵과 미사일 보유는 선택이 아니라 필수이다. 현실적으로 불가능하다고 포기해서는 안 된다. 박통 사후에 단절된 핵과 미사일을 전제한 자주국방 정책이 범정부적 차원에서 모색해 나가야 한다.

한국 현대사 합의 위해 지혜를 모으자

화합을 저해하는 소득 간 갈등은 자본주의 체제에서 불가피하지만, 이념과 지역 갈등은 온전히 정치인들이 조장하고 있는 셈이다. 근대화는 보수의 산업화와 진보의 민주화를 양축으로 한다. 양 진영 모두 국가와 국민을 위해 맡은 몫을 다해준 결실로 근대화를 이루었다.

그러나 산업화 세력은 민주화 세력을 길거리에서 데모만 했지 땀 흘려 일해 돈 벌어 본적도 없고, 이들이 추진하는 정책은 좌파·종북 정책이라 곧 나라가 망할 것처럼 불신한다. 그리고 민주화 세력은 산업화 세력을 친일·독재 집단으로 간주하고, 민주화 운동이 마치 우리 민족을 겁박했던 일제에 항거한 독립운동과 동일시하고 산업화 세력을 증오한다.

이처럼 상대의 흉허물만 들추다 보니 나라는 불신과 증오로 분열되고, 우리 현대사 또한 정쟁 도구화 되고 있다. 왜 우리는 우리끼리 싸우는 데는 열심이고 외국과 싸우는 데는 게으리할까. 잘 한 것은 잘 했다고 하고, 자신들이 더 잘 할 수 있다고 말하는 정치 풍토를 조성할 수는 없을까.

이제 우리는 상대의 과(過)만 들치지 말고 공(功)도 함께 이야기해야 한다. 그리하여 대한민국의 현대사에 대한 국민적 합의가 되도록 온갖 지혜를 모아야 할 때이다. 역사는 단순히 과거에 있었던 사실을 기록한 것이 아니라, 기록하는 사람이나 역사가의 해석이 더해져서 역사가 되기 때문이다. 앞으로는 올바른 역사교육으로 우리 청소년들이 자긍심을 가질 수 있도록 해야 한다.

나는 우리나라가 자유민주주의 국가로 평화통일이 되고 후손들은 세계를 누비면서, 일찍이 안중근 의사가 자랑스러워했던 '대한국인(大韓國人)'이라는 것을, 당당하게 말할 수 있는 바로 그런 나라가 되기를 갈망하고 있다.

살아갈 날이 길지 않은 나이가 되고 나서야,
내 삶에 대한 책임은 내가 지지만
많은 인연이 나와 함께한 것임을 깨닫게 되었다.

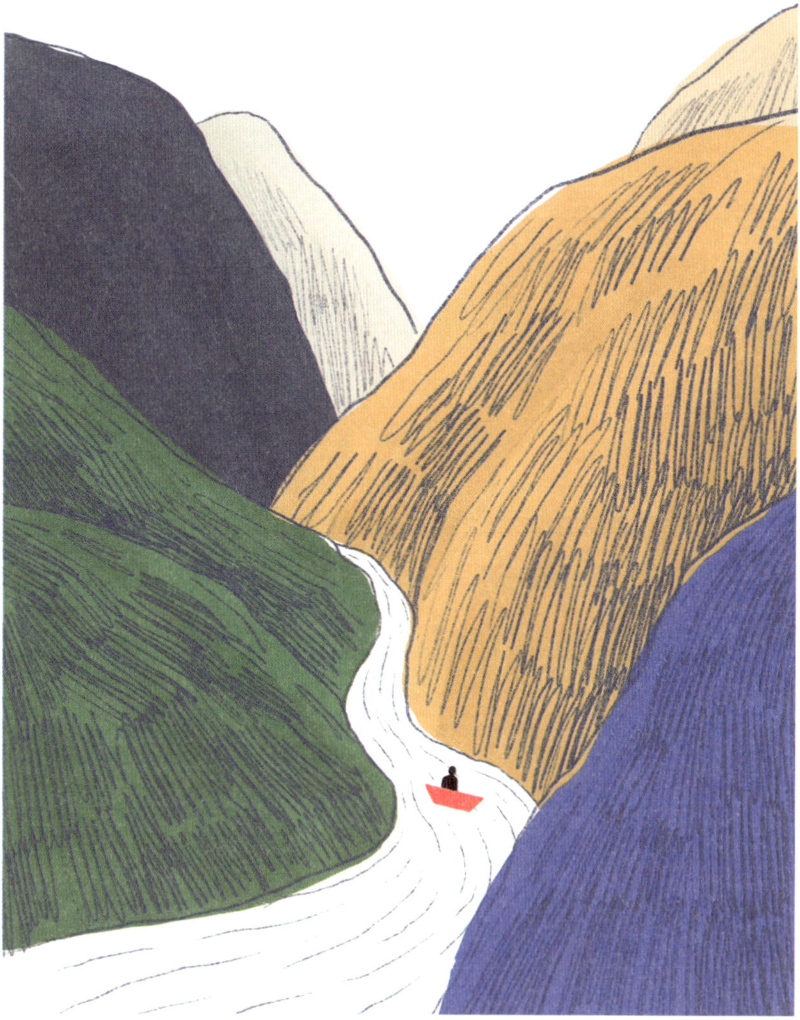

산과 강물을 동양화에서 느낄 수 있는 색감과 분위기로 표현하였다.

제2부

나의 인생단상

1장

인생, 산다는 것은 무엇일까

우주처럼 신비롭고 날씨처럼 요망하다

인생, 그러니까 사람이 살아간다는 것은 무엇일까. 일찍이 부처님은 "사람은 어디에서 왔는지, 어디에 있는지, 어디로 가는지 모른다"고 설파했다. 인생이란 사람들이 살아가면서 가장 많이 되새겨보는 물음이지만, 정답을 알지 못한다고들 말한다. 그것은 마치 밤하늘을 수놓은 셀 수 없이 많은 별들이 서로 다르듯이, 엮어가는 삶의 모습이 달라서 그럴 것이라고 나는 추측한다.

그리고 나는 인생에 대한 이야기 가운데, '인생이란 사람들이 생각하는 것만큼 그렇게 좋은 것도 그렇게 나쁜 것도 아니다'라는 프랑스 소설가인 기 드 모파상(Guy de Maupassant)의 말에 전적으로 공감하고 있다. 그리고 매우 좁은 소견이지만 막상 내가 살아보니 '인생은 무한한 우주처럼 신비롭기도 하고, 변덕스러운 여름 날씨처럼 요망스럽다'는 생각이 들기도 한다.

인생의 신비로움은 이타심 때문이다

인생에 녹아있는 수많은 신비로움에서 가장 먼저 꼽는다면 그것은 바로 이타심이다. 나는 다윈이 '인간과 원숭이는 공통 조상을 갖는다'는 주장에 따라, 인간은 동물과에 속해있다고 생각한다. 따라서 인간과 동물은 본능적으로 먹고 살아남는 것이 무엇보다 우선하고 이기적인 속성을 갖고 있다.

이런 맥락에서 부모가 자식을 보호하는 것은, 동물도 제 새끼를 위해 희생하니까 놀라운 것은 아니지만, 생판 알지도 못하고 본적도 없는 사람들을 위해, 희생하고 양보하고 배려하는 이타심이야말로 무척이나 신비롭다. 언젠가 친구(김정명)가 동아일보 독자란을 찢은 쪽지를 나에게 건네주어서 읽어보니 내용은 이러하였다.

"비 내리는 어느 날 비를 맞고 가는데, 할머니 한 분이 우산을 같이 쓰고 가자고 말씀하셨다. 그래서 할머니의 우산 속으로 들어가서 보니까, 할머니 우산은 혼자 쓰셔도 비를 맞을 만큼 찢어진 비닐우산이었다"면서, "이 세상은 할머니 같은 분이 계시기 때문에 지구가 돌아가는가 보다"라고 느꼈다는 것이다.

그런데 미국의 사회생물학자인 에드워드 윌슨(Edward O. Wilson)도, "인간 진화의 열쇠는 이기적 유전자가 아니라, 지구를 돌아가게 하는 할머니 마음 같은 이타심이다"라고 주장했다고 한다. 이처럼 인간은 집단생활을 통해 집단의 존속과 평화를 위해, 이타적 유전자가 생성되면서 동물과의 차별화가 시작된 것으로 짐작된다.

이와 관련해서 내가 줄곧 궁금했던 것이 왜 단군은 건국이념을 "널리 인간세계를 이롭게 한다"는 홍익인간(弘益人間)으로 삼았을까이다. 내가 내린 추론은 단군은 인간을 진화시키고 인류를 공존할 수 있게 하는 건 이타심이라는 하늘의 도리를 알고, 한(韓)민족이 이타적 인간 정신으로 인류공동체를 이끌길 바라신 것으로 본다.

삶의 모습은 달라도 무게는 같다

내가 고등학교 다닐 때이다. 친구 집에 놀러 갔다가 옆집 골목에 사는 맹인 부부가, 어두운 밤에 집으로 들어가면서 웃던 크고 밝은 웃음소리를 들었다. 힘든 생활 속에서 어떻게 저토록 밝게 웃는지 의아스러웠다. 나는 그때까지 신체 어디가 부자연스러우면 슬픔이 가득해서 기쁨은 없는 줄 알았다.

내 나이 예순다섯에 위암 판정을 받고 수술을 기다리던 긴 시간과 절제 수술 후 항암치료를 받던 시간은 나를 매우 힘들게 했다. 그런데 그로 인해서 그동안 미처 보지 못했던 삶의 또 다른 모습들을 새삼 보게 되었던 것이다.

비록 물질적으로 가진 것이 적은 사람이나 아무리 신체적으로 불편하고 힘든 사람일지라도 제 나름대로 온전한 삶을 엮어간다는 것, 다시 말해 모든 사람이 살아가는 모습은 달라도 삶의 무게는 같다는 것을 비로소 느끼게 되었다.

그 옛날 내가 고교 때 맹인 부부의 밝은 웃음소리를 이해 못했듯이, 훗날 성장하여서도 장애인을 비롯한 사회적 약자들에 대해, 얼마나 편협하고 무례했는지를 뼈저리게 느꼈고, 모든 사람을 동등한 눈높이로 보지 못했던 나 자신이 한없이 부끄러웠다. 역설적으로 암이 겉만 보고 속을 못 보던 나를, 뒤늦게나마 철나게 하였으니 이 또한 신비로웠다.

비교하지 않으면 삶이 더 만족스럽다

그렇다면 인생은 왜 요망스러운 것인가. 인생에 담겨있는 수많은 요망스러움에서 첫째가 바로 남과 비교하는 마음이 있어서이지 싶다. 오랫동안 살던 강남의 아파트를 팔고 판교로 이사하면서, 큰 맘 먹고 우리 내외와 딸도 함께한 단체 크루즈 여행을 갔다. 각자 이스탄불에 가서 터키와 그리스 크루즈 여행을 잘 마치고 이스탄불에서 귀국하는 비행기를 탑승했다.

그런데 우리와 여행을 같이 한 열두 커플 모두가, 우리 가족보다 먼저 탑승하여 앉아있는 비지니스석을 지나서 일반석으로 가서 앉았다. 평소 비지니스석에 탄 사람들을 부러워하는 성격도 아닌데, 여행의 즐거움도 싹 가시고 낭패스러운 마음이 가득했다. 나는 남자니까 괜찮은데 나를 믿고 살아온 두 여자의 품위를 지켜주지 못했다는 미안한 심정 때문이었다.

부모 유산 없이 평생 공직생활을 한 내가, 그들처럼 호사스러운 여행을 할 수 없는 것은 당연하다. 그리고 예전 상사의 도움으로 장만했던 집을 팔고, 비싼 크루즈 여행한 것도 대견한 것이라고 자신을 달랬다. 하지만 착잡한 마음이 삭아지지 않고 지금도 그 여운이 남아있다. 아무리 잘 살아도 자기보다 더 잘 사는 사람을 부러워한다면 항상 뭔가 불만족스러울 수밖에 없다. 살아오면서 남과 비교하지 않고 오유지족(吾唯知足)하였다면 나의 삶이 훨씬 만족스러웠으리라 생각한다.

삶의 궁극적인 목적은 '행복'이다

사람은 과연 무엇을 위해 살아갈까. 중국의 인기 작가인 위화(余华)는 그의 저서인 《훠저(活着)》에서, 사람은 "살아간다는 것 자체를 위해 살아가지 그 외의 어떤 것을 위해 살아가는 것이 아니다"라고 단정했다.

그런데 '위화'의 주장은 우리가 예전 못 먹고 배고플 때, 먹기 위해 열심히 일하던 시절이나 또 사는 것이 서툴고 힘들었던 그런 시절, 살아내야 한다고 자신을 추스르던 순간들을 떠올리면 일단 수긍이 간다. 하지만 한편으로 살아갈 이유가 없다면 사는 낙이 없기 때문에 공감할 수 없다.

사람들에게 왜 사느냐고 물으면 대부분 행복하기 위해 산다고 대답한다는 설문 통계를 본 적이 있다. 고대 아리스토텔레스 같은 철학자를 비롯하여 헤르만 헤세 같은 시인, 심지어 달라이 라마 같은 종교 지도자마저 "삶의 궁극적인 목적은 행복이다"라고 말했다.

내가 대학에서 강의를 하면서 물어봐도 적잖은 학생들이 행복하기 위해 산다고 대답했다. 그래서 사람들이 선망하는 행복이 뭔지 알아보고, 학생들에게 얘기도 할까 해서 행복학에 관한 책들을 사서 보았다. 그 결과 영어로 행복을 뜻하는 'Happiness'의 어원은 '신이 허락한 좋은 시간'으로 기독교적인 개념이 담겨져 있다는 것을 알았다.

그런데 이 같은 서구의 개념을 19세기 일본의 학자들이 번역하는 과정에서, 물질적 풍요와 관련있는 행(幸)과 복(福)을 붙여서 만들어낸 낱말이라고 한다. 내 생각에는 일본 학자들이 너무 거창하게 번역한 것처럼 느껴졌다.

나에게는 자기만족이 곧 행복이다

예전 가난하던 시절에는 시집가는 딸에게 어머니들이 '잘 살아라'라고 했으나, 요즘에는 '행복하게 살아라'로 바뀌었다고 한다. 세월이 흐르고 먹고 살만하니 '잘 산다'는 개념이 행복으로 바뀐 듯하다.

국어사전에는 행복을 "심신의 욕구가 충족되어 조금도 부족함이 없는 상태"라고 풀이하고 있다. 그러나 심신의 욕구가 충족되어 부족함이 없는 상태는 사람마다 다를 터이니 행복의 정의를 내리거나 수치화하기는 쉽지 않아 보인다. 행복은 사람마다 제 나름으로 그냥 '넉넉하고 편안한 기분이나 시간' 정도로 맡기는 것이 옳은 듯싶다.

나는 내가 살아가는 이유가 행복이라고 생각해 본적도 없고 지금도 그렇다. 중국의 위화가 주장하는 것처럼, 그저 살기 위해 사는 것도 아니고 행복을 위해 사는 것도 아니면 나는 무엇을 위해 살아왔을까. 곰곰이 생각해보니 내가 살아온 이유는 '내 나름의 만족, 즉 자기만족'에 있었던 것 같다. 따라서 나에게는 자기만족이 곧 행복인 셈이다.

꿈을 통해 자기만족은 극대화 된다

인간과 동물의 차별화는 이타심에서 시작되어, 무엇에 만족하느냐에 따라 극명하게 나타난다고 생각한다. 동물은 생존과 종족 번식 같은 본능적인 1차적 욕구에서 만족을 느끼지만, 인간은 자기만족을 위해 목표를 설정하고 노력한다. 자기만족을 위해 설정한 목표를 흔히들 꿈이라 한다. 인간은 나는 어떤 사람이고 싶다, 나는 어떤 일을 하고 싶다는 등 나름의 꿈을 통해 자기만족을 극대화시킨다.

내가 살아보니 "꿈은 인생을 잘 살기 위한 기본이며, 인생의 승패를 결정짓는 중요한 요건 중의 하나"라는 것을 실감했다. 그래서 내가 극동대학에서 강의를 할 때, 강의 첫날에는 수십 명의 학생들에게 일일이 꿈이 뭐냐고 물어보고, 중간 학기 리포트 주제는 예외 없이 꿈이었다.

우리를 이끌어가는 힘은 과거의 조건에서 나오는 것이 아니라 미래의 비전에서 나오므로, 훗날 어떤 사람이고 어떤 일을 하고 싶은가에 따라 오늘의 삶이 달라지기 때문이다. 인생은 어차피 살아가는 것인데 꿈을 품고 이루기 위해 힘쓴다면, 그것이 바로 잘 산 삶이자 행복한 삶이 된다고 본다.

2장

나는 어떤 사람이고 싶었는가

사내대장부는 울지 않는다

　어릴 때의 나는 덩치도 작고 허약하였고 내성적이며 눈물도 많았다. 내가 초등학교를 다닐 때에는 대구시 삼덕동에서 살았다. 도로변에 있는 단독 주택으로 가내 직물공장을 겸했다. 우리 집 뒤쪽에는 이재민촌으로 판자촌 같은 곳에 수십 세대가 살았고 그 뒤는 수성천 제방이었다.

　친구가 될 만한 내 또래는 주변 단독 주택에는 없었고, 이재민촌에는 많아서 늘 그들과 어울렸다. 그들 대부분은 학교를 다니지 않고 부모의 일터나 집에서 놀았는데, 저녁 먹고 놀 때는 늘 왁자지껄하고 곧잘 서로 싸웠다. 나도 그들과 어울리다 보니 싸움을 피할 수 없었다. 이따금 싸움이 붙으면 몸동작이 빨라 별로 맞지도 않았지만 허약한 체격이라 이기지도 못했다.

　초등학교 저학년 때 있었던 일이다. 어느 여름 날 밤에 동네 친구와 싸움 끝에 울고 있는 나를, 아버지가 업고 캄캄한 둑길을 내가 잠들 때까지 걸으셨던 적도 있다. 그리고 초등학교 5학년 때 싸운 뒤 울고 있는 나를 보고, 누나가 "사내대장부는 울지 않는다"라고 한 말을 아직도 기억하고 있다.

공부보다는 싸움을 더 잘하고 싶었다

그때부터인지는 확실치 않지만 나는 사내답고 씩씩한 남자인 장부(丈夫)가 되고 싶었다. 아마도 내 성격이 타고난 졸장부(拙丈夫)였던 탓에, 대장부(大丈夫) 콤플렉스가 있어서 그것이 꿈이 된 것이라고 생각한다. 한자인 나 '아(我)'를 중국의 가장 오랜 자전(字典)인, 설문해자(說文解字)에서는 '무기를 들고 있는 사람'이라고 설명하고 있다, 아무튼 사람은 태생적으로 폭력적이며, 폭력으로부터 자유로울 수 없다고들 한다. 하지만 나의 경우는 지기 싫어하는 성격과 맞물려 좀 심했던 것 같다. 따라서 공부보다는 싸움을 더 잘하고 싶었다.

그런 가운데 고등학교로 진학하면서 키도 훌쩍 컸고, 아버지가 "살다 보면 법보다 주먹이 앞설 때가 많다"고 하시면서 호신용 운동을 하라 하셨다. 그래서 합기도 도장에 다녔고 채 1년도 되지 않아 검은 띠를 따서 유단자가 되었다. 그래서 싸움에 자신이 생겼다.

그런데 막상 동네 같은 또래와 붙어보니 유단자가 오히려 화근이었다. 유단자가 되기 이전에는 주먹을 피해서 맞지 않았는데, 힘이 받쳐주지 않는데 유단자라는 자신을 믿고 맞받아쳤다가 얻어터지기만 했다.

어떻든 맞은 것이 분해서 한 번 더 붙어보려고 한밤중에 그를 불러내었다. 그랬더니 그는 지레 겁을 먹고 싹싹 빌면서 사과했다. 이를 계기로 나는 힘으로 싸울 게 아니라 '깡다구'로 맞서야 한다는 것을 깨쳤다.

힘으로 겨루지 않고 '깡'으로 승부하다

그리고 싸움에 대한 나의 대응법을 이렇게 정했다. 즉 싸우기로 마음을 정하면, 상대를 제압한다는 결의를 품고 주변의 물건들을 이용해서라도 사생결단을 낸다. 특히 나를 모욕하는 놈은 용서치 않는다. 이후 나는 수차에 걸쳐 일단 싸우기로 마음을 정하면 '내 스스로 이성의 끈을 놓고, 가슴속의 분노를 폭발시키면' 상대는 예외 없이 무릎을 꿇었다.

이렇게 싸움을 힘으로 겨누지 않고 깡으로 승부를 내니 마음이 그렇게 편할 수가 없었다. 그래서 덩치 크고 힘세고 싸움 잘하는 사람을 만나도 두려울 것이 없었다. 이따금 내 스스로 싸움을 피할 때도 있었다. 그러나 그런 경우는 내가 분노를 참지 못해 무슨 일을 저지를까 걱정되어 피하는 것일 뿐이었다.

결코 상대를 두려워 피하는 것이 아니라서 마음에 부끄럽지도 않았다. 이로써 어릴 때부터 나를 짓눌러왔던, 폭력에 대한 장부 콤플렉스에서 벗어났다. 나이 일흔 살이 넘어 어느 날 뭐 볼만한 영화가 없나 하고 TV 채널을 돌리게 되었다. 그러다가 싸움의 기술이란 영화를 보게 되었다.

그런데 여기서 참으로 흥미로운 것을 발견하였다. 학교에서 노상 두들겨 맞는 것이 분해서 싸우는 법을 가르쳐 달라는 병태에게, 전설의 고수인 오판수가 가르치는 내용이 내가 스스로 터득한 대응법과 똑 같았다는 점이다. 내 나름의 정신승리법이었지만 지금 되돌아보면 참으로 어처구니없는 발상이었다.

어려운 사람 돕는 '장부'가 되고 싶었다

내가 초등학교 때 되고 싶었던 장부는 오로지 강하고 용감한 사람이었다. 그래서 군인이 되고 싶었다. 이에 따라 고등학교로 진학하면서 기아와 혼란에 빠진 조국과 민족을 위해, 밑바탕인 주춧돌이 되겠다는 취지에서 주춧돌회를 만들고, 학우들과 복조리를 팔아 모은 돈으로 이재민들을 위해 쌀을 사서 갖다 드리고, 신문사에 성금으로 기탁하기도 했다.

한편 그즈음 가말 압델 나세르(Gamal Abdel Nasser) 대령이 일으킨, 이집트(Egypt)의 혁명을 보고 군인이 되어 나라를 구한다는 일념에 더욱 부풀어 있었다. 그러나 박정희 소장이 주도한 1961년 5·16 군사혁명을 보고는 나는 군인이 되는 것을 접었다. 왜냐하면 누군가 혁명을 하면 나라를 구할 것으로 생각했었다. 그런데 이제 박정희 소장이 5·16혁명으로 우리나라를 구했으니, 내가 군인이 되어 나라를 구할 일은 없다고 판단하였기 때문이다. 그리고 고등학교를 졸업할 때쯤에는 폭력을 두려워하지 않는 장부에서, 법대에 진학하여 변호사가 되어서 나보다 어려운 사람들을 돕는 그런 장부가 되고 싶었다.

장부의 철학이나 삶의 고뇌가 없었다

오랜 세월이 흘러서 2000년 내가 행정자치부 차관으로 재직할 때이다. 어느 몹시 추운 겨울날 승용차로 출근을 하면서, 예술의 전당 못미처에서 신호등이 바뀌기를 기다리고 있었다. 그 순간 무심코 차창 밖을 내다보았다. 그런데 아버지 오토바이의 뒤편 좌석에, 아버지의 허리를 붙잡고 얼굴은 등에 붙이고 있는, 중학생으로 보이는 소녀와 눈이 마주쳤다. 왠지 갑자기 부끄러운 마음에 눈길을 돌렸다.

저렇게 가여운 부녀는 추위에 떨고 있는데, 나는 훈훈한 자동차 뒷좌석에 앉아있다는 것이 뭔가 잘못된 것 같았다. 그때야 그 부끄러움이 약자를 위해 아무것도 한 것이 없다는 나의 자격지심이라는 것을 문득 깨달았다. 지난날 한때 상대와 싸울 때는 비겁하지 않게 목숨을 걸었다. 그리고 나를 모멸하면 용서치 않겠다는 비장함이 있었다. 그러나 약자를 돕겠다는 마음에는 그런 절실함이나 진정성이 없었다. 약자를 돕는 장부이고 싶었던 소망은 자기만족을 위한 구실일 뿐이었다.

일찍이 내가 갈구했던 장부는 한편으로는 폭력으로부터 두려움 없고, 다른 한편으로는 약자를 돕는 그런 사람이었다. 그래서 자식들에게 '남자는 남자답게 여자는 여자답게'로 가훈을 정할 만큼 열심히 노력하였다. 그렇지만 이제 세월을 다 살고 난 연후에야, 내가 그토록 갈구했던 장부는 진정한 장부가 아님을 확실하게 깨달았다. 장부이기를 바라면서도 장부가 가져야 할 철학이나 삶의 자세에 대한 고뇌도 없이 그저 폼생폼사 하는 정도로 간주했던 것이었다.

장부는 자신과의 싸움에서 이기는 사람

바로 진정한 장부는 비록 어릴 때이긴 하지만, 나처럼 주먹이나 깡다구로 상대를 이기는 사람이 아니라, 자신과의 싸움에서 이기는 사람이었다. 그뿐만 아니라 약자를 돕는다면서, 나처럼 공직자로서 시혜 의식이 잠재하고 있었다면 이 또한 약자 편에 선 것도 아니었다.

박경리 작가가 소설 《토지》에서 이동진이 아들 상현에게 "대장부는 허욕이니라. 네가 너 자신을 다스리지 못하고 남을 위하겠다는 것이 허욕이 아니고 무엇이겠느냐"고 한 말은, 마치 나를 두고 하는 말 같았다. 참으로 자기만족을 위한 부끄러운 허욕이었다.

그러나 나는 내가 살아온 삶을 후회하지는 않는다. 왜냐하면 생각이 단순하고 감정이 건조한 나의 삶에서, 남기고 싶은 이야기들이 있다는 것은 허욕일망정 장부이고 싶었던 바램 때문이지 싶어서다. 지금부터 그런 장부의 잔상(殘像)들을 에피소드로 엮어 보려고 한다.

장부의 잔상 1   군 복무 때 있었던 에피소드

'마, 죽기밖에 더 하겠나'

　대학교 2학년 1학기를 마치고 등록금을 마련할 길이 없었다. 그래서 육군에 자원입대하였다. 고교 친구인 김영길 군과 함께였다. 훈련소 생활은 이상하게 마음이 편안했다. 훈련병 사이에서는 깡다구 센 사람을 은근히 대접하는 분위기가 있었기 때문인지는 알 수 없었다.

　훈련을 마치고는 의무병과를 받아서 마산 군의학교로 갔다가, 며칠 후 군의학교가 대구로 이동하였다. 군의학교에서는 대구 출신 네 명이 작당해서 교육생들을 휘어잡고 잘 지냈다. 군의학교를 마치고 교육동기생 전원이 의정부 101보충대로 갔다.

　보충대에 온 다음날 내무반에서 한가로운 시간을 보내고 있었다. 그런데 곱살맞게 생겨서 더 약해 보이는 동기가 와서 "기갑병과 두 명에게 가진 돈을 빼앗겼다"고 눈물을 글썽이며 호소했다. 순간적으로 난감했지만 군의학교에서 허세 부린 나를, 무슨 대단한 사람으로 알고 호소하는 그를 차마 외면할 수가 없었다.

　마침 단짝 친구들은 한 사람도 보이지 않았다. '마, 죽기밖에 더 하겠나'하고 마음을 먹었다. 말없이 일어나 개인 장비에서 삽자루를 빼 들고 그와 함께, 군기도 세고 단합도 제일이라고 소문나 있는 기갑 신병 내무반으로 갔다.

내무반에 들어서니 20여 명이 편하게 한담들을 하고 있었다. 내가 말한 두 마디 "일동 주목!", "침상 앞으로 정렬!"로 그들은 제압되었다. 정렬한 신병들 중에서 돈을 뺏은 두 사람이 나란히 앉아있는 것을 보고 뺏은 돈을 돌려주도록 했다. 그리고 내친김에 두 사람을 엎드려뻗쳐를 시키고 빳다를 쳤다.

덩치 큰 친구를 먼저 몇 대 치고 다음 친구를 막 치려는데, "야 너 뭐냐"하고는 고함소리가 들렸다. 돌아보니 그곳 내무반 선임 하사였다. 내가 힘센 두 사람이 약한 한 사람을 못살게 굴어서 버릇을 고쳐주고 있다고 말했다.

그랬더니 "뭐 버릇을 고쳐. 같은 대기병인데 남의 내무반까지 와서 빳다 치는 너 버릇부터 고쳐야겠다"면서, 내 손의 삽자루를 뺏어들고 내가 잘 견디니까 빳다를 얼마나 세게, 얼마나 많이 쳤는지 엉덩이 피부가 터졌다.

그날 저녁에 엉덩이가 아파서 엎드려 있는데, 선임하사가 매점으로 데려가 술을 주면서, 자기가 너무 심했다고 하며 떠날 때까지 저녁마다 술을 마시며 많은 이야기를 나눴다. 1사단 발령받고 떠나는 새벽에 엉덩이 덜 아프게 나를 운전수와 인솔자 사이에 앉히고, "1사단 인사계장에게 얘기해뒀으니 무슨 일 있으면 찾아가라"고 당부했다.

1사단 의무중대에서 6개월을 근무하고 카투사(KATUSA)로 갈 수 있는 시점에 인사계장을 찾아갔다. 그랬더니 "고 하사가 얘기한 김일병이 당신이구나" 하면서 반겨주었다. 그리고 얼마 후 나는 카투사로 전출되었다. 언젠가 책을 정리하는데 책갈피에 선임하사가 보낸 편지가 끼어있었다.

(전략) "군이 보충대를 떠나고 우리들 기간병끼리 모여서 수많은 흘러가고 흘러오는 사나이들 중에서 군의 남자다움을 다시 한번 화제에 올렸었오. 강철같은 남성미 그러나 또한 깊은 사색을 할 수 있는 사나이라고 군을 말하고 싶소. 나의 성격이 그래서인지 모르겠소만은 강한 자는 한편 약하기 마련인 것이오" (후략)   1964. 3. 1. 고광훈.

장부의 잔상 2 2개의 시위에 얽힌 에피소드

청와대 발령 때 문제가 되다

1967년 6월 13일 내가 군대 제대하고 복학해서이다. 친구들과 점심을 먹고 캠퍼스 풀밭에 막 앉았는데, 제6대 대통령 부정선거를 규탄하는 시위대가 스크럼을 짜고 백양로를 나가고 있었다. 으레 시위는 재학생들의 몫이었고 복학생들의 관심사는 취업으로서 나도 예외는 아니었다.

그걸 보고 나는 부정선거를 규탄하려고 한 것이 아니라, 후배들 시위에 나 한 사람이라도 머리 숫자를 채워줄 마음으로, 친구들에게 가방을 맡기고 시위대에 합류했다. 처음은 시위대 중간쯤에 끼여서 출발했다. 그런데 교문을 나서면서 시위대가 달리기 시작했는데, 신촌 로터리를 돌면서 내가 달리기를 잘해선지 나도 모르게 맨 앞줄에서 달리고 있었다.

이대 앞 아현동 고개에 경찰병력이 바리케이드를 치고, 공중에는 헬기 스피커가 소란스러운 가운데, 100m쯤 앞두고 시위대가 서서 더 이상 움직이지 않았다. 시위를 주도하던 친구들은 다 빠진듯하고 누가 나서서 시위대를 이끌 사람이 없었다. 내가 아무 생각 없이 시위대 앞에 나가 오른팔을 높이 들고 "서울시청 광장으로 가자"고 소리쳤다.

그리고 돌아서 혼자 경찰 바리케이드로 향해 가자 시위대가 뒤따라오면서 경찰 병력과 부딪혔다. 경찰들은 방망이를 휘두르며 시위대를 체포하기 시작하자, 시위대는 뿔뿔이 흩어져 달아났지만 많은 학생들과 함께 나도 붙잡혔다. '연세춘추(1967. 6. 14.)'에 그 시위 사진이 나왔었다.

시위하는 저자(가운데 긴 팔 와이셔츠) / 연세춘추 신문 (1967. 6. 14.)

붙잡힌 학생들은 서대문경찰서로 연행되어 다들 수사과에서 조사를 받는데, 나만 별도 형사계장실로 불려가 형사계장이 직접 심문했다. 헬기에서 긴팔 와이셔츠를 입은 내가 주도하는 것을 다 봤다면서, 누구와 언제부터 시위 모의를 했느냐고 꼬치꼬치 물었다. "주동자는 시위대가 나가면 피하지 앞장 섰다가 연행되지 않는다"고 말했지만 막무가내였다. 마침 서대문 경찰서장이 대학동문이라 새벽녘에 지문을 찍고 풀려났다.

1979년 2월 내가 내무부에서 대통령 비서실로 전입하는데, 경호실에서 "대통령선거를 부정선거라고 시위한 사람을 어떻게 청와대에 근무하게 하느냐"고 반대하였다. 그래서 당시 경제수석(서석준)이 경호실장(차지철)을 찾아가서 나로 인해 문제가 발생하면, 전적으로 자기가 책임을 지겠다고 신원 보증한 연후에 발령이 났다는 얘기를 조경관광 비서관(오휘영)으로부터 들었다.

강원도청을 지킨 경상도 실장

그리고 20년이 지나 6월 항쟁으로 민주화 요구가 거세지면서, 조용한 춘천에서도 호헌 철폐 등 반정부 구호를 외치며 대학생들의 시위가 격화되었을 때는, 강원도 기획관리실장으로 시위대를 막아야 하는 입장에 섰다.

1987년 6월 18일 22시에 비상연락이 왔다. 하오 6시경 춘천 중앙로터리에서 학생들이 시위를 벌이다 경찰 최루탄 발사로 일단은 흩어졌다. 그리고 하오 8시반경 육림극장 앞에 재집결한 학생 시위대가 3

천여 명으로 늘어남에 따라, 경찰이 최루탄을 발사하며 다시 해산시켰다. 그러자 시내 곳곳으로 흩어져 산발적으로 시위하던 학생들 중 일부가, 도청 광장으로 모이고 있다는 소식이었다.

내가 도청에 도착했을 때 광장에 모인 시위 학생은 1백 명 정도였었다. 경찰 중재로 시위대 주동자와 대화를 시도했으나, 도청의 서열 3인자인 기획관리실장은 안중에 없고 대화 자체를 원하는 게 아니었다.

6월 19일 오전 1시, 도청 앞 광장에 강원대와 한림대의 학생 수가 수백 명으로 불어났다. 그러나 시내 곳곳에서 투석 등 격렬한 시위가 이어져, 도청을 지켜줄 경찰 병력은 몇 명 되지 않았다. 아무래도 분위기가 심상찮았다.

도청 공무원들이 비상소집으로 대기 중이었다. 그래서 평소 뱃심과 의리가 있는 감사과장(임경순)에게, 힘 있고 덩치 좋은 공무원들을 집합토록 했는데 모인 공무원이 열명 남짓했다. 그들을 현관 앞으로 데리고 가서 "시위대가 들어오면 모두 앉으라"고 지시하면서 "학생들이라 사람을 밟고 못 들어간다"고 말했다.

오전 1시 30분 시위 학생 중 일부가 도청 정문을 막고 있는 몇 안 되는 경찰 병력을 가볍게 밀고, 현관을 향해 뛰어올라오기 시작했다. 차출된 현관 앞 공무원들에게 "앉으라"고 하고는 맨 앞에 내가 앉았다. 시위대가 현관 앞으로 달려오니까 자리에 앉았던 공무원들이 모두 일어나서는, 일부는 어디로 피해버리고 일부는 현관문을 지키려고 학생들과 몸싸움을 벌였다. 그 와중에 홀로 앉아있는 나를 감사과장이 놀라서 일으켜 세웠다.

도지사가 걱정되어 지사실로 달려가는데, 이층 올라가는 계단 벽면에 있는 '어린이와 함께 찍은 대통령 사진'을 훼손하려는 학생들을 호통을 쳐서 막았다. 도청 2층까지 진입하고는 어쩔 줄 모르는 학생들을 직원들이 설득하여 20여 분 만에 스스로 철수했다. 뒤이어 도지사실에서 간부회의를 하면서 지사(김영진)가 말했다. "강원도청은 강원도 사람인 당신들이 지켜야지 경상도 사람인 실장이 지키느냐"고. 아무튼 시위를 할 때도 시위를 막을 때도 나를 맨 앞에 서게 한 것은 장부이고 싶었던 바람 때문이었다.

장부의 잔상 3 '88서울패럴림픽 때 에피소드

개막식 쓸쓸하겠제. 1천 명만 하자

공직을 떠나고 어느 날 춘천 베어스호텔에서 일행들과 식사를 하고 있는데, 낯이 익은 사람이 다가와서 강원도청 과장(박용훈)이라고 하면서 음식값을 계산했다고 했다. 의아해 하는 나를 보고 내 기억에는 조금도 없는 다음과 같은 이야기를 했다.

즉, 내가 강원도 기획관리실장 때 자기는 보건사회국 사회과에서 근무했었다. 그런데 88서울올림픽 끝나고 이어지는 88서울패럴림픽 개막식에 내무부에서 각 시·도 1백 명 정도 참석하라는 공문이 와서 "몇 명을 보낼까요" 하고 물었다. 그랬더니 내가 볼펜으로 책상을 톡톡 치면서 잠시 생각하더니 "개막식 쓸쓸하겠제. 1천 명만 하자"고 했다는 것이다.

그래서 믿기지 않아 다시 물었더니 "강원도는 인구도 적고 도세(道勢)도 약하니까 1천 명만 인솔해 가라"고 재차 확실하게 지시했다. 이에 따라 과에 가서 얘기했더니 과장이 믿지 못해 실장실에 다녀왔다. 그리고 내무부에 1천 명을 참석시킨다고 보고했더니, 곧이어 내무부에서 전국 시·도에 '강원도에서 1천 명이 참석하니 참석인원을 조정해서 참석하라'는 전통문이 내려왔었다.

그리고 자기가 "1천 명을 인솔하고 서울 잠실 메인 스터디움의 88서울패럴림픽 개막식에 갔는데, 운동장이 꽉 찼었다고 회상하면서 오늘 계산은 그때 놀라게 하신 것에 대한 보답입니다"면서 웃었다. 새가슴인 내가 통 큰 척한 것도 장부이고 싶었던 소망 때문이었지 싶다.

장부의 잔상 4 　살아오면서 참았던 눈물

이제는 눈물이 나도 부끄럽지 않다

어릴 때 나는 눈물도 많고 곧잘 울었다. 초등학생 때부터 눈물을 흘리는 것은 못나고 부끄러움으로 알았다. 그리고 장부가 되고 싶었던 소망은 눈물을 삼키고 꼭 울어야 할 때는 아무도 없는데서 혼자 울었다. 나이가 들면서 이게 몸에 배어서인지 눈물을 흘렸던 기억이 없다.

원주시장 때 어머니가 돌아가셨는데도 눈물을 흘리지 않았다. 3년쯤 후인 과천시장 때이다. 친구들과 못하는 술을 한잔하고 텅 빈 시장 관사에 돌아왔다. 그런데 그날따라 어머니가 어찌나 그리운지 "어무이"를 부르면서 목 놓아 울다가 그대로 잠든 적이 있었다. 얼마 후 아버지가 돌아가셨을 때에도 눈물을 참고 흘리지 않았다.

과천시장 때이다. 불법 주거용 비닐하우스를 철거하고, 고생한 직원들을 위로하기 위해 저녁을 함께하는 자리에서 과천시대 여기자(강명희)가 느닷없이, "오늘 시장님이 철거 현장을 지켜보면서 눈물을 흘리셨다"고 했지만 나는 기억나지 않는 일이다. 약자들의 보금자리를 철거해야 하는 죄책감에 그랬었을 수도 있다고 생각해서 아무 소리 하지 않았다.

그리고 원주시장 때 부산 동의대 사건이 있었다. 원주서장실에 들렸더니 순직 경찰관 장례식을 TV로 보면서 경찰서장(이병옥)과 번영회장(원제윤)이 눈물을 흘리고 있었다. 내가 "청승스럽게 우신다"고 놀렸더니 두 분이 동시에 "시장님도 나이 먹어 보세요" 했다.

그래서일까 나이 들어 공직도 떠나고 모든 것을 내려놓고 나니 부모님 생각만 해도 눈시울이 뜨거워지고, 영화를 보거나 소설이나 무협지, 심지어 만화를 보면서도 눈물을 흘린다. 눈물도 사람마다 한평생 흘리는 양이 있어서, 젊을 때 참았던 경우는 늙어서 한꺼번에 쏟아내는 것인가 싶어 혼자 실소한다.

　인간은 울고 싶을 때 울어야 건강에도 좋다고 한다. 그런데 나는 장부이고 싶었던 소망 때문에 눈물을 삼키면서 자신을 얼마나 억눌렀나 싶기도 하다. 이제는 울고 싶을 때는 언제 어디서나 운다.

3장

나의 가훈, 만족하고 참을 줄 아는 것

가훈(家訓)이란 가정교훈(家庭敎訓)의 줄인 말로, 집안 어른들이 그 자손에게 주는 가르침의 말을 일컫는다. 따라서 나도 가정을 이루고 자식들이 태어나자 가훈이 있어야겠다고 생각했다. 그런데 나는 뜻밖에도 하나가 아닌 두 개의 가훈을 갖게 되었다.

첫째 가훈, 남자는 남자답게 여자는 여자답게

나의 첫 번째 가훈은 내가 성장하면서 씩씩한 남자인 장부가 되고 싶었던 바램의 연장선상에서, '남자는 남자답게 여자는 여자답게'로 결정했다. 그것은 아들은 무엇이 남자인가를, 딸은 무엇이 여자다운가를 항상 염두에 두고 처신하는 사람이 되라는 뜻에서였다.

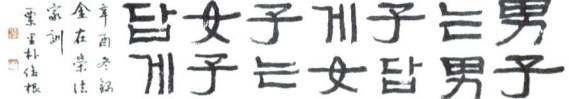

가훈 (남자는 남자답게, 여자는 여자답게)

일단 이렇게 가훈을 정하고는 멋있게 글씨를 써서 표구나 액자에 넣어 벽에 걸고 싶었다. 당시 나는 국립공원 관리 업무를 겸하고 있던 터라 오대산 월정사(月精寺)에서 하루 묵게 되었다. 그래서 만화(萬化) 주지 스님에게 조실(祖室)로 계시는 탄허(呑虛)[1] 스님께 가훈 글씨를 받고 싶다고 했다. 그랬더니 직접 말씀드리라면서 나를 스님의 거소인 방산굴로 데리고 갔다.

그래서 차를 마시면서 우리 집 가훈을 설명한 후에 큰 스님의 글씨를 받고 싶다고 말씀드렸다. 그랬더니 가만히 웃으시면서 한참 동안 나를 보시다가, 혼자 말로 "男男女女而家道正"이라고 지나가는 말처럼 하시고는 고개만 끄덕이셨다.

며칠 후 주지 스님으로부터 탄허 스님의 글을 받았다는 전갈을 받고 월정사에 들렸다. 그런데 막상 받아보니 내가 부탁드렸던 가훈이 아니고, 지족제일부(知足第一富) 인욕제일도(忍辱第一道)라고 초서체로 쓰신 글이었다.

내가 글의 뜻을 묻자 주지 스님이 설명을 해주면서 가훈 대신으로 써 주신 것 같다고 말씀하셨다. 그런데 듣고 나니 주신 글귀가 추상적이고 진부하게 느껴져서 마음에 딱 와닿지는 않았다. 그래도 큰 스

---

[1] 탄허(呑虛) 스님(1913년-1983년) : 전북 김제에서 태어나 유학을 배운 후, 1934년 상원사에서 한암(漢岩) 스님을 은사로 출가, 불교와 노장철학에 조예가 깊었고, 화엄경·반야경 등 많은 불경을 번역하였다.

님이 써주신 글이므로 표구를 해서 우리 집 아파트 거실에서 잘 보이는 자리에 걸어두었다.

그리고 내가 정한 가훈인 '남자는 남자답게 여자는 여자답게'라는 글귀는 서예가(栗里 朴俊根)의 글씨로 잘 써서 표구를 한 후에 아들의 방에 걸어두었다. 어느덧 많은 세월이 흘러 자식들이 집을 떠나고, 텅 빈 방에 덩그러니 걸려있는 가훈을 보면서 왠지 허전한 마음이 들었다.

그런데 '남자는 남자답게 여자는 여자답게'라는 글귀는, 예전에는 마음에 흡족한 가훈이었지만 이제는 마음에 썩 와닿지 않았다. 왜냐하면 너무 슬로건 같고 실천 기준도 불명확하여, 내 집안이 지키고자 하는 생활윤리로는 적합지 않다는 느낌이 들었기 때문이었다.

둘째 가훈, 만족할 줄 알고 참아야 행복해진다

그러던 어느 날 내가 공직에서 퇴직하고 극동대학교 초빙 교수로 강의할 때이다. 거실 소파에 편하게 누워서 TV를 보다가, 거실에 걸려있는 탄허 스님의 글을 무심히 보게 되었다. 그리고는 깜짝 놀라서 일어나 앉았다. 왜냐하면 그때야 스님이 주신 글이 내 인생에 꼭 필요한 금언(金言)인 것을 소스라치게 깨달았기 때문이다.

흔히 우리는 마음이 없으면 보아도 보이지 않고 들어도 들리지 않는다고 한다. 그렇다고 해도 '어떻게 그 오랜 세월 동안 탄허 스님이 내게 던진 화두를 그저 스쳐보기만 했을까'라고 생각하니 참으로 어이가 없었다. 그래서 글귀의 뜻을 새삼 되새겨보았다.

우선 지족제일부(知足第一富)란 '만족할 줄 아는 것이 가장 큰 부자'요, 다음으로 인욕제일도(忍辱第一道)란 '욕됨을 참는다는 것이 가장 첫 번째의 도리'라는 뜻은 익히 내가 알고 있었던 바였다. 그런데 나는 부(富) 자를 사람들이 추구하는 행복이나 넉넉함으로 이해하여 새로 뜻을 새겨보았다.

탄허 스님 가훈

즉, "만족할 줄 아는 사람이 가장 '행복한 사람'이요, 욕됨을 참는 것을 제일의 덕목으로 삼아라"로 새기거나, 또는 "만족할 줄 아는 사람이 가장 '넉넉한 사람'이요, 욕됨을 참는 사람 또한 이와 같다"라는 뜻으로 새겨서 읽어보았다. 내가 그렇게 새겨읽게 된 것은 아마도 평소 내가 넉넉함과 참을성이 부족하다고 느끼고 있었기 때문이었다.

지족과 인욕, 누구나 새겨야 할 덕목이다

어떻든 지족(知足)과 인욕(忍辱), 그러니까 '만족할 줄 알고' '욕됨을 참는다'는 두 가지의 가르침은 탄허 스님이 나에게 던진 일종의 화두였다. 그런데 지족과 인욕은 나뿐만 아니라 누구나 가슴 깊이 새겨야 할 덕목이기도 하다. 따라서 지족과 인욕의 의미를 좀 더 자세하게 살펴보고자 한다.

우선 만족할 줄 안다는 뜻인 지족은, 사람의 지혜나 힘을 더하지 아니한다는 뜻인 무위(無爲)와 함께, 노자(老子) 철학의 중요한 개념이다. 노자(老子)의 도덕경(道德經) 44장에는 '화(禍/災殃) 중에서도 만족할 줄 모르는 것보다 더 큰 화가 없으며, 허물로 치면 욕망을 다 채우려는 것보다 더 큰 허물은 없다'고 했다.

그래서 '만족할 줄 알면 욕되지 않고(知足不辱), 그칠 줄 알면 위태롭지 않으니(知止不殆), 길고 오래 할 수 있다(可以長久)'라고 했다. 그래서 옛 선비들은 지족을 중요한 생활윤리로 삼았다. 조선시대 유학자인 서거정(徐居正)은 사가정집(四佳亭集)에서 '군자는 만족할 줄 아는 것을 귀하게 여기며(君子貴知足), 만족함을 알면 마음이 욕되지 않는다(知足心不辱)'고 했다.

예나 지금이나 소수의 사람을 제외하고는 재물을 쫓으면서 산다. 그래서 부귀영화의 부(富)가 인간의 첫 번째 욕망이 되고 있다. 그런데 많이 가졌어도 더 많이 가지기를 바라면 항상 부족한 것이고, 적게 가졌더라도 만족할 줄 알면 항상 부족함 없이 넉넉하다. 가진 것에 만족할 줄 안다는 것은 적은 것에도 행복을 느낄 줄 아는 지혜를 가졌다는 것을 의미한다. 결국 지족은 행복과 맞닿아 있으며 세상에서 제일 귀한 것이다.

다음으로 욕(辱) 됨을 참는다는 뜻인 인욕(忍辱)의 인(忍)은 심장

(心)에 칼날(刀)이 박힌 모습을 본뜬 글자이다. 사람들이 험난한 세상을 살아가자면 누구나 가슴에 칼날을 꼽히면서 살아가게 마련이다. 인욕은 내원해인(耐怨害忍)이라고도 하는데, 이는 남이 자신을 미워하고 해쳤을 때 보복하고 싶다는 마음을 참는 것을 말한다.

또 불교의 유가사지론(瑜伽師地論)에 의하면 인욕이란, 첫째 분노하지 않고 둘째 원망하지 않으며 셋째 사악한 마음을 품지 않는 것이라고 했다. 바로 인욕은 단순히 참는 것(忍)이 아니라, 모욕을 당했을 때 분노와 증오가 생기지 않는 것이라는 뜻이다. 남들이 자신을 욕했을 때, 꾹 참고 되받아치지는 않더라도, 마음속에서는 화가 치밀고 상대를 저주한다면, 그것은 인욕이 아니라 화를 마음속에 눌러두는 것일 뿐이라는 것이다. 그렇다면 마음속에 눌러둔 화가 결국은 어디로 가겠는가. 그래서 불가에서는 인욕은 단지 참는 것만으로는 부족하다고 보고있다.

우리의 전래 아동학습서였던 명심보감(明心寶鑑)에서는 '한 때의 분함을 참으면(忍一時忿) 백날의 근심을 모면(免百日之慮) 할 수 있다'라고 하였다. 그리고 미국 건국의 아버지인 벤저민 프랭클린(Benjamin Franklin)은 '인내할 수 있는 사람은 그가 바라는 것을 손에 넣을 수 있다'라고도 했다.

지족과 인욕, 어떻게 실천해야 하는가

나는 혈기가 젊어서 왕성하였을 때는 모욕을 참지 못했다. 오히려 폭력에 대한 콤플렉스를 해결하기 위한 선택이 나의 분노를 폭발시키는 것이었다. 그래서 내 스스로 모욕을 참지 못하고, 욱하는 성질에 무슨 일을 저지를지 몰라 불안해한 적도 적지 않았다. 그래서 나는 모욕을 모욕으로 받아들이지 않기 위해서는 마음 수양을 해야 한다고 생각하였다.

어느 날 나는 불교 법구경(法句經)에서 '마음이 모든 것에 앞선다'고 했다는 것을 알게 되었다. 그렇다면 욕망을 절제하고 만족할 줄 아는 지족과 한때의 욕됨을 참는 인욕 또한 마음먹기에 달려있다고 할 수 있다. 그런데 자기 마음을 자유자재로 다스릴 수 있다는 것은, 절대 고수에게나 가능한 일이지 나처럼 내공이 얕은 사람이 터득할 수 있는 경지는 아니었다.

그래서 내 나름으로 행할 수 있는 수준과 방법을 정하였다. 이에 따라 마음을 다스리기 위해서는 절제와 자기 통제를 전제로 한다고 생각하였다. 그런데 절제와 자기 통제를 하기 위해서는, 일상생활 속에서 소식(小食)과 겸손(謙遜), 그리고 적선(積善)을 통해서 자연스레 자신을 단련시킬 수 있다고 믿었다.

그러나 일상생활 속에서 소식과 겸손 그리고 적선을 통해 단순하고 절제된 기운을 생성시키는 것이, 절제와 자기통제로 가는 효과적인 길 중의 하나이긴 하지만 말이 쉽지 힘들다는 것을 절감하고 있다. 그럼에도 귀하게 여기는 것은 노력해서 이루지는 못해도, 노력한 만큼 마음이 넉넉해지리라는 믿음 때문이다.

나는 가훈처럼 살아왔는가

이같이 나의 가훈에 얽힌 이야기를 언젠가 서울시 공무원 교육원에 특강을 가서 얘기한 적이 있었다. 그런데 교육원장(김기동)이 내 얘기를 듣고는 "제가 보기에 차관님은 가훈처럼 살아오셨습니다"라고 했다. 그저 덕담으로 한 말인 줄 알면서도 속마음은 기뻤다. 그 까닭은 혹시 내 가훈의 성과가 내게 스며있는가 싶어서이다.

이와 관련하여 하나 더 덧붙일 것이 있다. 내가 2000년 1월 행정자치부 차관으로 발령을 받았을 때, 경향신문에서 나에 대해 몸을 굽혀 분수를 지킨다는 뜻인 "굴신수분(屈身守分)이 몸에 밴 양반"이라는 평을 했다. 기사를 보고 기분이 좋았다. 왜냐하면 이 또한 내가 가훈처럼 살아보려고 노력한 성과라고 생각하였기 때문이다.

가훈이란 집안에 자식들이 자라면서 보고 익히는 생활윤리인데 자식이 자랄 때, '남자는 남자답게 여자는 여자답게'를 가훈이라 했고, 자식들이 떠나고 손자들이 벌써 초등학생인데 새삼스럽게 가훈을 바꾼다는 것이 무슨 의미가 있을까 하고 고심을 했다. 그러나 탄허 스님이 주신 "지족제일부(知足第一富), 인욕제일도(忍辱第一道)"를 두 번째 가훈으로 삼는 것이 좋겠다고 생각하였다.

그 까닭은 탄허 스님이 나의 모자람과 욱한 성질을 읽고, 성질을 죽이고 좀 더 넉넉한 사람으로 살아가라고 써 주셨다는 것을 뒤늦게 깨달았기 때문이다. 따라서 나와 유전자를 같이하는 자손들에게는 혹시 도움이 될 수도 있다는 바램에 자식들에게 전후 사정을 설명하였다.

　그리고 원본이 크면 부담스러울까봐 작게 복사하고 표구해서 주었다. 하지만 자식들의 집에 가보니 눈에 잘 띄는 곳에 걸어두지도 않고 있었다. 그러나 별로 서운한 마음은 들지 않았다. 언젠가 만족할 줄 알고 참아야 행복해진다는 글귀가 나처럼 가슴에 와닿는 날이 오리라는 기대가 있어서이다.

4장

흐르는 강물처럼
순리대로 살고 싶었다

우리 집안에는 종교가 없었지만 어머니는 이따금 절에 다니셨다. 나는 호기심이 많았다. 고1 때이다. 평소 조용한 성품의 사회과목 선생님이 '교회에 가는데 신을 믿지 않는다'고 대답한 급우를 교단 앞으로 나오게 하였다.

그러고는 매우 흥분해서 출석부로 사정없이 머리를 연달아 때렸다. 그 후 선생님이 교회 장로라는 얘기를 들었다. 당황스러운 광경을 본 계기로, 평소 궁금했던 종교가 어떤 것인지 알아보고 싶었다.

그러나 종교가 가지고 있는 교리를 알기 위해 성경이나 불경을 읽어볼 생각은 하지 못하고, 주말이면 교회와 성당 그리고 절을 찾아가보았다. 당시 느낌으로 남아있는 것은 교회는 신자들이 많은데 산만하고, 성당은 고풍스러운 건물에 걸맞게 분위기도 엄숙하고, 절은 산속에 있어서 무척 아늑했다.

그 가운데 성당 분위기가 가장 마음에 들었다. 그러나 동네 가까이에 성당도 없어서 어떤 종교를 믿어야겠다는 결정을 하지 못한 채 지나갔다. 그러나 이때의 느낌은 자신도 모르게 영향을 받은 것 같다.

기독교와의 인연

잘 알려진 것처럼 내가 다닌 연세대학교는 기독교 계통의 학교이다. 따라서 매주 수요일에는 채플(chapel) 시간이 있었다. 그래서 출석은 했지만 좌석이 뒷자리이기도 했고, 설교 내용도 재미가 없어서 관심이 가지 않았다. 세상 사람들이 가장 많이 읽는다는 성경을 읽지도 않았고, 채플 시간이면 조교가 출석 체크하고 나가면 뒤따라 나오기가 일쑤였다. 아직도 내 서가에는 읽지 않은 성경이 꽂혀있을 뿐이다.

불교와의 인연

대학 1학년 여름에 친구(홍종웅) 고모집에 갔다가 서울 우이동에 있는 영산 법화사(法華寺)에서, 법화(法華) 주지 스님이 3일간 단식기도한다는 말을 듣고 호기심에 따라 했다. 법화종에서는 나무묘법연화경(南無妙法蓮花經)을 염송하는데, 평생에 한 번이라도 자신이 외거나, 남이 외는 소리만 들어도 지옥에 가지 않는다고 한다.

단식 기간 중 새벽 6시부터 저녁 5시까지 2시간 나무묘법연화경을 염송하고, 2시간 쉬고 다시 2시간 염송하는 식으로, 하루 8시간 염송하면서 3일간 물 한 모금도 마시지 않았다. 단식기도가 있고 난 후에는 가끔 혜화동 로터리에 있는 포교당에 들려 법당에서 명상도 하고 공양도 하곤 했다.

그런데 하루는 법화 스님이 차를 따라주면서 "재영아, 일본 유학 갈래" 하고 물었다. 그리고 "나는 상좌(上佐) 복이 없어. 그러니 머리 깎고 중이 되라는 것이 아니야. 지금 공부하고 있는 법학을 하든 다른 공부를 하든 마음대로 하되 불경 공부도 겸해서 하면 된다"고 하였다.

스님의 제안을 며칠을 두고 생각해보니, 내 재주에 불경 공부하면서 다른 공부를 제대로 할 자신이 없었다. 그리고 무엇보다 불경 공부 열심히 할 마음이 없으면서 유학 간다는 것이 양심상 허락되지 않았다.

스님께 "일본 유학 안 가겠다"고 말씀드렸더니 아무 말 없이 고개만 끄덕이셨다. 그리고는 법화사 발길이 끊어졌다. 많은 세월이 흐르고 부처님오신날을 맞아, 예전에 단식기도를 하였던 우이동 법화사를 찾아간 적이 있다.

그때 불현듯 불경에 밝으시고 법문 잘하신다고 소문난 스님이, 나에게 둔 뜻이 법화경 법문에 있지 않았나 싶었다. 그러나 게으른 내가 그분의 뜻에 부응하지 못했을 것이라는 생각에, 유학을 접은 것이 잘한 것이라고 스스로 미안한 마음을 달랬다.

천주교와의 인연

늦은 나이에 결혼하는데 신부 될 사람이 천주교 신자여서, 요란한 시중 예식장보다 경건한 분위기의 성당에서 식을 올리고 싶다고 하였다. 그래서 고등학교 때 성당에 대한 이미지 때문인지 선뜻 응했다. 그런데 미국 유학 가면서 손목시계 풀어주고 간 친구(임명빈)가 독실한 가톨릭 집안이라 친구 어머니께 사정을 말씀드렸다.

그랬더니 명동성당 신부 겸 서강대학교 교수인 김태관 신부님을 집전사제로 소개해 주셨다. 그 후 서강대학으로 인사를 갔더니 나보고 결혼하고 나서 세례를 받으라고 하셨다. 내가 말없이 웃고만 있었더니, 그럼 자식을 낳으면 세례를 받게 하겠느냐고 해서 그러겠다고 약속을 했다. 그러나 나는 그 약속을 지키지 못했다.

자식들이 태어날 때는 고사하고 다 클 때까지 까맣게 잊고 살았다. 어느 날 집전 사제와의 약속이 기억났을 때는, 자식들은 이미 대학생이 되어 있었다. 어릴 때면 몰라도 다 큰 자식들에게 종교를 강요할 수는 없었다. 그래서 내가 집전사제 신부와 약속한 이야기만 들려줬다. 아직도 집전사제에게 죄송한 마음이 남아있다.

흐르는 강물처럼 살고 싶다

나는 신앙에 긍정적이고 신앙을 가진 사람을 부러워한다. 신앙은 어떤 상황에서도 감사하고 받아들이는 마음을 가지도록 도와주기 때문이다. 그러나 종교에 대해 궁금해하는 마음에 여러 종교와의 인연이 닿았지만 막상 맺어지지는 않았다.

나이 예순다섯에 죽음의 문턱에 가지 않았다면, 신앙은 더 이상 나에게 담론이 되지 않은 채 잊혔을 것이다. 그리고 목사 친구로 인해 기독교와의 인연이 닿을듯했으나 맺어지지 않았다. 그것은 신이 전지전능하지 않다거나 종교를 논리나 과학으로 따져서 그런 것이 아니다.

그냥 지금까지 신을 찾지 않다가 죽음이 눈앞에 오니, 도움을 얻으려는 자신이 왠지 구차스럽다는 생각이 들었었다. 그리고 조상 제사마저 우상 숭배라는, 기독교의 엄격한 계율이 구속으로 느껴졌기 때문이다. 어쩌면 이 또한 핑계일 뿐 우유부단한 성격에, 늘 간절함이 부족했던 내가 살아온 삶과 무관하지 않은 것 같다.

살아오면서 밤하늘의 무수한 별들로 가득한, 시작과 끝을 알 수 없는 우주가 신비로웠고, 겨울철 앙상한 나뭇가지가 봄이 오면 잎과 꽃을 피우는 자연의 모습도 경이로웠다. 또한 만물은 반드시 죽고, 죽으면 자연으로 돌아간다. 무릇 이런 불가사의한 현상들은 이 세상 모든 생명체에게 순리대로 살라고 하는 자연의 섭리로서, 종교처럼 강요하는 것이 아니라 보여줄 뿐이라는 것이 나의 생각이다.

노자 사상에 상선약수(上善若水)라고 하여, 이 세상에서 물처럼 순리를 따라서 사는 것이 가장 좋다는 말이 있다. 남은 생은 비록 '못난 나'이지만 나를 믿고 흐르는 강물처럼, 순리대로 살아가기로 마음먹었다. 마음을 정하고 나니 혼자라는 외로움은 느끼지만 한 편으로는 내가 나의 주인으로 그리고 자유인으로 남아 있음에 스스로 위로한다.

⁘

죽음, 어떻게 맞이할 것인가

'죽음은 존재하지 않으며 다른 차원으로 이동할 뿐'이라고도 하지만, 공자(孔子)는 죽음이 무엇인지 묻는 제자 자로(子路)에게, "사는 것도 모르거늘 어찌 죽음을 알겠느냐"고 답했다. 인간은 본능적으로 '알지 못하는 것을 두려워하고 헤어지는 것을 두려워한다'고 한다. 사후를 알지 못하고 이생에서 알고 있던 모든 것과, 영원히 이별해야 하는 죽음이 두려울 수밖에 없다.

그래서 종교에서는 천당이나 극락 같은 사후세계를 알려주고, 죽음을 두려워하지 않게 하고 마음의 평안을 가지게 한다. 사람들이 곧잘 죽음을 앞두고 신앙을 가지게 되는 이유 중의 하나다. 요즈음 연명치료를 두고 가족 간 논쟁을 보면 생각나는 것이 있다. 중학교 때 학생들에게 인기가 좋았던 수학 선생이 했던 이야기이다.

"예전 어느 산골 동네에 나무꾼 총각이 홀어머니를 모시고 살면서, 어머니가 손가락 하나 까딱할 필요가 없을 만큼 편히 모셔 온 동네에서 효자라고 칭찬이 자자했다. 어느 날 임금님이 효자상을 주었는데 강 건넛마을의 나무꾼 총각이 뽑혔다는 것이었다.

그래서 소문을 듣고 얼마나 효성이 지극하기에 상을 받을까 궁금해서 몰래 찾아가서 지켜보았다. 그런데 저녁녘에 아들이 나뭇짐을 지고 집에 들어오니, 어머니가 달려 나가 마루에 앉히고는 아들 발을 씻어주는 것이었다. 그 순간 그 어머니의 기쁨이 가득한 얼굴을 보고서야, 효(孝)라는 것이 바로 저런 것이구나 하고 깨달았다"는 것이다.

환자가 회복 가능성이 없고 의식이 없는데도 연명치료를 고집하는 가족들의 마음을 이해 못 하는 것은 아니다. 그러나 이는 환자 생각보다 자신들이 마음의 위안을 얻으려는 아집으로 나는 불효라고 본다.

아늑한 죽음은 그냥 오지 않는다

사람들은 죽음을 앞두고 고통과 불안과 회한을 겪는다고 한다. 나도 진작에 이 같은 단말마를 두려워 하였을까. 젊을 때부터 고승들이 죽을 날을 알고, 스스로 숨을 거두고 열반에 드는 것이 참으로 선망스러웠다. 나도 그럴 수 있었으면 하고 부러워한들 내가 흉내 낼 수 있는 경지가 아니다. 죽을 나이가 가까워 오면서 내공이 약한 나도 할 수 있는 방법이 있다는 것을 알았다.

나의 오랜 지인이 암 투병 끝에 가족을 위해, 남은 아파트 한 채는 물려주려고 곡기(穀氣)를 끊고 떠나는 걸 보고서, 스스로 호흡을 멈출 수는 없지만 먹기를 멈출 수는 있을 것 같아서다. 종교에서는 어떤 경우에도 삶을 포기하는 자살행위를 용납하지 않는다. 나 또한 이에 동의한다.

왜냐하면 죽음이 삶을 포기하는 자살의 이미지로 비친다면, 남아 있는 사람들에게 깊은 상처와 생명을 경시하는 마음을 심어줄 수도 있기 때문이다. 그렇다면 언제쯤 먹기를 멈춘다면 내 지인의 죽음처럼 자연스럽게 받아들일 수 있을까.

물론 사람마다 판단하는 기준이 다르겠지만, 나는 살 만큼 살았고 건강 악화로 거동을 할 수 없을 뿐 아니라, 가족을 힘들게 하는 상황이 장기간 계속된다면 그때가 바로 삶을 마무리할 때이지 싶다. 이렇게 삶을 마감하는 것은 "노인은 먹지 않아서 죽는 것이 아니라, 어차피 생명력이 다해서 먹지 않는다"고 하니 자연의 섭리를 거역하는 것도 아니라고 본다. 요즈음은 내가 두려워하는 것 중의 하나가 삶을 마무리할 때 스스로를 통제하지 못하는 상황이 오는 것이다.

사람들은 살아가는 모습이 다르듯이 죽음을 맞이하는 모습도 다르다. 나는 삶의 마무리가 죽음이기 때문에 삶과 죽음이 별반 다르지 않을 거라 생각하고, 또한 사람들이 죽음을 맞이하는 모습도 살아온 모습과 닮을 거라고 본다. 그래서 죽음을 앞두고 오기 마련인 고통과 허무를 잘 견뎌내고 잠들 듯 편안한 느낌의 아늑한 죽음은 결코 그냥 오는 게 아니지 싶다. 아늑한 죽음은 모든 걸 내려놓고 죽음을 받아들여야 하는데, 이 같은 마음은 그동안 어떻게 살아왔느냐에 달렸다고 보기 때문이다.

종교가 있는 사람은 종교에서 내세를 알려주고 약속해 주니까 죽음을 앞두고, 현세에 대한 미련을 떨치기가 쉬워서 아무래도 이 같은 마음을 가지기가 보다 용이하리라고 생각한다. 그러나 종교가 없는 사람은 대체로 삶을 자연의 섭리에 따라 순리대로 산 사람이, 죽음을 거부하지 않고 보다 수월하게 아늑한 죽음을 맞이할 수 있으리라 믿는다.

5장

운명도 바꾸는
적선 이야기

일찍이 《주역》의 문언전(文言傳)에 적선지가(積善之家)는 필유여경(必有餘慶)이라는 구절이 있다. 풀이하면 선(善)을 쌓은 집안은 반드시 남는 경사(慶事)가 있다는 뜻으로, 좋은 일을 많이 하면 후손들에게까지 복이 미친다는 말이다.

바꾸어 말하면 혼자만 잘 먹고 잘 살려고 욕심을 부리지 말고, 어려운 이웃도 좀 생각을 하면서 살아라. 그러면 혹시 자손이 어려운 일을 겪을 때, 예전에 도움을 받았던 이웃이 나서서 도와주게 된다는 선인선과(善因善果)의 뜻이기도 하다.

아무튼 내가 살아오면서 마음이 끌리는 낱말들이 있었다. 그 가운데 하나가 바로 적선(積善)이라는 단어이다. 착한 일이나 좋은 일을 많이 한다는 적선이라는 말을, 예전에는 거지가 구걸할 때에도 '적선합쇼'라고 말할 만큼 흔히 썼던 말이었다.

하지만 요즘은 적선 대신 선행·기부·자선·봉사·나눔 등으로 다양하게 쪼개서 쓰는 것 같다. 나는 '적선'이란 자기보다 약한 사람, 어려운 사람, 힘든 사람을 도와준다는 의미로 이해하고 있다. 따라서 기독교의 '사랑', 불교의 '자비'와 크게 다르지 않고, 나의 '개꿈'과도 맞물려 있다고 생각한다.

내가 고등학교 다닐 때이다. 휴일이 되면 아버지가 변호사인 친구 집에 놀러 가곤 하였다. 그리고 점심때가 되면 늘 친구 방에서 식모가 차려주는 식사를 했다. 그런 가운데 어느 날 친구의 어머니가 안방에서 직접 점심을 차려주셨다. 한참 동안 내가 밥 먹는 것을 보시고는 "미련하게 밥만 먹지 말고, 반찬을 이것저것 많이 먹으라"고 하면서 여러 말씀을 하셨다. 그런데 얘기 끝에 적선에 관해 이렇게 말씀하셨다.

해방되고 얼마 되지 않아 자기의 남편, 그러니까 친구의 아버지가 여수 지방법원에서 판사로 있을 때, 이른바 여수 반란 사건이 일어났다. 당시에 좌익들은 자기들에게 가혹한 판결을 한 판사들을 미워하고 막무가내로 잡아갈 때였다. 그럼에도 불구하고 친구의 아버지는 평소 적선을 많이 베푼 까닭에, 이웃 주민들의 도움으로 화를 면했다는 얘기를 하였다. 그러면서 앞으로 살아가면서 무슨 일이 있을지도 모르니, 너희들도 어렵고 힘든 사람들에게 적선하면서 살아야 한다고 강조하셨다.

친구 어머니가 적선 이야기를 하신 그 해 여름이었다. 여러 날 내리던 장마 비가 그치고 햇살이 나와서, 수성천 둑에 나온 많은 사람들과 물 구경을 하고 있었는데 누가 "저기 아이 떠내려간다"는 소리에 쳐다보니 물 위로 작은 등만 보인 채 아이가 떠내려가고 있었다. 내가 그대로 뛰어 내려가서 들어가니 물은 가슴까지 찼지만, 다행히 물살이 빨라지기 직전에 아이를 잡아 안았다. 그리고 물 밖으로 나와서 보니 별 탈이 없었다.

다음 날 학교에서 돌아오니 어머니가 하얀 런닝셔츠 2개를 내 보이면서 "어제 영이가 물에 빠진 맹 씨댁 아이 구했나" 하시면서 "형편이 어려운 맹 씨댁이 생명의 은인에게 예를 다하지 못해 정말 부끄럽다고 몸 둘 바를 몰라 하면서 놓고 갔다"고 하고는 "세상에서 사람 목숨을 구하는 것보다 더 큰 적선은 없다 카드라"고 하셨다.

두 분 말씀 때문인지는 확실하지 않지만 나는 살아오면서, 우리나라 노블레스 오블리주(Noblesse Oblige)의 표상이 된, 전라도 구례(求禮)의 문화류씨(文化柳氏)와 경상도 경주(慶州)의 최부자(崔富者) 두 집안의 따뜻하고 훈훈한 적선 이야기는 언제 들어도 흐뭇하다.

적선은 운명도 바꿀 수 있다

누가 나에게 사람에게 운명이 있느냐고 물으면 나의 대답은 '있다'이다. 왜냐하면 내가 이 세상에 태어나면서, 내가 부모를 선택한 것이 아니기 때문이다. 이와 관련하여 내가 충북 괴산군 화양동 채운암(彩雲庵)에서 행정고시 공부를 할 때의 일화가 떠오른다.

어느 날 노스님이 무슨 책을 보면서 우리 부모님과 나의 나이만을 물어보시고는, 나를 진시생(辰時生)이라 하였는데 어머니가 알려준 생시와 일치하였다. 또한 그때 함께 공부하던 내 친구(이범관)의 사주를 보고 나서는, 생사여탈권(生死與奪權)을 가진 사주라서 사법고시 합격을 장담하였다.

어떻든 친구는 스님의 말씀대로 행정고시를 합격한 이듬해에 사법고시까지 합격하고는 고검 검사장을 역임하였다. 그런저런 까닭으로 나는 운명은 있다고 생각하였다. 그렇다고 해서 사람들은 타고난 운명대로 사느냐고 묻는다면 나의 대답은 '아니다'이다.

왜냐하면 나는 "운명은 용기 있는 자에게는 약하고, 비겁한 자에게는 강하다"라는 베르질리우스(Vergilius)의 말에 공감하기 때문이다. 그렇다면 운명이 기를 못 펴게 하는 용기 있는 자는 어떤 사람일까.

소위 동양 철학 하는 분들의 절반 정도는 운명은 바뀌지 않으며 선택도 운명이라고 한다. 그러나 절반 정도는 운명도 바뀐다고 보고, 하나같이 적선만이 운명을 바꾼다고 본다. 나도 운명을 바꾸는 용기 있는 사람은, 자기가 가진 것을 나누어 주는 적선하는 사람이라고 생각한다.

흔히 인간과 원숭이는 공통 조상을 가졌다고 한다. 하지만 장구한 세월이 흐르면서 서로 달라진 것은 인간은 이타적으로 진화했기 때문이다. 그리고 나는 인간만이 가진 이타심의 대표적인 발로 행위가 바로 적선이라고 믿으며 살아왔다.

적선과 나의 결혼주례사

　나는 살아오면서 거절하기 어려운 주례를 서게 되면 주례사는 예외 없이 적선을 당부했다. 그것은 제2의 인생을 시작하는 신혼부부에게 내가 주례로서 해 줄 수 있는 최고의 조언이 적선이라고 생각하기 때문이다. 그래서 나의 주례사는 언제 누구이든 간에 줄곧 같았다. 그런데 구변도 없고 목소리도 쉰 소리인데 내 주례사가 좋다는 소리를 들은 적이 있다.

　한 번은 내가 오래 상사로 모셨던 이상룡 전 장관이, 예전 조카(동생 이상규의 아들) 결혼식 때 주례사 잘 하더라고 하면서, 자기 딸 출가시키는데 주례를 해달라고 했다. 내가 암 수술을 한 직후라서 양해를 구했다.

　또 한 번은 공직에 있을 때 내가 많은 도움을 받았던 김채영 전 국정원 경기지부장의 장남 주례를 섰었다. 그리고 3년 후 김 전 지부장의 부인이 장남 때 주례사가 좋았다고 해서 차남 주례도 섰었다. 여기서 내 주례사를 소개하면 대체로 다음과 같다.

　"왜 결혼을 하느냐고 물으면 행복하기 위해 한다고 한다. 행복이란 '마음에 모자라는 것 없이 넉넉하고 편안한 상태'를 말하는데, 마음에 모자람 없이 넉넉하려면 얼마나 가져야 될까. 인간들은 누구나 욕심이 많아서 행복하려면 아마도 끝이 없을 것이다."

"그래서 서양에서는 행복은 갖는 것이 아니라, 주는 것이라 하고 일찍부터 기부와 봉사의 문화를 꽃피워 왔다. 우리도 예부터 이와 같은 의미의 적선이란 말이 있다. 두 사람이 행복하고 싶으면 결혼 기념으로 적선을 시작하라. 적선은 자신을 살리고 나쁜 운을 좋은 운으로 바꾸는 힘이 있다. 그러므로 남을 위해 하는 것이 아니라 자신들을 위해서도 적선을 해야 한다."

"그리고 자식이 태어나면 자식 명의의 출생기념 저축통장을 만들고, 매달 5천 원 정도를 불입하고 그 금액 중 5백 원이나 1천 원 정도를 대한적십자사 후원금으로 지원토록 하라. 훗날 자식 심성에 관한 심사가 있다면 그 누가 태어나서부터 적선한 통장을 보면 믿지 않을 수 있겠나."

그리고 "자식을 키우면서 비싼 과외 시키는 것을 자랑하지 말고 적선을 가르친 것을 흐뭇해해라. 훗날 자식이 부모님이 물려준 재산보다 적선 습관을 길러준 것을 자랑스러워한다면 세상에 이보다 더 기쁜 일이 없으리라."

손자들에게 적선을 가르치다

공직을 떠나고 대학 강의를 할 때이다. 이따금 주례를 설 때면 적선 이야기하면서 내 자식에게는 적선을 가르치지 못했다는 것을 뒤늦게 알았다. 늦었지만 초등학교 손자들을 가르치기로 했다. 매월 받는 강사료 중에 조금 떼서 손자들 통장에 입금해주었다.

입금된 금액 중 절반은 손자들 명의로 어려운 사람들을 돕는 기관에 후원금으로 보내고, 남은 절반 중에서 1천 원 정도는 대한적십자사 후원금으로 빠져나가도록 했다. 이나마도 대학 강의를 그만두면서 끝났다. 지금도 계속하는지는 물어보지 않는다. 내가 비록 가르치지 않았지만 공직자의 자식으로서 자기보다 어려운 사람을 도와야 된다는 것을 알고 있다고 믿기 때문이다.

불경 구절에 남에게 베푼다는 생각 없이 온전한 자비심으로 하는 보시로 무주상보시(無住相布施)란 말이 있다. 이문열의 《사색》에 "설령 그대들이 이웃에게 곧바로 일용할 양식을 내어주고 있드라도, 진정한 애정과 이해가 결여되어 있다면, 그것은 정신적인 허영이나 사치 다시 말해 이기의 한 변형에 지나지 않는다"라는 구절이 있다.

살아온 길을 되돌아보면 남들에게 대접받거나 으시댄 기억은 나를 부끄럽게 하지만, 어쩌다가 나랏돈이지만 어렵고 힘들어하는 사람들에게, 정성을 가지고 도왔던 기억은 내 마음을 훈훈하게 한다. 세상을 거의 다 산 지금에야 어떻게 살아야 하는지 조금은 보이는 듯하다.

6장

바람처럼 다가와
구름처럼 머문 인연

세상 만물은 인연에서 생긴다

앞서도 이야기했지만 대학생 때 나는 서울 성북구 우이동 법화사에서 단식을 했다. 그때 지도법사인 법화스님이 반야심경(般若心經)에 대해 법문을 하였다. 그 가운데 가장 잊히지 않는 것이 색불이공(色不異空) 공불이색(空不異色), 색즉시공(色卽是空) 공즉시색(空卽是色)이란 말이었다.

직역하면 "색(色)은 공(空)과 다르지 않고 공(空)은 색(色)과 다르지 않으니, 색(色)이 곧 공(空)이요 공(空)이 곧 색(色)이다"라는 것이다. 이에 대해 스님께서는 의역하기를, "있는 듯 없고 없는 듯 있는 것이, 세상의 실상(實相)이란 뜻"이라고 하였다.

그래도 내가 알아듣지 못하자, 예를 들어 "겨울 앙상한 복숭아나무를 쪼개어본들 잎과 꽃이 없지만, 봄이 오면 잎이 나고 화사한 복사꽃을 피우는 것과 같다"고 하였다. 그래서 무(無)가 아니라 유(有)와 다르지 않은 것이 공(空)의 근본이며, 내용이 되는 것이 인연이라 하고, 세상 만물은 홀로되는 것이 없고 모두 인연에서 생긴다고 하였다.

그런데 인연(因緣)이란 결과를 나타내는 직접적인 원인인 인(因)과, 인(因)을 보조해서 결과를 생기게 하는 간접적인 원인인 연(緣)을 뜻한다. 쉽게 말해서 인(因)이란 씨앗이고, 연(緣)이란 그 씨앗이 싹틀 수 있는, 땅·공기·물·햇볕 같은 주변 여건이다.

그래서 설사 씨앗이라는 인(因)이 있어도, 땅·공기·물·햇볕 같은 연(緣)이 없다면, 그 싹은 결코 트지 못하므로, 반드시 인과 연이 잘 어우러져야 결실로 맺어지게 된다. 따라서 사람의 경우에 인(因)은 노력을, 연(緣)은 운(運)을 의미한다. 그러므로 우리의 인생살이도 '인'인 노력만 한다고 잘 되는 것이 아니라, '연'인 운이 꼭 따라야 한다 즉, 인과 연이 맞닿아야만 한다.

사람에게는 부모처럼 하늘이 정해주는 천운(天運), 재능을 가지고 태어나는 지운(地運), 그리고 사람 복을 말하는 인운(人運)의 세 가지 운이 있는데, 사람의 힘으로는 천운과 지운은 어쩔 수 없고, 오직 인운만 바꿀 수 있고 천운과 지운이 아무리 좋아도 인운이 따르지 않으면 이룰 수 있는 것이 없다.

세상을 살면서 만나는 인연에 따라 복(福)과 화(禍)를 부르기 때문에, 누구와 인연을 맺느냐에 따라 인생이 바뀌므로 인운보다 소중한 운도 없다. 유대인 부모들은 자식을 키우면서 어린 자식이 친구를 사귀면 집으로 초대해서 친구를 만나본 연후 친구로 사귀기를 허용한다고 한다. 사람들이 친구를 선택하듯 인운을 바꿀 수 있다지만 쉬운 것이 아니다.

흔히들 인연이라면 아름답게 생각하는 경향이 있다. 그러나 은덕도 인연이고 원한도 인연이며 모든 인연이 아름답거나 함께 할 수 있는 것이 아니다. 공(空)이 있는 듯 없고 없는 듯 있으니 나와의 좋은 인연인지 아닌지 그 인연을 믿어야 할지 말아야 할지 알지 못해 잘못된 선택으로 셀 수 없이 많은 사람들이 힘들어하며 산다.

인연은 억지로 만들어지는 것이 아니라 저절로 온다고 하고, 행운은 스스로 운이 좋다고 믿는 사람에게 찾아온다고 한다. 나는 자라면서 부모님을 비롯하여 가족들로부터 곧잘 운이 좋다는 소릴 듣고, 나 또한 그렇게 믿었다. 그래서일까 삶의 고비마다 수많은 귀한 인연들의 도움으로 오늘의 나를 있게 했다.

흔히 좋은 인연은 인생을 아름답고 즐겁게 한다고들 곧잘 말한다. 그렇다면 좋은 인연이란 어떤 인연일까. 나는 마치 깊은 산속처럼 아늑하게 내 가슴에 담겨있는 인연이라 생각한다. 내가 지금까지 살아오며 만난 그런 인연이 나에게 있었다.

풍경 흔들고 가는 바람 같은 인연

학우 김정명(金正明)

　내가 중학교 2학년 때이다. 같은 반 학우끼리 싸움이 붙었다. 얼굴이 한 친구는 희고 곱상 맞게 생겼고 한 친구는 남자답게 생겼다. 구경꾼으로 여럿이 몰려갔는데 모두 곱상 맞게 생긴 학우 쪽으로 가는 통에, 나 혼자 남자답게 생긴 학우 쪽에 가서 자연스레 그의 가방과 벗는 상의를 받아 주었다. 싸움은 싱겁게 끝났지만 그날 이후 우리 둘은 급속히 가까워졌다.

　남자답게 생긴 그가 바로 김정명(金正明) 이었다. 우리 둘 다 사교성이 없고 외골수적인 성격이라는 면을 제외하면 모든 것이 달랐다. 나는 평범하고 서민적인 가정 형편이었지만, 그는 아버지가 판사 출신의 변호사로서, 당시 대구에서 민사 사건 수임 건수가 가장 많았으며, 네 형제 모두가 경북중·고등학교를 다닐 만큼 수재형의 집안이었다. 그는 삼덕초등학교 졸업식 때 졸업생 대표로 송사를 할 만큼 기대가 큰 재동이었다.

　경북중학교 시절 그를 만난 후 나의 성장 과정은 늘 그와 함께였다. 그리고 조국과 민족을 위해 일꾼이 되자는 주춧돌회를 만들 때도, 불량끼 있는 친구들 모임인 적혈 클럽을 결성할 때도, 두 차례 전국 무전여행할 때도, 심지어 학우를 때려 학교에서 징계를 받을 때도 함께였다. 특히 대학 진학하면서 법과를 선택하는 데는 그로부터 절대적 영향을 받았다.

그의 성격이 호탕하고 대범한 탓인지 나와 달리 고교시절부터 술을 좋아했다. 이따금 동네 친구들과 술을 마시면 외박했다. 그가 외박한 날이면 으레 변호사 사무실의 서기(우리는 그를 종규 형이라고 불렀다)가 자전거를 타고 우리 집에 찾으러 왔다. 어느 날 공평동에서 신천동 우리 집까지는 가까운 거리가 아닌데도 친구 아버지가 걸어서 다녀가시기도 했다.

대학에 진학하면서 등록금을 마련하지 못해 군에 갈 만큼 집안 형편이 어려웠다. 그런데도 내가 별로 가난했다고 생각되지 않는 것은, 그땐 못 사는 사람들이 많기도 했지만 옆에는 항상 그가 있었기 때문이다. 그의 하숙비가 오는 날이면 내가 중국집에 가서 먹고 싶은 짜장면과 탕수육을 먹고, 보고 싶은 영화를 보는 바로 내 생일 같은 날이었다.

저자(왼쪽)와 김정명(중앙대 캠퍼스에서)

그는 대학에 와서 학업보다 연예계 쪽에 관심이 많았다. 언제인가 영화배우 모집 광고를 보고 어쩔까 하고 물어보는 그를 보고, 고지식한 내 성격이 "집안 좋고 머리 좋은데 뭐 할라꼬 춥고 배고픈 딴따라 할라 카노"하고 핀잔만 줬다. 그의 재능을 그가 믿는 인연을 내가 한 사코 막은 셈이었다.

그는 자기가 하고 싶은 것을 못해서인지 술 먹는 횟수도 잦아지고 양도 많아졌다. 그런데 나는 자라면서 아버지의 주사로 술에 취하는 것은 질색이었다. 그가 술 마실 때에는 내 잔소리에 술맛 떨어진다고 늘 불만스러워했다. 그는 무엇에 얽매이기를 거부했다. 재학 중 군에 가서 카투사로 복무했는데, 휴가 나와서는 귀대하지 않아 부대 선임하사가 찾아 오기도 하였다.

졸업하고는 몇 군데 취직을 했는데 가장 오래 다닌 회사가 두 달을 채우지 못했다. 그리고 그의 집안에서는 물론 나도 결혼을 시키려고 맞선을 여러 차례 보게 했지만 모두 싫다고 했다. 졸업 후 그가 방황하던 시절 나는 춘천에서 공무원 생활을 시작했다.

내가 힘들 때는 늘 그가 옆에 있었는데, 그가 힘들 때는 내가 옆에 있어주지 못했다. 1981년 12월 추운 겨울날 아침 막 출근하려다 받은 전화에서, 종규 형이 울먹이는 목소리로 말했다. "재영아. 정명이가 갔다. 정명이 저세상으로 갔다" 나는 한동안 멍하니 하늘만 바라보았다. 아! 정명이가 가다니!

그는 내 마음에 친구 이상의 그리움으로 남아있다. 이따금 가슴 아린 옛날로 돌아가고 싶은 것은 순수했던 시절에 그가 있었기 때문이다. 김정명[2]이는 나에게 풍경을 뎅그렁 뎅그렁 흔들고 가는 한줄기

---

[2] 김정명(1944. 4. 24. – 1981. 12. 1.) : 아버지 김순택 변호사와 어머니 장영자 사이의 4형제 중 셋째로, 위로는 정규·정강 형님이 있고 아래로는 정식이가 있다.

바람 같은 인연이었다.

경북고 졸업식날 친구들과 함께
(뒷줄 왼쪽부터) 강승렴·홍종웅·김영길·한정수·김정명
(앞줄 왼쪽부터) 이명우·이동윤·저자

❖

목마름 가시게 하는 샘물 같은 인연

목사 원영희(元永喜)

세상의 모든 것이 인연으로 연결되어 있다는 것을 절감하게 하는 친구다. 의정부 101보충대에서 돈 빼앗긴 동료 때문에 몽둥이를 들고 기갑병 내무반에 쳐들어간 사건으로 고광훈 선임 하사가 나를 카투사로 보내주었다.

경기도 파주 소재 미 기갑사단 카투사로 발령받고 20여 명이 부대

배치 명령을 기다리고 있는데, 키는 작지만 피부가 희고 얼굴이 깨끗해서 귀공자 티가 나는 병장이 모두 자필 이력서를 적어내라고 했다.

그리고 몇 시간 후에 이력서만 보고 나를 미 기갑사단 지원사령부 연락관실로 발탁한 사람이 바로 원영희 병장이었다. 어떻게 이력서만 보고 결정했느냐고 물으니까 글씨가 반듯하면 사람도 반듯하다고 믿는다고 했다.

연락관실 근무는 마음 편했다. 연락관 장교와 사병 세 명으로 못하는 영어는 안 해도 되었다. 무엇보다 고참인 원 병장의 남을 배려하는 마음 씀씀이 좋았다. 그래서 사무실 분위기가 군대 같지 않게 화기애애하였고 주말이면 'SEC BUS' 타고 외박했다.

너무 편한 군 생활을 하다 보니 군대 와서 군인다운 생활을 한번 해보고 싶었다. 원 병장에게 최전방 보병부대로 전출시켜달라고 했다. 처음에는 "왜 고생을 사서 하느냐"고 반대하다가 내가 고집을 꺾지 않자 발령을 내줬다.

얼마 후 최전방 보병부대에서 근무하고 있는데 어느 날 누가 면회 왔다고 해서 나갔더니, 원 병장이 제대하고 사복 차림으로 나를 보고 웃고 있었다. 내가 군대 생활 동안 나에게 면회 온 사람이 그가 처음이자 마지막이었다. 드디어 나도 군 복무를 마치고 그를 찾아갔다.

여전히 집안이 어려울 때라 그가 거처하는 청량리 시장 안 목욕탕

2층 방이나, 우이동 산장에서 많은 시간을 보냈다. 언제 우이동 산장에서 자던 날 밤에 느닷없이 "한자 중에 무슨 글자가 좋으냐"고 내게 물었다.

내가 농담 삼아 "계집 '녀'자가 좋지 않느냐"고 했더니 박장대소를 하고는 진지한 표정으로, 자기는 샘 '천(泉)'자가 좋다면서 '천'자는 모양도 반듯하면서 예쁘고, 뜻도 땅속에서 솟는 샘물이니 얼마나 좋으냐고 했다.

그 얘기를 들으면서 평소 그의 이타심과 연관해서, 나 같은 보통 사람과는 무언가 다른 느낌이 왔지만 그것이 무엇인지는 알 수 없었다. 얼마 후 그는 결혼하고 미국으로 이민을 갔다. 그런데 나이 마흔이 넘어서 목사가 되겠다고 신학 공부하려고 귀국하였다. 그때야 예전에 그에게서 무언가 달랐던 느낌이 무엇이었는지를 비로소 알게 되었다. 그는 먼 길을 돌고 돌아서 제칠일안식교회의 목사가 되었다.

그는 내가 만난 사람 중 가장 이타적인 사람이었다. 어렵고 힘들고 가난한 사람들을 돕고 복음을 전하는 일들이 바로 그가 좋아하는 샘 '천'자의 삶이지 싶다. 교인들이 죽으면 자기가 염을 한다고 했다. 2009년 2월에 내가 위암 수술을 했다는 소식을 듣고 마침 정년퇴직했다면서, 한국에 들어와 나를 이상구 박사가 운영하는 강원도 고성에 있는, 뉴 스타트 센터로 데리고 가서 4주간 같은 방에서 생활하고는 미국으로 돌아갔다.

나보고 "암 환자에게 가장 중요한 것이 '먹기'이다. 그런데 '음식 먹기'도 중요하지만 '마음 먹기'가 더 중요하다. 마음먹기의 요체는 모든 것을 내려놓는 것이라"고 누누이 일러줬다. 그해 살렘동산(7. 16.-28.) 쉼터(12. 13.-18.) 요양원에서 편하게 투병하도록 했다.

원영희 목사와 함께 / 미국 시애틀 원 목사 자택 (1981. 12.)

지금 내가 알고 있는 암 환자 건강 상식은 모두 그를 통해 습득한 것이다. 그래서 그가 내게 안부를 물으면 나는 언제나 "싸부님 덕분에 건재하다"고 답한다. 예나 지금이나 그를 만나면 시간 가는 줄 모른다. 나는 매년 가을이 오면 다녀가는 마음 놓이는 그 친구를 기다린다. 원영희[3]는 나에게 언제나 목마름을 풀어주는 시원한 샘물 같은 인연이다.

---

3) 원영희(1942. 1. 13. -) : 부인 이경애와의 사이에 2남 1녀를 두었다. 장남 아람과 차남 보람은 의사이고 막내딸 시내는 변호사이다

연꽃 만나고 가는 구름 같은 인연

비서관 김종구(金鍾球)

1979년 10·26사건으로 전두환 정권이 들어서면서 대통령 비서실은 살벌한 분위기로 급변했다. 얼마 전까지 별 하나 단 장군이 청와대 과장 앞에서 조심스러워하던 군인들이었다.

그런데 종전보다 직책을 한 단계 높여서 소령이 서기관급 과장, 대령이 이사관급 비서관으로 발령 나고, 그들은 진주군처럼 위세 당당하였다. 이와 같은 상황을 목격하면서 왜 사람들이 권세를 잡으려고 목숨을 거는지 그때야 알 것 같았다.

이 와중에 내가 소속된 경제 비서실에서 건설부와 교통부 업무를 담당하는 국토개발 비서관에 김종구(金鍾球)라는 고등학교 선배가 왔다. 서울대학교 정치학과를 졸업하고 잠시 교통부와 외무부에서 공직생활을 하였다. 그런 가운데 장인의 별세로 당시 경북지역 굴지의 건설회사인 한일산업(주)을 운영하다가 기질에 맞지 않는다고 다시 공직으로 돌아온 분이었다.

비서관은 넉넉하고 긍정적인 사람

민원이나 청탁을 받으면 상대가 누구든지 간에, 하는 얘기를 다 듣고 비록 도와줄 수 없는 건이라도 '안 된다'고 면전에서 거절하는 것을 본 적이 없었다. '알겠다' 하고는 사실을 확인한 연후에 반드시 결과를 통보했다. 시간이 걸려도 일을 참 편하게 했다.

1981년 2월 2일 전두환 대통령이 방미 중이었다. 교통부에서 수일 내로 공포해야 할 2건의 법률(안)이 왜 아직 내려오지 않느냐고 물었다. 그러고 보니 대통령 재가를 받아 내려보냈어야 할, 철도운송사업법과 해운진흥법 중 개정 법률(안)이 내 책상 위에 있었다. 대통령 출국 전에 재가 받으라는 실내 방송이 여러 차례 있었던 것이 그때야 생각났다.

이 같은 상황을 보고받은 비서관이 문제를 해결했다. 즉 수행 비서관이 대통령에게 구두 보고하여 대통령이 재가하고, 대통령 비서실에서 자동서명기로 서명한 것을 교통부로 보내 이튿날 공포되었다.[4] 전화로 재가하고 자동서명기로 재가 처리한 것이, 법률상 하자가 없는

전두환 대통령과 김종구 비서관

---

4) 중앙일보 1981. 2. 2. : 중앙탑 '대통령 전화 결재'

지는 알 수 없으나 어쨌든 처리되었다. 그리고 며칠 후 나는 다른 비서관으로부터 다음과 같은 이야기를 들었다.

나의 미숙한 업무처리에 대해 수석비서관 회의에서, 청와대에 그런 멍청한 행정관이 있다는 것이 말이 되느냐며 부처로 돌려보내기로 했었다는 것이다. 그런데, 김종구 비서관이 각 수석들을 일일이 찾아가서, 다시는 그런 일이 없도록 하겠다고 다짐하고 마무리되었다는 것이었다. 나의 어처구니없는 실수로 그렇게 엄청난 낭패를 당하고도 나에게는 정작 내색도 하지 않았다.

나는 성품이 넉넉지 못하고 부정적인 사고가 강하고 '되고, 안되고'가 분명했다. 남에 대한 배려를 할 줄 모르는 꽉 막힌 사람이었다. 그래선지 나는 일을 참 힘들게 했다. 좁은 사무실에서 5년간(1979년-1985년) 함께 근무하면서, 비서관의 넉넉한 마음과 긍정적 사고를 배워야겠다고 수없이 다짐했다. 하지만 아직도 제대로 흉내도 내지 못하고 있다. 그러나 나의 멘토로써 적지 않는 영향을 받았음을 내 자신이 느끼고 있다.

내게 강남아파트를 주셨다

1984년 여름, 내 아들이 초등학교 6학년 때이다. 중학교로 진학할 텐데 살고 있는 아파트 단지 내 중·고등학교가 마음에 들지 않았다. 좋은 중·고등학교를 가는데 시험을 보는 것이 아니라, 좋은 학교가 있는 동네에 살기만 하면 되는 것이었다. 그래서 학군이 좋다는 강남으로 이사 가기로 작정하고 강남 일대에 집을 보러 다녔다.

하지만 가진 돈이 적다 보니 주말과 평일을 가리지 않고 여름 땡볕에 다녔지만 살만한 아파트나 빌라도 없었다. 할 수 없이 내일부터는 전셋집 보러 가야겠다고 생각하고 사무실에 들어갔었다. 그런데 비서관이 나를 보고 "강남 대치동에 우성 아파트가 10월 입주인데, 전세금 없이 김 과장이 그냥 들어가서 살아라"라고 했다.

내 처지에 반가운 소리였지만 신세 지기 싫어하는 성격에 선뜻 내키지 않아 생각해 보겠다고 했다. 그날 친구들과 저녁 식사하는 자리에서 그 이야기를 했더니, 세상에 그런 상사가 어디 있느냐고 하면서 이구동성으로, 두말 말고 들어가라는 소리를 듣고 그 아파트에 입주했다. 그리고 2년이 채 되지 않아 "김 과장, 살고 있는 아파트를 가져 가거라. 원래 처남이 장가가면 주려고 했는데, 신혼부부에게 45평은 너무 크니까 좀 적은 아파트 사 주려고 한다"고 하였다.

그때 아파트값이 1억을 호가했다. 둔촌동에 있는 주공아파트 팔고 가진 돈 합쳐도 부족해 머뭇거렸더니 가지고 있는 돈만 주고 가져가라고 했다. 몇 개월 후 아파트를 팔고 가진 돈을 모아서 8천7백만 원을 드렸다. 이런 과정을 거쳐 나는 그 아파트에서 줄곧 28년을 살았다.

자식들이 결혼하여 다 떠나가고, 두 노인네가 살기에는 적합지 않아 복덕방에 집을 내놓았더니 날 보고 공무원이냐고 물었다. 그래서 내가 공무원으로 보이느냐고 물었다. 그랬더니 "강남에서 30년 가까이 살면서 등기부 등본이 깨끗한 분들이 흔치 않는데, 그런 분들은 십

중팔구는 공무원이나 선생님들이라 했다.

　1993년 월간 중앙 3월호에 비서관은 '앞으로 한국을 끌고 갈 101인'에 선정되었다. 바로 경부고속철도 건설로 우리나라에 교통혁명을 가져다줄 주역으로 꼽히기도 했다. 내가 살아오면서 형님 같고 닮고 싶었던 사람이었으며, 정치를 하면 꼭 어울릴 사람이었으나 내내 행정에 머물다가 홀연히 이 세상을 떠나셨다.

　비서관의 빈소에는 평소 가까이 지내던 친구분들이 돌아가면서 밤을 새우고 있었다. 그때 철도청장을 지낸 고인의 친구분(최훈)이 나를 붙잡고 "종구는 내뱉는 형이 아니라서 속에 품고 내색을 안 했다. 차라리 내뱉고 살았으면 속도 덜 태우고 암도 걸리지 않았을 거야. 지가 무슨 성인군자라고"하면서 말을 잇지 못했다. 종구[5] 형님은 나에게 연꽃을 만나고 가는 구름 같은 인연이었다.

---

[5] 김종구 (음력 1935. 7. 7.–1998. 8. 15.) : 부인 한정순과의 사이에 2남 1녀를 두었다. 장남 한수(Art Nineteen 대표), 차남 의수(미국 아이오와 대학교수), 막내딸 예성(대학 강사)이 있다.

7장

내 인생에서
빼놓을 수 없는 것들

나를 들뜨게 한 태몽과 관상

사람들은 살아가면서 어떤 것을 착각하게 마련이고 착각은 자유라고들 말한다. 하지만 아무리 착각은 자유라지만, 생각하면 실소가 절로 나는 착각이 나에게 있었다. 그것은 '나는 태생적으로 고상하다는 믿음'이었다. 그런데 이 믿음은 내 나름으로는 믿는 구석이 있었다.

어머니가 생전에 들려준 태몽이 학꿈(鶴夢)이었다. 보름달이 대낮처럼 밝은데 아버지가 자전거 뒷자리에, 온몸이 눈처럼 하얗고, 머리꼭지는 붉으며 목은 까만 학 한 마리를 싣고 와서 건네주는 학을, 가슴에 받아 안았는데 깨어보니 꿈이었다고 하셨다.

학 (1994년 여름, 중국 훈춘시장 선물)

그리고 대학 2학년 때이다. 서울 흑석동의 친구(홍종웅) 고모집에 갔었는데, 김해봉 선생이라는 분이 나의 관상을 봐주었다. 이분은 새벽이나 오전에 머리가 맑을 때만 관상을 보는데, 오랫동안 얼굴을 보면서 그 사람의 전생을 읽고 미래를 예언해 주는 식이였다. 그런데 내 관상에 대해 이렇게 말하였다.

전생에 나는 구중궁궐에서 산색(散索) 하던 공자(公子)라고 하였다. 그리고 성질은 고상하고 적극적이며, 만약 도중에 단념하지 않는다면 하고 싶은 것을 성취할 수 있다고 했다. 그러면서 꼭 지키라고 당부한 게 하나가 있었는데 잊었다.

어쨌든 태몽이 목이 길어서 외롭기는 하나 귀한 학꿈이었고, 관상은 전생에 구중궁궐의 공자였다는 말을 조합해서 나온, 참으로 나를 들뜨게 만든 자기도취적인 믿음이었다. 그것이 애당초 엉뚱한 착각이라는 것을 깨닫는 데는 긴 시간이 필요치 않았다.

힘들 때 나를 지켜 준 것들

예로부터 모든 학문의 근본이라는 뜻으로 문사철(文史哲)이란 말이 있다. 고상하려면 문·사·철을 이해하는 교양이 있어야 한다. 그런데 나는 고전 문학이나 시를 읽고, 제대로 이해 못 하는 부분이 너무 많았으며 철학은 애초에 읽기조차 어려웠다.

고전 문학이나 시, 그리고 유구한 역사와 난해한 철학을 이해하려는 노력을 통해, 문학이 주는 상상력과 역사가 던지는 모험심을 키우고, 철학을 통해 인생을 깊게 사유하는 폭도 넓혀야 했다. 그러나 가진 재주가 없어 남을 따라가기 위해 쫓기듯이 살아야 했고, 또 많은 시간과 노력해야 하는 것이 싫어서 이를 외면하고 눈앞의 재미에만 집착했다.

그러다 보니 피곤한 몸과 마음을 클래식 음악을 듣거나, 시나 문학 작품들을 읽으면서 다스리는 고상한 멋은 나하고는 거리가 멀었다. 여기에 고지식하고 융통성이 없다 보니, 누가 말을 조금만 돌려 해도 알아듣지 못하는 답답한 사람이 되었다.

삶은 생각보다 훨씬 정직해서 자기가 노력한 만큼 그대로 나타난다. 언젠가 당시 문교부(현 교육부)에서 초·중·고 학생들에게 추천하는 도서 목록을 보니, 나는 중학생 독서 수준도 될까 말까 했다. 당연히 철학적이거나 이념적이지도 않았다. 이런 점들이 내 인생에 빼놓을 수 없는 것은, 바로 재미에 매달린 경박한 나의 삶과 맞닿아 있다.

비록 사정이 그렇다 해도 지금부터 밝히는 이런저런 소소한 재미들은, 조금은 경박스럽긴 해도 힘든 삶에서 나를 지켜준 것들, 다시 말해 내 인생에서 빼놓을 수 없는 소중한 것들이었다. 그러니까 마치 전쟁터에서 나를 지켜준 일종의 무기들이기도 하다.

7-1. 나를 즐겁게 한 만화와 무협지

가. 재미와 상상력을 키워주는 만화

어릴 때에는 누구나 만화를 즐겨 보다가, 어른이 되면 자연스레 멀어지게 마련인데 나는 지금도 만화를 즐겨 본다. 내가 만화를 줄곧 즐겨 보는 이유는 간단하다. 우선 재미와 더불어 상상력과 직관력을 키워주기 때문이다.

내가 포항시장으로 재직할 때이다. 한가한 주말에 관사 아파트 단지 내에 있는 서점에 들렀다. 무협 작가 야설록이 스토리를 쓰고 이현세가 그린 《머나먼 제국》을 비롯하여 이현세의 《남벌》, 《아마겟돈》 같은 많은 종류의 만화들이 있었다. 마치 횡재하는 기분으로 만화책을 몽땅 안고 계산하러 갔다. 그런데 주인이 나와 만화책을 번갈아 보면서, 조심스럽게 "시장님 아니세요"하고 물어서 그냥 웃었다. 그랬더니 "시장님 같으신데 만화책을 한 아름 안고 오셔서 긴가민가하였다"고 하면서, "자제분 중에 누가 만화를 무척 좋아하는가 보죠"라고 했다.

원작 소설보다 재미있는 만화

초등학생 때부터 만화에 재미가 붙었지만, 집안 형편상 만화를 사서 본 기억은 별로 없다. 동네 초등학교 옆 도로변에 만화방이 있어서, 용돈이 생기면 쫓아가서 긴 의자나 땅바닥에 앉아서 만화를 보곤 하였다.

나는 만화를 고를 때는 먼저 극화체 즉, 그림이 마음에 들어야 하고 스토리도 순정 만화보다는 고전이나 역사 만화를, 명랑 만화보다는 슬픈 만화를 선호했다. 그래서 많은 만화가들 중에서 김종래와 박기당의 만화를 좋아했다. 이들 만화는 여느 만화보다 극화체가 멋지고 언제나 마음을 찡하게 했다. 이즈음 본 만화 중에는 일본 만화 해적판인 《밀림의 왕자》가 인상 깊게 남아있다.

또 기억에 남아있는 만화로는 김종래의 《꿈의 나라》, 《충신비사》, 《엄마 찾아 삼만리》, 《암행어사》 등이다. 훗날 원작이 《꿈의 나라》는 이광수의 《꿈》, 《충신비사》는 다케다 이즈모의 《충신장》이라는 것을 알고, 원작 소설을 읽었는데 재미가 만화 때보다 못했다.

내 나이가 중년이 된 1970-80년대에는 만화 잡지도 나오고, 이어 스포츠신문에서 경쟁적으로 만화를 연재하면서 그동안 청소년 대상으로 삼던 단행본 만화에도 변화가 왔다. 당시 기억나는 것은 해학과 입담이 잘 어울려진 고우영의 《수호지》에서, '무대'와 '반금련'이가 등장하고 뒤이어 박수동의 《고인돌》, 강철수의 《사랑의 낙서》가 나오면서 성인 만화가 등장하였다.

고대사를 다룬 만화, 천국의 신화

또 하나는 만화가 이현세이다. 그의 작품인 《공포의 외인구단》은 혹자는 암울한 1980년대를 이길 수 있는 힘을 주었다고 한다. 그러나 나는 그런 거창한 의미는 모르겠고 야구를 별로 좋아하지 않지만, 엄지를 향한 사랑과 집착으로 부서지는 까치가 불쌍하고 안타까워서였다. 그리고 이현세 만화로 아쉬움이 남아있는 것은 《천국의 신화》이다.

태고시대에서 발해에 이르는 한민족의 신화와 고대사를, 모두 1백 권의 대하 만화로 그려내겠다는 야심작으로 고대사에 관심이 많은 나에게는 솔깃한 만화였다. 우리가 중국과 일본에 낀 작은 모양새로 자리 잡힌 발단이, 치우(蚩尤)와 헌원(軒轅)의 싸움이었다는 것이 내 나름의 추측이다.

따라서 치우가 헌원에게 지고도 왜 군신으로 추앙되는가. 단군시대와 삼국시대를 거쳐 발해의 멸망에 이르는 동안 비상할 기회를 왜 놓쳤는가. 이런 궁금함을 이현세 같은 만화가는 어떻게 풀어줄지가 기대되었다. 그런데 《천국의 신화》가 10권까지 나오고 나서 검찰에서 시대적 배경이 선사시대인데도, 폭력성과 집단 성행위를 걸어 음란물로 묶고 고발됐다.

나는 고발되고 나서 문제의 컷들을 다시 보았다. 이것을 음란물이라고 보는 사람의 편협된 음란성이 의심되었다. 그리고 몇 년간 재판을 한 다음에 나온 만화를 보고 처음의 기대가 끊어진 듯했다. 그래서 더 이상 《천국의 신화》를 찾지 않았다. 따라서 《천국의 신화》가 47권까지 나왔다는데 내 서가에는 초판 11권만 덩그러니 꼽혀있다.

이즈음 어느 동네에 가도 만화와 무협지 대본소가 있고 일본 만화가 범람했지만 볼 겨를이 없었다. 한참 후에 공직을 떠나고 나서 다시 만화를 보게 되었다. 그래서 재미있는 만화가 쏟아져 나오고, 아울러 우리 만화의 저변도 많이 넓어진 듯했다. 특히 방학기의 《바람의 파이터》, 《다모》, 허영만의 《타짜》, 《각시탈》, 《관상》, 김혜린의 《비천

무》, 윤태호의《미생》은 바둑과 접목된 스토리가 뛰어났다.

이두호 만화, 서민적·토속적인 매력

이런 가운데 내 취향에 꼭 맞는 만화를 만났다. 역사만화로 한 시대를 풍미한 이두호의 만화다. 이두호는 일본 만화를 베껴 그리는 번안(飜案) 만화가였다고 하지만, 그의 극화체는 김종래나 이현세에 비해 거칠지만 선이 굵고 간결했다.

소재도 조선시대 역사와 민중에 대한 만화이고, 주인공의 이름도 '장바우', '장독대', '또매'처럼 토속적 냄새가 물씬 풍겨 마음에 들었다.《바람소리》,《머털도사》,《덩더꿍》등 이두호의 만화는 모두가 재미있고 좋았다.

나는 보통 먼저 만화를 보고 원작 소설을 본다. 그런데 이두호의 만화는 얼마나 좋아했던지 원작을 읽어서 줄거리와 결말을 알면서도 본 것은 이두호 만화뿐이다. 그리고 이두호의《임꺽정(전 30권)》,《객주(전 10권)》는 대본소에서 빌려본 것이 아니고, 종로5가 만화와 무협지 도매서점에서 사서 보았다.

때때로 종로5가 도매서점에 가서 새로 나온 무협지를 찾으면서, 으레 새로 나온 이두호 만화가 있느냐고 묻곤 하였다. 하지만 이두호 만화를 더 볼 수 없는 것이 아쉽기만 했다.

재미로 세상을 매료시킬 수는 없을까

그리고 언제부터인가 만화 공간이 인터넷으로 옮겨져, 웹툰(webtoon)이 대세를 이루면서 만화와 무협을 접목한 '무툰'이 나왔다. 그렇지만 나는 아날로그(Analogue) 세대로서 가까워지지는 않았다.

어느 날 아들이 일본에서 아직 연재되고 있는 재미있는 만화라며 하라 야스히사의 《킹덤》 30권을 들고 왔다. 중국 전국 시대를 배경으로 일본색깔을 가미한 대하 만화인데, 개성 있는 수많은 등장인물·전략과 전법 등 얼마나 전국시대를 연구했으면 이런 만화를 그려내나 싶었다. TV에서 은하철도 999를 보고 받았던 충격과는 또 다른 놀램이었다.

미국은 영화와 드라마로, 일본은 만화나 애니메이션으로, 재미에 목메는 나를 매료시킨다. 우리도 재미로 세상을 매료시킬 수 있는 것이 없을까. 참으로 궁금해진다.

나. 통쾌한 반전(反轉)의 무협소설

> 인간사 부귀영화
> 다 부질없는 일
> 구름과 바람에
> 모든 은원과 시름을 잊고
> 한 잔 술에 웃고 살리라.

김용(金庸)의 무협소설인 《소오강호(笑傲江湖)》에 나오는 글귀로, 나는 십수 년째 해가 바뀔 때마다 포켓용 수첩의 첫 장에 적어 놓는다. 아무튼 내가 무협소설을 처음 본 것은 고등학생 때 경향신문에 연재되고 있던, 김광주(金光洲)의 《정협지(情俠誌, 1961년)》였다.

우리 집에서는 신문을 구독하지 않아서, 친구 집에 갈 때마다 띄엄띄엄 재미있게 읽기도 하였다. 언젠가 《정협지》 생각만 하고 대본소에 가서 단행본 무협지를 봤는데, 종이 질도 나쁘고 내용도 선정적이라 저질스럽다는 생각에 읽다가 덮었다. 그러다가 김용의 《영웅문(英雄門)》이 무협소설의 수준을 한 단계 올렸다고 신문마다 야단이라서 호기심에 사서 읽었다.

김용의 영웅문, 무협지의 인식을 바꾸다

그런데 신문들이 호들갑을 떨 만했다. 무협지에 대한 인식이 단번에 바뀌었다. 스토리가 내 구미에 맞아서인지 흥미진진하고 그렇게 재미있을 수가 없었다. 이를 계기로 무협지에 재미를 붙여보니 골치 아픈 일이 있거나, 무료한 시간을 메우기는 이만한 것이 없지 않나 싶었다.

그래서 걸핏하면 동네 대본소에서 빌리거나 종로5가 도매서점에 가서 무협지를 사서 읽었다. 무슨 책을 읽었는지 제목이 잘 기억나지 않는 책이 훨씬 더 많을 만큼 닥치는 대로 보았다. 내가 대한지적공사에 재직할 때이다.

신문에서 우리나라 무협소설을 소개한 것을 보고는, 여비서에게 소개된 무협소설을 모두 구해달라고 해서 시간 날 때마다 보았다. 그런데 그중에 최후식의 《표류공주(漂流空舟)》 즉, '떠다니는 빈 배'를 읽고는 너무 안타까워서 2년 정도 무협소설을 손에서 놓았다. 줄거리는 만화 《공포의 외인구단》을 연상시켰다.

주인공 구보는 허약한 체질로 태어나 절대 고수가 되지만, 사랑하는 여인을 위해 내공을 파괴한다. 까치와 구보가 사랑하는 여인을 위해 내공을 망가트리는 것은 같다. 그러나 까치는 엄지와 인연을 함께하지만, 구보는 주월이와 인연을 함께하지 못하는 것이 애달파서이다.

내가 극동대학에서 강의를 할 때 나로부터 《표류공주》 이야기를 듣고 나서 한 학생이 책을 빌려 갔다. 그 후 책을 돌려받으면서 독후감을 물었더니 웃으면서 말했다. '별로던데요.' 서로 다른 나이 때문만은 아닌 것 같았다.

언젠가 신문에서 세계 최대 전자상거래 업체인 알리바바의 마윈(馬云, 50) 회장이 자기의 롤 모델이 《소오강호》의 풍청양이라는 것을 보고, '어, 이런 고수(高手)도 있네'라는 생각이 들었다. 영호충에게 절세무공인 독고구검을 전수하고, 홀연히 사라지는 노인네가 되고 싶다니 나로서는 상상도 못했던 일이었다.

무협소설, 다양한 매력을 갖고 있다

흔히 무협소설은 줄거리가 천편일률적이며 우연이 남발되고 황당하다고 혹평한다. 바로 '우연이 남발되고 황당한 이야기' 때문에 나는 재미있다고 읽으니, 내가 천박스러운 것인지는 잘 모르겠다. 그러나 내가 무협소설에서 느끼는 매력은 예사롭지가 않다.

첫째, 무협소설의 매력은 주인공들이 어려운 환경에서 태어나, 도저히 이룰 수 없는 꿈을 기이한 인연을 만나 절대 고수가 된다는 것이다. 살아가면서 좋은 인연을 만나 꿈을 이루거나 삶의 반전이 있다는 것이 얼마나 가슴 설레는 이야기인가.

둘째, 무협소설의 매력은 통쾌하다는 것이다. 주인공이 절대 고수가 되는 순간 모든 문제를 일거에 해결한다. 뜸 들일 것도 없이 나쁜 놈은 혼내주고 약자는 도와주고, 명문정파도 꼼짝 못 하게 하니 얼마나 신나는 이야기인가.

셋째, 무협소설의 매력은 등장인물들이 내공을 연마하면서 드넓은 강호를 주유한다는 것이다. 나도 사주에 역마살이 있어서인지 훌쩍 어디론가 떠나고 싶을 때가 많다. 어쩌다 기차나 버스를 타고 조국의 산하를 바라보면서 좁다는 느낌을 갖기도 한다. 그런 까닭으로 무협소설을 보면서 일제치하에서 독립투사들이 만주벌판으로 건너간 것이, 좁은 산하에 숨을 곳이 없다는 것도 하나의 이유였으리라는 생각도 들었다.

넷째, 무협소설의 매력은 절대강자의 자유로움이 도교적(道敎的) 분위기로 표현되고 있다는 것이다. 장풍이나 경신술·운기조식 같은 황당한 이야기들은, 대부분 유교나 불교에 비해 기(氣)의 훈련을 중시하는 도교에 연원을 두고 있다고 한다.

노자(老子)는 사람은 자기가 만든 것에 구속되지 말아야 한다. 현실 속에서 인(仁)이니 의(義)니 하는 것도 결국 족쇄가 될 수 있다고 봤다. 일체로부터 자유로운 존재가 되려면 도(道)와 합일했을 때 가능한 일이다. 아무튼 절대고수가 되어 강호에 군림하기보다, 모든 구속을 초월하여 훨훨 털고 세속을 떠나는 도교적인 엔딩(ending)도 내 마음을 사로잡는다.

2008년 12월 24일 위암 수술 날짜가 잡혀, 입원하기 전에 동네 대본소에 들려 무협소설을 한 보따리 빌렸다. 수술 다음날 저녁 순회 진료 온 주치의가 좀 놀란 목소리로 "벌써 책을 보세요"라고 했다. 그런데 무협소설이 나에게는 늘 알 수 없는 불안감으로부터 도피하는 피난처이며, 환각의 세계로 이끄는 진통제 효과가 있다는 것을 주치의가 알 턱이 없었으리라.

❖

7-2. 내 삶을 넉넉하게 해준 영화

나는 시네마천국의 토토처럼 어릴 때부터 영화를 볼 수 있었던 것은 아니다. 초등학교 저학년 때 아버지를 따라서 대구 키네마 극장에서 서부영화를 보았는데, 말을 옆으로 타고 달리면서 인디언에게 총을 쏘는 장면만 남아 있을 뿐이다.

영화에 얽힌 이야기 1

영화에 재미를 붙여 열심히 보기 시작한 것은 고등학교에 진학하고 나서부터이다. 집안 형편도 좋을 때라 한해 100편이 넘는 영화를 봤다. 최소한 1주일에 2편의 영화를 봐야 하는 편수이나, 당시 대구역 앞에 군인극장이라는 동시 상영관이 있어서 가능했었다.

군인극장에서 상영하는 외화는 자막이 없고 변사가 해설을 해 주는데, 무슨 영화인지 기억나지 않지만 변사가 서두에, "영국의 파리다" 해서 관객 중 누가 가벼운 야유를 하니까, "파리는 '파리'다"라고 하던 변사의 낭랑하고 구수한 목소리가 생생하다.

영화에 얽힌 이야기 2

그때는 학교 바깥에서 학생들 탈선을 단속하는, 교외 지도교사가 있어서 극장에 들어온 학생들을 잡던 시절이기도 했다. 그러나 재미있겠다 싶으면 학생관람 불가도 개의치 않고 봤다.

어느 날 친구와 대구 송죽극장에서 상영하고 있는 게리 쿠퍼와 잉그리드 버그만 주연의 누구를 위하여 종을 울리나를 보려고 영화 중간에 극장에 들어가서 빈자리를 찾고 있었다.

그런데 어둠 속에서 지도교사가 내가 쓰고 있는 모자를 벗겨 쥐고는 따라오라며 앞서 나갔다. 친구는 달아나고 나는 다른 문으로 나와서 2층 맨 위쪽 계단에 앉아서 한 눈은 영화를 보고, 한 눈은 극장 문을 열고 누가 들어오는지를 주시하면서 끝까지 봤다. 다음날 등교하고는 교모가 없는 학생을 조사할까 봐 가슴 졸이기도 했다.

학생 때에는 재밌는 영화를 보고 나면 기분이 늘 좋은 것이 아니었다. 왜냐하면 영화 속 주인공인 양 몰입했다가 영화가 끝나고 현실로 돌아오면 마음이 허전한 적도 많았기 때문이었다. 특히 다음날 시험을 위해 집에 가서 공부할 생각을 하면 답답하고 낭패스러웠던 기분은 아직도 지워지지 않고 있다.

영화, 삶에 용기와 지혜를 주다

내가 영화를 즐겨 보는 것은 한마디로 만화나 무협지와 마찬가지로 재미있기 때문이다. 그래서 영화를 고르는 기준은 좋은 영화냐가 아니라 재미있는 영화냐이다. 아무리 아카데미상을 여러 부문을 수상했더라도 재미없겠다 싶으면 보지 않는다.

오랜 세월 동안 영화를 보면서도 영화에 대한 안목도 식견도 형편없다. 그러나 나는 영화를 통해 내 나름으로 삶의 용기와 지혜를 배워왔다. 나는 영화라면 모두 재미있었던 중·고등학생 때에는 방화나 외화를 가리지 않고 보았다.

그러나 대학에 진학하면서는 외화를 선호했다. 방화는 눈물을 짜는 경향이 많고 곁가지가 많아 진행이 느린 반면, 외화는 액션물이 많고 특히 서부 영화는 주인공이 권총을 빨리 뽑아서 악당을 응징하는 것이 통쾌하기 때문이다.

잊지 못할 영화의 '라스트 신'들

그동안 수많은 영화를 보고도 영화 속의 신(scene)을 제법 선명하게 기억나는 것은 몇 되지 않는다. 그나마 기억나는 것은 모두 중·고등학교 때 본 영화들이다. 가장 기억에 남는 장면은 중학교 때 단체관람으로 본 영화인 셰인(Shane)의 라스트 신이다.

떠돌이 청년 셰인(앨런 래드)이 술집에서 악당들을 쓰러트리고, "돌아오라"는 꼬마의 외침을 못 들은 채 어둠이 깔린 고원 끝으로 사라지는 모습이 선명하다. 훗날 어느 글에서 셰인이 총에 맞아서 죽었다는 글을 읽고, 내 기억에는 총 맞는 장면이 없기에 CD판을 구해 다시 보니, 꼬마가 셰인이 총에 맞아 피를 흘리는 것을 보고 걱정하는 장면이 있었다. 결국 죽었는지 살았는지는 관객의 몫이다.

또한 이태리 영화 철도원의 라스트 신도 잊을 수 없다. 고달픈 철도원의 어린 아들 눈으로 바라본 가난이 빚는 가족 간의 갈등과 화해를 담은 영화이다. 그런데 영화 마지막에 가족과 화해하고 행복한 크리스마스 파티를 끝낸 후, 주인공은 부인이 커피를 끓이는 동안 침대에 비스듬히 기대고는 기타를 치다가, 잠들듯 죽는 장면이 왠지 멋있게 느끼고 나도 언젠가 기타를 배워야겠다는 꿈을 갖게 한 장면이다.

그리고 제3의 사나이에서 자기를 기다리고 있는 조지프 코튼에게 눈길을 주지 않고, 묘지의 가로수 길을 걸어가는 여주인공의 뒷모습이 담긴 라스트 신이 오래도록 기억에 남아있다.

라스트 신이 아닌데 인상 깊게 남아있는 장면이 있다. 영화 자랑과 정열(The pride and passion)에서 주인공 미구엘(프랭크 시나트라)은 스페인을 점령한 나폴레옹 군대에 저항하는 시민군 지도자이지만, 신발 수선공으로 자기 이름도 쓸 줄 모른다. 그럼에도 강 진흙 속에 빠진 대포를 끌어내기 위해 인근 마을 투우장에 가서, "아직도 여러분 중에 스페인인이 있다면 나를 따라오세요" 하고 돌아서 가는데 많은 주민이 따라나선다. 당시 고등학생으로 독립투사가 꿈이었던 나에게는, 작은 체구에 망토를 어깨에 걸치고 투우장 가운데 서서 연설하고는, 수많은 군중을 이끌고 가는 장면은 잊지 못할 진한 감동이었다.

벤허에서 아바타까지, 진화하는 영화들

내가 대학을 다니던 1960년대에는 그동안 보지 못했던 스케일이 웅장한 영화로, 벤허를 비롯하여 아라비아의 로렌스, 닥터 지바고 같은 볼만한 영화가 많았다. 이들 영화의 진행속도도 빨라졌다. 또한 종전의 서부영화는 게리 쿠퍼의 하이 눈, 버트 랭카스터의 OK목장의 결투처럼 총으로 악당을 죽이려면 여러 발을 쏘아야 했다.

그러나 이태리 세르지오 레오네 감독의 무법자 3부작 시리즈로 클린트 이스트우드의 황야의 무법자, 석양의 건맨, 석양의 무법자가 나오면서, 단방으로 여러 명을 쓰러트리는 마카로니 웨스턴으로 바꿨다. 이후에도 쉼 없이 진화하여 스타워즈, 터미네이터, 영국작가 J.K. 롤링의 판타지 소설 해리포터 시리즈, 반지의 제왕 시리즈 등 판타지나 미래 공상 영화들이 볼 때마다 놀라게 했다.

2010년에는 제임스 캐머런 감독의 3D영상의 혁명이라고 하는 아바타가 나왔다. 지금껏 본 영화 가운데 가장 충격적인 영화였다. 상업적으로 전 세계 영화시장의 80%를 장악하고 있다는 미국의 영화는 어디까지 진화할 것인지 경외스러웠다.

그런데 흥미로운 것은 2010년 아카데미상은 아바타를 제치고 캐슬리 비글로 감독의 허트 로커에게 간 것이다. 이는 영화 관련 회원 5천 8백여 명이 투표로 선정하는데, 회원들이 보수적 성향이 많은 편이라 그런 결과가 나왔다는 것이다.

스펜서 트레이시와 캐서린 헵번

대학에 막 입학하고 나서이다. 학교 인근 이발소에 다녔는데, 당시에는 이발사와 별도로 면도는 여자 면도사가 해주는 곳이 많았다. 여자 면도사가 면도를 하면서 이수란 영화를 봤느냐고 물었다. 못 보았다고 했더니 어제 영화를 봤는데 거기에 나오는 안소니 퍼킨스와 닮았다고 했다.

그 소리에 이수란 영화를 봤다. 프랑스 작가 프랑수아즈 사강의 《브람스를 좋아하세요》를 영화화한 것으로, 스물다섯의 시몬(안소니 퍼킨스)이 서른아홉의 폴라(잉그리드 버그만)에게 '브람스를 좋아하세요'라는 편지를 보내 콘서트 데이트가 성사되지만, 나이 차이로 이루어질 수 없는 사랑을 그린 영화였다.

내가 좋아하는 타입의 배우는 아니었지만, 우수에 젖은 얼굴에 나와 같은 날에 세상에 태어났다는 것을 알고는, 인연이 있나 보다 하고 우정 어린 설득, 죽어도 좋아(원명 페드라) 등 그가 출연한 영화는 빼지 않고 열심히 보았다. 그러다 알프레드 히치콕 감독의 사이코, 사이코 2에서 신경질적인 정신이상자 역을 너무 연기를 잘한 탓인지 정이 떨어졌다.

나는 누가 나온다고 그 영화를 보는 편은 아니다. 누가 나온다고 그 영화를 본건 안소니 퍼킨스가 유일한 배우였다. 그러나 영화를 보다 보면 마음에 드는 배우가 있기 마련인데 모두가 강인한 성격을 가졌다.

마음에 드는 배우로는 OK목장의 결투에서, 알코올 중독자이며 도박사인 딕 역을 맡아 보안관 친구에게 의리를 지키는 커크 더글러스이다. 바이킹, 스파르타쿠스 등 그가 출연한 영화를 보면 키는 작지만 쉰 듯한 목소리와 쓴웃음에 깃든 카리스마 그리고 그는 모든 문제를 저돌적인 행동으로 해결하는 화끈함이 좋았다.

멋진 배우로는 클린트 이스트우드를 꼽는다. 큰 키에 거칠고 냉소적인 목소리와 고독한 표정이 멋있다. 특히 마카로니 웨스턴의 무법자 시리즈를 보면, 마치 내가 좋아하는 무협지의 주인공 같다. 그것만으로 그가 멋진 배우라는 것은 아니다.

액션스타이지만 그가 감독으로서 만든 영화 용서받지 못한 자, 매디슨 카운티의 다리 등은, 영화가 대형화·판타지·미래 SF 영화로 진화하는데도 아랑곳 없이, 스타일과 기교 없이 오직 감동적인 스토리로 관객을 조용히 빠져들게 하는, 고전적 영화로 나를 감동시키기 때문이다.

인연이 미스터리한 건 동서양이 같은가 보다. 가장 매력 있는 배우로는 스펜서 트레이시를 꼽는다. 중학교 다닐 때 단체관람으로 산이라는 영화를 본 적이 있다. 높은 산에 추락한 비행기 잔해에서 여자 생존자를 발견하고, 재물을 탐내는 동생 때문에 고생하는 나이 많은 형으로 나왔다.

키는 작고 핸섬하지도 않고 나이 든 평범한 얼굴이었는데 이상할 만큼 인상이 깊게 남아있다. 긴 시간이 흐르고 노인과 바다에서 그를 보고 예전 산에서 봤던 배우란 것을 단번에 알아봤다.

어느 날 연예계에 관심 많았던 친구가 스펜서 트레이시가 초대받지 않은 손님(1967년)의 촬영을 마치고 세상을 떠났다고 했다. 그런데 그 영화에서 흑인 남자와 결혼하려는 딸을 둔 부모 역을 함께한, "캐서린 헵번과 26년 동안 연인 관계였으며, 캐서린 헵번이 마지막 순간을 지켰다"고 했다.

그 얘기를 듣고 그의 마지막 출연 영화인 초대받지 않은 손님을 보았다. 큰 키에 오만할 만큼 자존심이 강한 캐서린 헵번이, 이혼도 하지 않은 그를 죽을 때까지 사랑하게 한 매력이 무엇이었을까. 내가 그에게서 느꼈던 편안함이나 강인함일까. 참으로 궁금하였다. 그런데 캐서린 헵번은 "사랑은 내가 선택할 수 있는 것이 아닙니다. 그저 내게로 다가오는 것입니다.(Love is not something I can choose. It just comes to me.)"라고 말했다.

영화만큼 재미있는 미국 드라마

영화만큼 재미있고 만화나 무협지만큼 재미있는 것이 또 생겼다. 미국 드라마, 바로 미드이다. 대한지적공사에 근무할 때이다. 비서들이 내 취향을 알고 CD에 구워준 미드 24시즌을 몇 날을 밤새워 보고는 흥미를 붙였다.

그 후 NCIS, PRISON BREAK, PERSON OF INTEREST 등 내가 본 미드는 놀랄 만큼 재미있었다. 흔히 농담 삼아 '골프는 너무 재미있는 것이 문제'라고 한다. 미드는 재미있다고 느끼면 끝을 보는 성격의 내가 문제이다. 미드는 만화, 무협지나 영화에 비하면 상영시간이 긴 편이다.

PERSON OF INTEREST의 경우 시즌1이 23편, 시즌2가 22편으로 상영시간을 1편당 40분만 잡아도 30시간이 소요된다. 미드는 몇 편을 연속해서 보면 시리즈 소설을 읽을 때와는 달리 정신이 혼미해진다. 재미는 있는데 여간 피곤한 게 아니다. 그래서 올레TV에서 미드를 볼까 하고는 주저할 때가 많았다.

최근에는 넷플릭스(Netflix)를 설치하면 적은 비용으로 미드 뿐만 아니라 영화나 각국 드라마 등을 얼마든지 골라 볼 수 있다고 한다. 그래서 솔깃하지만 자제하고 있다. 자칫 빠져들면 인생노트 쓰는데 지장이 있을 것 같아서이다. 인생노트를 끝낸 후 설치하여 느긋하게 실컷 보기로 마음먹고 있다.

7-3. 추억을 부르는 대중가요와 팝송

가족이 함께 한 노래방은 단 한 번

중학교 2학년쯤으로 기억된다. 음악 시험을 듣기와 부르기로 쳤다. 그런데 듣기는 교내 스피커로 클래식을 들려주고 곡명을 쓰는 것이었다. 매일 점심시간이면 늘 들려주던 음악인데도 나는 그 곡이 그 곡 같아 구별하지 못했다. 부르기는 교단에 나가서 지정해준 노래를 한두 소절을 부르는 것인데, 내가 부르고 내려오니까 급우들이 킥킥거리고 웃었다.

그러나 음악은 계집애들이나 하는 것이라고 믿었기 때문에 전혀 개의치 않았다. 자식들이 대학 다니던 어느 해 여름, 가족이 용평으로 휴가 갔다가 노래방에 갔었다. 그때 아들과 딸이 나만큼 못 부르는 것 같아 절로 웃음이 나왔다. 아이들 엄마는 성가(聖歌) 합창단에서 노래를 부를 만큼 노래도 좋아하고 잘 부르는데, 하필 나를 닮아 저런다 싶어 미안한 마음도 들었다.

가족이 함께 노래방 가는 것이 그날이 처음이자 마지막이 되었다. 그리고 가족이 함께 부르는 노래는 생일날 해피 버쓰데이 투 유 밖에 없다. 나와 아이들이 노래 솜씨가 시원찮은 것은 분명 우리 어머니를 닮아서일 것으로 생각한다. 아버지는 식사 때면 늘 반주 한잔하시고 일 할 때 흥얼거리는 것처럼 노래를 부르셨는데 듣기에도 무척 좋았다. 그런데 어머니의 노래는 들은 적이 없다.

얼마 전에 "누부는 어머니 노래를 들은 적이 있나"라고 물었더니,

"어머니는 술도 입에 못 대고 노래도 못 불러 부른 적이 없다"면서 "네가 어머니를 닮았다"고 하였다. 그런데 돌아가시기 얼마 전에 민우 어미(내 여동생) 보고 조용필의 허공이란 노래 배우고 싶다고 하셔서, 가사를 적어드리고 따라 부르시게 했는데 제대로 따라 하지도 못하셨다고 했다. 마침 허공은 나도 즐겨들었던 노래라, 왜 허공이었을까 생각하니 우리 어머니가 가슴저리게 그리웠다.

나의 18번, 진짜 사나이와 청춘 방랑가

대한지적공사에 재직할 때 강원도 본부 순시 차 춘천에 간 적이 있다. 그때 예전 설악동 사업을 함께 했던 동료들을 초대해서 소주를 곁들인 저녁식사를 했다. 이 자리에서 한 동료가 "과장님은 직원들과 회식하면 한결같이 진짜 사나이를 부르고, 뒤풀이는 어깨 잡고 '칙칙폭폭'하는 기차놀이로 하셨는데 요즘도 그러시냐"고 물었다. 그래서 좌중이 내 잘난 노래 솜씨를 놓고 한바탕 웃음꽃을 피웠다.

원래 노래를 할 줄 모르니까 하지 않았는데, 군에 가서 군가를 불러보니 어쩐지 부르기가 편해서 행군하면서는 따라 불렀다. 그러다 가사가 마음에 드는 진짜 사나이가 18번이 되어 공직생활을 처음 시작한 강원도에서는 그 노래만 불렀다. 그러다가 서울로 올라오면서 나이가 든 탓인지, 그 노래가 유치하게 느껴지면서 아버지가 즐겨 흥얼거리시던 노래로 내 18번이 바뀌었다.

아버지는 주로 "이 풍진 세상을 만났으니 너의 희망이 무엇이냐"는 희망가를 비롯하여 너영나영이나 뱃노래, 창부타령 같은 민요와 곡명을 알지 못했지만 가사도 쉽고 부르기 편한 노래를 부르셨다.

"내 고향 처녀가 나를 불러주는데
하루에도 몇 번씩 가고 싶은 내 고향
에헤라 가다 못가면
에헤라 쉬어나 가세
호박같이 둥근 세상
둥글둥글 삽시다"

언젠가 최희준의 병사의 향수를 들었는데 아버지가 부르시던 노래였다. 곡조는 같은데 노랫말이 달라 아버지가 잘못 아셨는가 보다라고 생각했었다. 그러다가 박찬호의 《한국가요사》를 보고 그 이유를 알았다.

아버지가 부른 노래 가사는 원곡이 구십리 고개(1937년 발매)를, 일제 지배하에 재일 한국 학생들이 청춘 방랑가로 변형시켜 불렀던 것이었고, 병사의 향수는 최희준이 1960년대에 비슷한 내용으로 부른 것이었다.

추억을 부르는 대중가요와 팝송

모든 사물에는 추억이 담겨 있다고 한다. 그리고 사람들은 흔히 추억과 만나고 싶을 때에는 사진첩을 본다. 나이를 먹을 만큼 먹어서 옛날이 그리워지는 나이가 되니, 사진첩만큼이나 추억을 생생하게 되살려주는 요술램프가 생겼다. 흘러간 대중가요와 팝송이다.

나는 몇 년 전 중학교 때 음악 듣기 시험에 나왔던 푸른 도나우강 곡이 들어있는 CD를 구입해 들었다. 그런데 처음 듣는 것 같았다. 그뿐만 아니라 엘리제를 위하여와 소녀의 기도를 구분하지 못한다. 어디선가 "클래식은 어렵지 않다. 사람 감정을 담은 음악이기 때문이다"라는 글을 읽고, 나는 어림없는데 사람 감정을 쉽게 느끼거나 읽는 사람도 있구나 싶었다.

언젠가 고등학교 친구와 영화를 함께 본 적이 있었다. 예술적이거나 난해하지 않는 흔한 멜로 영화인데, 스토리를 이해하지 못하는 것을 보고 이상스럽게 생각했다. 그러나 내가 클래식을 이해 못 하는 것에 비추어, 그 친구가 이상한 것이 아니었다는 것을 비로소 깨달았다.

이처럼 나는 운율은 모르는 처지이지만 다행스럽게도 대중가요와 팝송은 귀에 익어서, 가볍게 그 노래를 듣던 시절로 돌아가게 할 뿐만 아니라, 때로는 시간과 공간이 스며들면 생각지 못한 추억들이 파노라마처럼 펼쳐준다.

예컨대 가수 박재홍의 유정천리를 들으면, 우리 집 공장에서 일하던 허우대와 인물이 좋았던 형이 떠오른다. 공장 뒷집에 사는 여대생이 들으라고 '못 살아도 나는 좋아'라고 목이 터지게 부르던 얼굴이 그립다. 또 섬머타임은 폼을 잔뜩 잡고 허스키한 목소리로 노래하던 친구 영길이가 자연스레 떠오른다.

그리고 꿈이여 다시 한번은 주춧돌회에서 구호물품을 나누어주려고 수성천 다리 아래에 갔다가, 노숙자들이 노래 부르라는 성화에 멋지게 부르던 삼옥이가 생각난다.

또 인도의 향불은 눈을 지그시 감고 자기가 가수 현인인 양 부르던 종웅이가, 청춘의 봄은 여자들에게 인기가 있던 명우를 생각하게 한다. 디라일라를 멋지게 부르던 마음 넉넉한 영철이, 처남 매부 사이인 정욱이와 용재가 제비를 정겹게 부르던 모습이 떠오르고, 강남 가는 배를 들으면 뚝섬 밤길을 걸어가면서 뽑던 태승이가 떠오른다.

많은 세월이 흐르면서 기회가 있을 때면, 나는 친구들에게 그 노래를 불러보라고 한다. 하지만 정작 본인은 그 노래를 불렀는지도 기억 못 하고, 가사도 잊고 있어 내 추억에만 남아있을 뿐이다. 손쉽게 추억을 만나기 위해 내가 좋아하고, 귀에 남아있는 대중가요와 팝송을 몇 년 동안 생각날 때마다 찾은 것이 4백여 곡이다.

처음에는 테이프에 나중에는 CD로 2장씩 구워서, 집과 자동차에 두고 집에서 커피 마실 때 가끔 듣는다. 그리고 운전할 때는 거의 습관적으로 틀고는 한다. 요즘은 휴대폰에 모두 입력시켜놓고 버스나 지하철 타고 다닐 때 헤드폰으로 들으면 지루할 틈도 없이 목적지까지 금방 간다.

내가 좋아하는 대중가요들
행정자치부 차관 발령 때 나의 프로필로 유력 일간지에서 '술자리에서는 투박한 경상도 사투리로 팝송을 즐겨 부른다'고 소개되었다.

물론 즐겨 부른다는 것은 오보지만 공직에 있을 때에는 대중가요보다 팝송을 즐겨들었다.

공직을 떠나고는 나이 탓인지 팝송보다 대중가요를 즐겨 듣는 것으로 바꿨다. 대중가요도 최근 것이 아니라 예전에 들었던 흘러간 노래들이다. 가장 즐겨 듣는 노래가 현인(玄仁)이가 부른 번안곡인 꿈속의 사랑이다. 듣고 또 들어도 싫증 나지 않는다. 예전 시민회관(현 세종문화회관)에 쇼를 보러 다닐 때가 1960년 후반부터였다.

배호·최희준을 비롯하여 남일해·오기택·나훈아와 남진 같은 스타 가수들이 등장하면서 현인은 잊혀져가고 있을 즈음, 당시 무대에서 앵콜을 받으려고 신라의 달밤을 과장된 몸짓과 심한 바이브레이션으로 부르던 안쓰러운 기억이 남아 있어서일까. 그의 목소리와 노래가 매우 애틋하게 들린다.

음률을 몰라서 그런지는 알 수 없으나 나는 가사가 마음에 드는 노래를 좋아한다. 현인 노래 이외에 즐겨듣는 노래로는 조용필의 킬리만자로의 표범이다.

> 나는 짐승의 썩은 고기만을 찾아다니는
> 산기슭의 하이에나가 아니라 표범이고 싶다
> 산장 높이 올라가 굶어서 얼어 죽는
> 눈 덮인 킬리만자로의 표범이고 싶다

들을 때마다 가슴이 찡한 노래들

그 외에 내가 즐겨 듣는 것은 아니지만 막상 들을 때마다 가슴이 찡한 노래들이 있다. 그 가운데 백설희의 봄날은 간다는 예외이지만, 모두 군인과 운동권과 관련된 노래들이다.

어릴 적의 내 꿈이 군인과 독립투사이고 싶었던 탓인지 아니면 나도 따라 부를 수 있는, 잘라서 부르는 군가식 노래 탓인지는 알 수가 없다. 어쨌든 허성희의 전우가 남긴 한마디, 김민기의 늙은 군인의 노래, 송창식의 병사의 향수, 그리고 임을 위한 행진곡 등이 그것이다.

이렇듯 클래식 음악은 아니더라도 대중가요나 팝송, 가곡 중에서도 멋진 노래들이 많은데, 마음 찡하게 느끼는 노래들이 기껏 군가식 노래라니, 내가 얼마나 멋대가리 없는 사내인가 싶지만 어쩔 수 없는 노릇이다.

임을 위한 행진곡과 거지 꿈

임을 위한 행진곡을 처음으로 들은 것은 원주시장 때이다. 원일로 정비사업을 하면서 노점상을 철거하려 하자, 이에 항의하여 노점상들은 영업을 끝내고 한밤에 집단시위를 했다. 그때 그들의 구호는 전두환 대통령이 백담사 칩거 중인 때라 '김재영 시장 백담사로 보내라'였다.

어느 날 저녁 자리에서 못하는 술을 한잔하고 혼자 관사로 가는 길에 시위 현장으로 발길이 갔다. 마침 '김재영 시장 백담사로 보내라'는 구호를 외치고 있었다. 그런데 가까이 다가온 나를 보고는 구호를

뚝 그쳤다.

 그래서 그들에게 "시장 왔으니 더 크게 외쳐야지 와 그만두노"라고 말했다. 그 순간 나이 든 노점상 한 사람이 일어나 내 손을 잡고 "시장님이 여기 오시면 어떻게 합니까"라고 하면서 시위 현장에서 멀어지게 나를 끌고 갔었다.

 그때 누가 '사랑도 명예도 이름도 남김없이'하고 선창하니 모두가 따라 부르는데 마음이 찡했다. 그래서 못 이기는 척 그 자리를 떠났다. 다음날 그 노래가 운동권의 임을 위한 행진곡이란 것을 알게 되었다. 내가 젊었을 때 좋아했던 김동환의 시 '거지 꿈'과 임을 위한 행진곡의 가사 느낌이 같아선지, 많은 세월이 흘렀는데도 들을 때마다 가슴이 찡하다.

 김영삼 정부 때 제15대 총선에서 여당이 승리한 후 5·18 재평가가 이뤄진 결과로, 국가기념일이 되어 정부가 주관하여 기념식을 치르었다. 김대중 정부에서 5·18 국가기념일에 임을 위한 행진곡을 제창(齊唱)하다가 보수정권인 이명박 정부에서 합창으로 바뀌었다.

 이에 야당과 유가족·광주 민주화운동 관련 단체 쪽은 제창하겠다고 하고, 정부는 합창만 된다 하여 서로 반쪽 행사를 했다. 정부가 옹졸해 보였다. 시간이 흘러 진보진영인 문재인 정부에서는 제창 못하게 한 보훈처장을 서둘러 해임했다. 그리고 이 노래를 대중화·세계화한다고 국비예산을 편성하는 모습을 보면서 어쩌면 양쪽 다 저리도 편협한가 싶었다.

내가 좋아했던 팝송들

팝송(pop song)은 고등학생 때부터 가사도 제대로 알지 못한 채 즐겨들었다. 대학에 다닐 때는 광화문 국제극장 뒤편의 여심 다방에서 신곡을 듣곤 했다. 그 다방에서는 미국에서 유행하는 노래가 미8군으로 들어오면 다음날 틀어줬다. 군대 가기 전 많이 듣던 새드무비(sad movie)를, 군대 가서 훈련받으면서 12시 라디오에서 나오는 걸 듣고 착잡했던 기분이 아직도 남아있다.

나의 딸이 대학 다닐 때 팝송을 녹음한 테이프를 내게 생일 선물로 줬다. 그게 팝송을 즐겨듣던 시기로 정점이었다. 이후 공직을 떠나고 팝송과는 멀어지면서 즐겨듣는 곡이 몇 곡 되지도 않는다.

흑인가수로는 처음으로 카네기 홀에서 노래한 해리 벨라폰테의 Day o, 브라더스 포의 Greenfields, 비틀즈의 Yesterday, 루이 암스트롱의 Hello, Dolly, 샹송가수 쥬리에 그레꼬의 Romance, 그리고 썸머 와인으로 유혹하는 꽃뱀에게 모두 털리는 노래, 그래서 한 학기 등록금을 몽땅 술로 마신 친구가 생각나는 낸시 시나트라와 리 해즐우드의 Summer Wine 정도이다. 이젠 딸아이가 준 팝송 테이프가 잡음이 심해졌지만 아직도 가지고 있다.

박치는 기타를 치고 싶다

고등학교 때 철도원이란 이태리 영화를 보고, 살아오면서 기타

(guitar)를 배우겠다는 다짐은 하고 있었다. 그렇지만 살아오면서 배우지는 못했다. 그러면서 내가 가지고 싶었던 멋을, 아들은 가졌으면 하는 바람에서 중학교 때 기타를 사주었다. 그런데 역시 아들도 배우지 않았다.

공직을 떠나서 여의도 본사가 있는 대한지적공사에 근무할 때 본사 뒤편에 기타 교습소가 있어서, 일과 후 아들에게 사줬던 기타를 들고 찾아갔다. 아들 기타는 너무 오래되어서 새 기타를 마련하는 것이 좋겠다고 해서 나이 육십에 드디어 기타를 치게 됐다는 흥분에 기꺼이 새로 장만했다.

그리고 탱고를 치려면 얼마 걸리는가를 물었더니 치시는 것을 보고 답을 하겠다고 했다. 일주일에 한 번 가서 1시간 동안 배웠다. 내가 늘 그러하듯 교습소에서 배우면 그만, 집에까지 가서 애쓰지는 않았다. 그리고 한 달쯤 되어서 옆방의 여고생이 전자 기타를 너무 잘 쳐서, 부러운 마음에 선생에게 저 여학생만큼 치려면 얼마 동안 쳐야 하느냐고 물었다.

그랬더니 선생이 웃는 얼굴로 배운지 일주일 됐다면서, 혹시 사장님은 박치(拍癡)란 말을 들어보셨느냐고 물었다. 금시초문이라 했더니 노래 못 부르는 사람은 음치, 박자를 못 맞추는 사람은 '박치'라고 한다면서, 조심스럽게 사장님은 '박치'신 것 같다고 했다.

노래 못하는 것은 별로 개의치 않지만, 박치라는 소리를 듣고는 맥이 빠졌다. 그리고 왜 클래식 음악이 귀에 와닿지 않았는지 의문은 풀렸다. 그 즈음 지방에 순시를 간 김에 경북 칠곡에 있는 친구(김정명) 산소에 성묘 갔다가, 발을 헛디뎌 넘어지면서 왼쪽 새끼손가락을 다쳤다.

죽은 친구가 겉멋 부리려고 애쓰는 나를 보기가 딱해서 "니 재주에 기타 배운다고 용써봐야 안 된다. 그만두라 하는가 보다"라고 핑계를 대고 그만두었다.

손녀가 전국 초등학생 피아노 콩쿠르 대회에서 입상하는 것을 보고 "주아는 음악에 관한한 김 씨 집안 피를 받지 않는가 보다"고 했더니, 아들이 "힘들다고 얼마나 울면서 했는데요"라고 했다.

그랬다. 보다 나은 사람이 되기 위해서는 스스로 치열하게 살아야 하지만, 나는 언제나 대충 살아와서 기타도 치지 못하는 것이다. 마음이 허전할 때 창가에 앉아 기타로 탱고를 치겠다는 나의 꿈은, 결국 개꿈이 되리란 것을 잘 알고 있다. 그렇지만 나는 기타에 대한 미련을 아직도 버리지 못하고 있다.

⁕

7-4. 내가 즐기는 네 가지 내기 놀이

재미는 곧 즐거움이다. 언젠가 신문에서 미국 여자들이 가장 좋아하는 남자는 유머(humor)가 있는 남자라는 글을 본 적이 있다. 사람들은 본능적으로 즐겁게 살고 싶어 하고 제 나름으로 즐거움을 추구한다. 그리고 흔히 더 많이 가지거나 더 많이 뽐낼 수 있는 큰 즐거움에 집착하기 마련이다. 그런데 소소한 즐거움을 주는 유머라니 영리하다 싶었다. 나는 태생적으로 재미하고는 거리가 멀었다.

그런 가운데 내 나름으로 재미를 찾은 것이 만화나 무협지를 읽고 영화를 즐겨 보는 것이었다. 그런데 이보다 더 재미있는 것이 있다. 바로 돈을 걸고 따먹기 하는 '내기'이다. 내기는 누구나 겨루어 이기기를 바라는, '호승심(好勝心)'을 자극하여 몰입되게 할 뿐만 아니라 늘 요행이 끼어들어 재미를 증폭시킨다.

나는 내기를 매우 재미있어 한다. 그래서 내가 좀 할 줄 아는 네 가지, 고스톱·골프·당구·바둑 같은 놀이를 할 때는 늘 내기를 한다. 흔히 우리는 주색과 잡기에 빠지면 그 중독성으로 패가망신한다고 말한다. 그런데 내기는 주색과 잡기 가운데 술과 여자 못지않게 중독성이 강한 잡기에 속한다.

지금 생각해보면 내가 내기에 집착하면서 중독이 되지 않는 것은, 돈을 따서 이득을 보려고 하기보다는, 살면서 받는 스트레스로부터 벗어나는 한 수단으로 인식하고 있어서이지 싶다. 나는 내기에서 거는 돈의 규모가 잃으면 크게 기분이 나쁠 만큼 걸고 한 적은 별로 없다.

그러다 보니 나의 내기는 그저 놀이 개념으로 자리 잡았던 것 같다. 비록 중독되지 않았지만 내기에 너무 집착했다는 느낌은 지을 수가 없었다. 실속 없는 재미에 넣은 긴 시간을 문·사·철(文·史·哲) 등에 투자했다면, 삶의 격이 달라졌으리라는 진한 아쉬움은 여전히 남아 있다.

가. 가장 변화가 많은 게임, 고스톱

내무부와 총무처가 통폐합된 행정자치부 차관에 부임하면서 내가 취임사 말미에 이렇게 말했다. "예전 내무부와 총무처 사람들이 서로 허물없이 가까워지려면, 저녁 먹기 전에 '고스톱' 한 판치는 것도 도움이 될 끼다"해서 직원들이 와~하고 웃었다.

취임식 끝나고 고등학교 후배인 기획관리실장(김범일)이 '대한민국 국무위원 중에 형님만큼 고스톱을 좋아하는 분이 없을 겁니다'라고 했다. 그런데 그가 몰라서다. 나보다 더 좋아하는 국무위원이 있었다.

청와대 근무할 때다. 산업비서관이 경제비서실 행정관[6]들을 저녁 식사에 초대해서는 밤새워 고스톱을 쳤다. 그리고 과천시장 때 동자부 장관으로 취임하여 인사차 갔더니 대뜸 언제 고스톱 한번 치자고 성화를 대셨다.

고스톱, 기본 전략이 필요하다

예전 사람들이 즐겨 하던 화투놀이는 '섯다'와 '도리짓고 땡' '육백'

---

[6] 정해주·이원·정홍식·저자

이었다. 그런데 고스톱의 등장으로 그 기세가 수그러지게 되었다. 고스톱은 화투놀이 중 가장 변화가 많은 게임이다. 그래서 1점에 얼마로 하느냐에 따라 가족오락이 되기도 하고, '섯다'나 '도리짓고 땡'보다 더 무서운 도박이 되기도 한다.

고스톱에서는 이긴 판수가 많은 사람이 승자가 아니고 돈을 딴 사람이 승자가 된다. 그래서 3판 중 2판을 적게 잃고 1판을 크게 먹으면 이긴다. 따라서 고스톱에도 기본 전략이 있어야 한다. 기본 3점은 미련 없이 주고 풀어주는 것도 전략이다. 또 상대 초구 2장을 기억해야 한다. 바로 초구 2장에 상대방 전략이 담겨있기 때문이다.

그리고 바둑 복기는 끝난 후에 하지만 고스톱 복기는 치는 동안 수시로 해야 한다. 초보는 상대방이 먹은 패를 살필 때 무슨 약을 하는지만 살핀다. 하지만 그 패들이 손에 들고 있는 것으로 가져갔는지 떠서 붙은 것인지 파악해야 한다.

고스톱 팀, 아직도 GO·GO·GO

나에게는 내무부 국장 시절부터 어울려 고스톱을 치는 팀이 있다. 그러니 벌써 20년도 훨씬 넘는 세월이 지났다. 하지만 아직까지 우리 고스톱 팀[7]은 그대로 한 달에 한두 번 정도 만나 식사도 하고 고스톱도 친다.

---

7) 김충규·김흥래·박광희·이수영·박상홍·저자

이젠 나이 먹어서 허리가 아프기 때문에, 방바닥 담요에 깔린 화투장을 내리치는 맛을 포기하고 의자에 앉아서 친다. 어떻게 오랜 세월 동안 이 고스톱이라는 '놀이'가 계속되고 있는가. 아마도 언제 봐도 반가운 얼굴들에 돈독한 우의와 신뢰가 있기 때문이라고 생각한다.

아울러 모두가 고스톱을 돈을 따기 위한 도박으로 보지 않고, 재미있는 놀이 게임으로 인식하고 있기 때문이지 싶다. 그래서 골프를 '풀 스윙'이라 하고 고스톱을 '하프 스윙'이라 한다.

흔히 노름판에서는 항상 돈이 빈다. 그래서 부자지간에 노름해도 돈이 없어진다는 말이 있다. 그러나 우리 팀은 셈이 틀린 적이 없다. 또 돈 잃고 기분 좋은 사람 없어 큰소리 나게 마련이다. 그러나 우리 팀은 긴 세월 동안 서로 얼굴 붉히고 큰소리 난 적이 없다.

참으로 고스톱은 재미있는 놀이이다. 일단 고스톱을 치면 자연스레 호승심이 발동되면서 잡념이 없어진다. 세상 돌아가는 이야기는 식사 때 하고는 끝이다. 고스톱 치면서 사는 얘기는 일체 안 한다.

그리고 고스톱은 5-6명 중 3명만 치지만 옆에서 치는 사람의 패를 보고 훈수하느라 여념이 없다. 그 훈수로 상대방이 손해를 봐도 그 훈수를 시비하지는 않는다. 참으로 별난 고스톱 특유의 분위기다.

운칠기삼과 수덕

모든 내기 놀이에는 요행이 따르게 마련이다. 그래서 고스톱에서도 열에 일곱이 요행이라는 운칠기삼(運七技三)이라는 말이 있다. 바로 돈을 따려면 기술보다 운이 따라야 한다는 의미다. 그래서 고스톱에서는 늘 이기거나 늘 지는 경우는 없다.

그런데 나는 고스톱을 치면서 수덕(手德) 그러니까 흔히 손속이라고 하는, 쉽게 말하면 노름할 때 힘들이지 아니하여도 나오는 재수가 있다고 믿는다. 내 손자가 초등학교 4학년 때이다. 인터넷에서 고스톱을 배우고 실전을 하고 싶어 한다고 제 어미가 판교 집에 데리고 왔다.

타고난 재주가 없는 나로서 손자에게 "할아버지가 고스톱 고수라는 것이라도 각인시켜 줄 좋은 기회"라 생각하고 손자와 마주 앉았다. 예상대로 첫판은 내가 크게 이겼다. 그런데 둘째 판부터 나와 손자가 '뻑'을 하면 모조리 손자가 가져가는 통에 세 판을 내리 졌다.

다섯째 판을 칠까 하다가 그만두었다. 자칫 손자에게 고수는커녕 하수로 낙인 될까 싶어서였다. 그리고 할머니는 다섯 판을 쳤는데 한 판도 이기지 못했다. 뻑 한 것은 모두 손자가 가져갔었다. 초짜 손자에게 내가 진 이유는 손자의 수덕 때문이라고 본다. 오랜 세월 고스톱을 치다 보니 나에게 고스톱에 얽힌 이런저런 이야기들도 많다.

명주스님과의 추억

강원도에서 설악동 개발사업을 할 때다. 월정사 명주스님이 춘천에서 사업하던 불자 집에 오면, 강원도의 국장 두 분·출입기자·집주인과 어울려 고스톱이나 포커를 했다. 스님은 비단 주머니에 불자들이 준 용돈이라면서 넣어왔는데, 단 한 번도 따지 못하면서 얼굴 찡그리는 것을 본 적이 없다. 고스톱을 보시하듯 쳤다. 처음에 내가 따서 용돈이라고 주었지만 한사코 받지 않았다.

내가 강원도를 떠난 그 해 겨울, 스님이 폐암으로 음식을 입에 대지 못하고 누워있자, 다른 스님들이 스님 심심하다고 스님 방에서 고스톱을 치면서 저승길 노자 돈하라고 요 밑에 넣어줬는데, 봄날 열반하고 요 밑에서 일백만 원이 나왔다는 후문을 들었다. 벌써 40여 년 전의 일이다.

내 생애 가장 오래 친 고스톱

행정고시 동기가 나주시장(김흥래)을 하면서, 주말에 테니스 치고 가라면서 행시 동기 네 명[8]을 초청했다. 토요일 오후 새마을 열차편으로 내려가서, 저녁을 먹고 숙소에서 고스톱 붙은 것이 화근이었다. 꼬박 밤새워 치고는 시장 관사에서 아침 식사하고 그 자리에서 계속했다.

그리고 기차 시간이 되어서야 비로소 일어섰다. 허겁지겁 기차를 탔는데 시장이 끝장을 보라고 화투를 넣어 주는 통에, 용산역에 도착해서야 겨우 화투장을 덮었다. 헤아려보니 잠도 안 자고 무려 20시간을 쳤다. 내 생애에서 내가 친 고스톱으로 최장 시간이었다. 왜 그렇게 쳤는지 지금도 알지 못한다.

---

8) 김상남·조남성·조해녕·저자

고스톱 쳤다고 신문에 나다

과천시장 때 식목일 행사를 마치고 행사에 참석한 시의원·경찰서장·지역 기관장과 유지 등 20여 명이, 과천 호프 호텔에서 목욕하고 맥주 마시면서 환담하는데, 한 시의원이 나를 보고 고스톱을 치자고 해서 호승심 없이 그저 예의상 서너 판을 쳤다.

여러 날 지난 후 지방지에 '시장이 시의회를 시녀화하고 있다'는 내용을 대서특필하면서, 식목일에 시의원들과 고스톱을 쳤다는 기사가 나왔다. 이어서 중앙지에서도 이것이 가십으로 가판에 나와 곤욕을 치른 적이 있다.

내기꾼들의 알량한 허세

우리 고스톱 팀들이 고스톱을 칠 때 적용되는 룰에, 일정 금액 이상은 주지 않는 한도가 있다. 그러니 점수가 한도까지 되면 당연히 스톱한다. 언젠가 상대에게 피박과 광박이 있어 한도가 이미 넘었는데, 손에 국화 쌍피를 쥐고 바닥에 굿자로 국화피가 있다고 고 했다가 독박 쓴 일이 있었다. 지금도 한도 잡고 고 했다가 독박 쓴 이야기가 회자된다.

딸이 졸업하고 취직한 직장이 내가 출근하는 길에 있어 한동안 함께 출근했다. 어느 날 딸이 느닷없이 "아빠는 고스톱하면 늘 돈을 따세요" 하고 물었다. 그 물음이 이상스러워서 쳐다봤더니 "어제도 땄다고 하시면서, 딴 돈을 나누면 기쁨이 두 배가 된다고 하며 주셨잖아요"했다. 그제서야 무슨 소린지 알고 웃었다.

나와 함께 종종 고스톱치는 팀원들도, 집에 가면 하나같이 고스톱 해서 딴 돈이라고 말하면서 내어놓는다고 했다. 돈 잃고 가족들한테 바보 되기보다는 생돈이 축이 나더라도 땄다고 말하는 것이다. 지기 싫어하고 호승심이 남다른 내기꾼들의 알량한 허세이다.

나. 인생처럼 어렵지만 재미있는, 골프

암 수술을 하고 여러 날 병원 침대에 누워있을 때 수많은 추억들이 떠올랐다. 그 가운데 즐거웠던 추억이 떠올라 그 순간에 몰입하면, 나도 모르게 그 때로 돌아가 마음이 편안해진다고 느꼈다. 이렇게 의식적으로 즐거웠던 기억들을 떠올리다 보니 가장 자연스럽게 떠오르는 것이 골프였다.

푸른 잔디에서 멋진 샷을 날리던 기억은 병상의 힘든 나에게 힘을 북돋아주는 것 같았다. 그중 필리핀 마닐라 근교에 있는 프에르토 아줄(Puerto Azul) 골프장의 씨 코스(SEA Course) 6번 롱홀은, 470미터에 핸디캡은 1번으로서 내가 본 홀(Hole) 중에 가장 아름다운 홀이었다.

티 박스에 서면 멀리 야자수와 그린 깃발 뒤로 푸른 하늘과 바다가 펼쳐지는 환상적인 풍광을 가지고 있다. 드라이브와 스푼이 웬만히 잘 맞지 않으면, 그린이 피칭 거리 안에 들어오지 않는다. 잘 쳐야 파(PAR) 잡는 홀이지만 눈 감고 곧잘 파나 버디 잡는 그림을 수없이 떠올렸다.

이런 상황이 있기 전에는 친구들이 나를 보고 골프를 무척 좋아한다고들 했지만, 골프를 잘 치지 못해선지 별로 동의할 기분이 아니었다. 이제는 골프를 잘 못 쳐도 무척 좋아한다는 말을 인정한다.

우리나라 골프는 1921년 철도국 직영 조선호텔이, 외국인 관광 유치를 목적으로 현 효창공원 부근에, 6홀 골프장을 개장한 것이 효시이다. 청와대 근무할 때에는 골프는 관광 업무를 담당하는 교통부 소관이라서, 일본관광객 유치를 위해 재일 교포단체에서 한성골프장을 허가하는 과정에 관여하기도 하였다.

이때만 해도 골프는 일부 특권층의 전유물인 귀족 스포츠로 인식되었다. 그러다가 1998년 IMF 경제 위기 때 박세리 프로가 US 여자 오픈대회 연장 승부를 하면서, 해저드(Hazard)에서 양말 벗고 샷 하는 투혼으로 승리하면서 대중적인 스포츠로 달라지기 시작했다.

2001년 대한지적공사 사장에 부임하고서이다. 아침 회의 끝에 본사 간부들과 친해지고 싶은 마음에, "몇 팀이 되던 부킹은 내가 할 테니 모두 나가서 골프 한번 칩시다"고 했는데 말이 없었다. 당시 공사에서는 골프를 금기시하는 분위기가 팽배해있어, 본사와 시·도 본부를 포함해도 한 팀을 짜기도 어려웠다.

그래서 간부들에게 골프 레슨을 받으면 3개월 후에 머리를 얹어 주겠다고 약속했다. 그리고 며칠 후 용인에 있는 연수원 순시에 가서, 공터에 골프 인도어 연습장을 설치하고 전 교육과정에 1시간 골프과목을 배정토록 당부했다.

3개월 후 2팀이 필드에 나갔는데 한 팀은 7번 아이언과 퍼팅만으로 머리 얹었다. 지금은 경기도를 비롯하여 골프 동우회가 여러 곳 있는 것으로 듣고 있다.

어깨 힘 빼는데 무려 30년

내가 머리 얹은 것이 내무부 재정과장 때니까, 30년 넘게 골프를 쳤지만 아직도 제대로 치지 못한다. 나는 영어는 싫어하니까 긴 세월 배우고도 잘 못하는 것은 그러려니 하고 치부하였다.

그렇지만 골프는 내가 좋아하면서도 못 친다는 것은 영 마음이 편치 않다. 골프를 잘 치려면 어깨 힘을 빼라고 하고 힘 빼는 데 3년 걸린다고들 한다. 그런데 나는 무려 30년이나 걸렸다. 그마저 내가 뺀 것이 아니고 힘 다 빠진 나이 때문이다.

드라이브는 '쇼'이고 '돈'이다

골프 시작해서 몇 년 되지 않은 원주시장 때다. 원주지역 기관장 유지들과 횡성 비행장에서 라운딩을 하면서, 스몰 볼과 뒷바람이 있었지만 드라이브가 240미터 넘게 나가서 롱기스트를 했다.

그날 이후 내가 얼마나 운 좋게 맞았는지는 생각지도 않고, 그런 공을 예사로 칠 수 있는 날이 오리라는 희망을 아직도 버리지 않고 있다. 그건 나 자신이 실리보다 명분을 중시하는 편이지만, 골프에서는 유달리 폼생폼사하기 때문이다.

그래서 흔히 드라이브는 쇼(show), 퍼트는 돈(money)이라고 한다. 하지만 나는 드라이브가 쇼이고 돈이다라고 생각한다. 실제로 드라이브가 잘 맞는 날은 골프 치기만 편한 것이 아니라 마음도 느긋해진다. 그런데 그런 날이 흔치가 않다. 용을 쓰다 보니 드라이브가 난초 그리기가 일쑤다.

이처럼 골프가 마음같이 되지 않는 인생살이와 똑같았다. 그럼에도 골프는 그 자체로도 재미있는 운동이다. 여기에 내기를 하면 훨씬 더 재미있다.

고스톱은 아랫사람 하고는 하지 않는다. 왜냐하면 호승심이 일어나지 않기 때문이다. 그러나 골프 내기는 이와 달리 상대가 누구이던 가릴 필요가 없다. 호승심이 발동되기 때문이다. 사돈과 사위, 아들과 라운딩을 하면서도 그냥 치는 경우가 별로 없다.

그러나 골프 내기는 역시 스트로크 내기를 해야 한다. 그래야 전의도 생기고 제맛이 난다. 나만 그런 것이 아닌 것 같다. 만나면 으레 스트로크 내기하는 팀[9]들도 골프 전날 밤에는 소풍 가는 아이처럼, 가벼운 흥분으로 가슴이 뛴다고들 한다. 팀원 중 두 사람이 작년부터 골프채를 놓고 당구로 돌아서면서, 스트로크 내기도 이제 옛날 얘기가 되었다.

---

9) 김지순·박광희·박상홍·저자

내 인생 마지막 홀은 파(PAR)로

인생을 18홀 골프로 보면 나는 지금쯤 몇 번 홀에 와 있는 것인가. 오래전에 고등학교와 행정고시를 함께한 선비 같은 친구(박주은) 소개로 사주를 본 적이 있다. 그때 내 사주 수명이 여든둘이라 하여 "그리 오래 삽니까"하고 되물은 적이 있다. 그 기준으로 보면 나는 지금 마지막 18번 홀 티박스에 서있는 셈이다.

마지막 홀은 풍광이 아름다운 롱 홀이었으면 싶다. 그리고 드라이브 샷과 두 번째 우드 샷이 제대로 맞아서, 그린 주변까지 가서 파 온 하고 투 퍼팅으로 파(PAR)로 마무리하고 싶다.

그리고 그동안 살아오면서 쌓인 피로를 따뜻한 목욕물로 느긋하게 풀고 밖으로 나오는데, TV에서 긴급 속보로 '남북통일에 관한 기쁜 소식을 들었으면 참 좋겠다'는 그런 꿈을 꾸어본다.

다. 인생처럼 부딪치며 구르는 당구

당구는 대학 다닐 때 배웠는데 한창때 2백을 놓고 쳤다. 대학 1학년 때 가끔 서울 서대문구 신촌 로타리 당구장에서 학우들과 점심 내기 당구를 쳤는데, 늘 점심값은 악착스럽지 않거나 약지 못한 친구가 내었다. 그때는 버스 타고 가면서 창밖을 보면 온통 당구장들만 눈에 들어왔다.

내가 카투사로 파주 전방부대에서 근무할 때이다. 미군 부대 PX

에서 근무하거나 미군 막사 청소를 하는 별칭 하우스 보이들과 우연히 한 조가 되어, 주말이면 마을 당구장에서 쓰리쿠션 내기 당구를 쳤다. 그중 내가 고점자라서 돈을 따서 소설책도 사보는 쏠쏠한 재미가 있었다.

어느 날 양공주가 내기 당구에 끼였는데 내기할만한 수준이 아니었다. 양공주가 내 뒷공을 치게 되면, 치기 좋은 공을 주려다 보니 신경이 쓰이고 공도 맞지 않았다. 여자하고 내기를 한다는 것이 성격에 맞지 않아 발길을 끊었다.

나이 든 지금도 이따금 주위 친구들과 당구를 치면, 돈 묻어놓고 승자가 가져가는 내기를 한다. 아무튼 누가 뭐라 해도 당구의 묘미는, 당구공이 마치 우리의 인생처럼 서로 부딪치며 굴러가는 것이지 싶다. 당구공은 서로 부딪쳐야 힘이 생긴다.

라. 두뇌를 쓰는 신사 게임, 바둑

나는 책을 보거나 누구에게 배운 것 아니라, 친구와 오목을 두면서 시작한 것이 바둑이다. 그런데 바둑은 치밀하게 두뇌를 쓰는 신사 게임이므로, '내기를 해서는 안 된다'라고들 얘기한다. 하지만 나는 바둑에 대한 경외심이 없어서인지, 내기 바둑이 아니면 재미가 없어 바둑을 좀처럼 두지 않는다.

주변에 바둑 1급인 친구(김영길)가 있다. 내가 5급 정도니까 네 점을 놓았는데, 계속 져서 여섯 점까지 놓았지만 이긴 적이 없다. 그가 재미없다고 일곱 점 놓으라 하지만 돈을 잃어도 더 놓지 않고 버텼다. 그러다가 과천시장 때 한국기원에서 어린이 바둑교실을 개설하고, 바둑 보급에 공로가 있다고 소속 프로기사와 대국을 해서, 내가 이긴 기보(棋譜)를 주간 한국일보에 게재하고 아마 3단증을 줬다.

이후부터 나는 아마 3단이 1급한테 여섯 점을 놓을 수 없다고 고집을 부려 다섯 점만 놓고 내기를 했다. 그러고도 매번 돈을 잃기만 하다가 어느 날 내가 기어코 돈을 땄다. 특기할 것은 그날 친구가 술에 취해있었다는 것이다.

✧

7-5. 나의 공직생활과 경상도 사투리

내 인생에서 빼놓을 수 없는 다섯 번째 이야기는, 내가 평생 고치지 못한 경상도 사투리이다. 일제강점기에 표준어가 만들어진 이래, 표준말은 교양 있는 말로 인식된 반면 사투리는 하찮게 여겨졌다. 사극을 보면 지체 높은 양반네는 서울 표준말을 쓰고, 허드렛일하는 하인들은 사투리를 쓴다. 그런데도 왜 내가 공직자로서 사용해야 할 표준말을 제대로 못하고, 사투리를 썼는지는 나 자신도 정확히 알지 못한다. 추측건대 내가 구변이 없지만 사투리로 얘기하면 이상하게 마음이 편하고 말도 술술 잘 나온다. 이로 미루어보면 하나밖에 모르는 외골수적 성격 탓으로 생각된다.

그리고 내가 만난 경북 의성(義城) 사람들은, 경상도 사람들 중에서도 거의가 사투리가 매우 심한 편이었다. 따라서 내 고향 의성의 독특한 말투와 기질을 가졌던 부모님 영향도 있는 것 같다. 특히 어머니는 가족 간 호칭으로 자식들의 이름을, 마지막 한 글자인 '외' 자(字)로 부르셨고 사투리가 심하셨다. 나도 어머니를 닮아서인지 친구들을 곧잘 '외' 자로 불렀고 호칭도 별났다.

내가 대학에 가서 어울린 친구들이 서울 사람이 많아서인지, 이따금 내 말투를 흉내 내면서 재밌어들 했다. 그러나 나는 경상도 사투리라서 그러려니 했지, 내가 그 가운데서도 유별나다고는 인식하지 못했다. 그것을 긴 세월이 지나고 나서야 알았다. 지금부터 나의 사투리에 얽힌 이야기를 하고자 한다.

나의 별명은 '아가계장'이었다.
내가 행정고시에 합격하여 강원도청에서 수습을 하고 나서, 지역계획계장으로 근무할 때이다. 당시에는 사무실에 직통 전화가 없고, 교환을 통해 전화를 하거나 받았다. 마침 지역계획계는 관장하는 산하기관들이 여럿이어서 전화 통화도 많았다. 그런데 교환양들의 목소리가 밝고 맑아서 처녀들이라 생각하고 전화걸때면 "아가야, 어디에 전화 넣어주라"고 했다.

아가라는 명칭은 경상도에서 통상 시부모들이 며느리를 부를 때 쓰는 호칭인데 별생각없이 그렇게 불렀다. 그러던 어느 무더운 여름날, 서무 담당 직원이 "교환실에서 계장님을 한번 오시라고 한다"고 했다. 왜 그러느냐고 물었더니 모른다고 해서 "가보지"하고 일어섰더니, 직원이 기다리라 하고는 사다 준 아이스팝콘을 가지고 갔다.

교환실에 들어가니 내 눈에는 처녀와 나이 든 아주머니로 보이는 교환양이 반반으로 보였다. 아차 싶어 얼른 "목소리가 꾀꼬리 같아서 모두 처녀들인 줄 알고 아가라고 했다"고 사과했다. 그랬더니 아주머니 교환양이 "우리도 새로 오신 계장님이 할아버지인 줄 알았지 총각인 줄은 몰랐다"면서 나를 놀렸다. 그 후 교환 전화 우선순위에 내 전화가 도지사 다음으로 빨랐고, 과장으로 승진했는데도 여전히 나를 '아가계장'이라 불렀다.

그리고 내무부 재정과장 때이다. 여전히 여직원들을 아가라고 불렀다. 그러던 어느 날 국장실 여비서가 정색을 하고 이름이 있는데 왜 아가라고 부르느냐고 항의했다. 그래서 미안하다 하고도 그 여비서를 무심결에 또 아가라고 부르곤 했다. 나는 이후에도 아가라는 호칭을 평생 고치지 못했다.

대통령에게 '같심더'라고 대답하다

청와대 경제비서관실에 근무할 때이다. 10·26 나기 직전 하계 CPX 훈련이 있었다. 그래서 훈련 기간 동안 경호실 상황실에 김창식 사무관(백두산 호랑이 김종호 대장의 아들)과 파견 가서 근무하고 있었다. 그때 마침 박정희 대통령이 임시 국무회의를 마치고 경호실의 상황실로 들어왔다.

박 대통령을 먼 발치에서만 보다가 가까이서 보기는 처음이었다. 작은 키에 민방위복을 입고 바지는 우리 아버지처럼 당겨 올려서 양말이 보였다. 강한 눈빛만 빼면 여느 시골 할아버지 같았다.

박 대통령이 김 사무관의 얼굴이 자기가 좋아하는 김종호 대장과 닮아서인지 "어디서 왔어" 하고 물었다. 그러자 김 사무관이 큰 소리로 "예, 경제비서실에서 왔습니다"라고 대답했다. 그리고 옆에 서있는 나를 보고는 "자네는" 하고 물었다. 그래서 "저도 같심더"라고 대답했다.

그리고 박 대통령이 상황실장에게 "서울 시가지에서 이동 중인 탱크는 적기가 나타나면 어떻게 해야 하느냐"고 물었다. 이에 차지철 경호실장이 나서서 "대공 쏘아 자세를 취합니다"라고 대답했다. 얼마 후 박 대통령 일행이 나가자 상황실 간부들이 난리가 났다. 대통령의 하문에 관등 성명도 없이 밥도 못 먹은 사람 목소리로, "같심더"하는 답변이 어디 있느냐고 나를 질책했다. 정작 박 대통령은 아무 말 없었는데 말이다.

공무원 중에 사투리가 가장 심한 사람

10·26이 나고 최규하 대통령 때이다. 이경식 경제수석[10]이 나를 찾는다고 해서 집무실로 갔었다. 그런데 차 한잔하자면서 고향이 어디냐고 물어서 경북 의성이라고 했다.

---

10) 이경식 : 경북 의성 출신. 한국은행 총재·경제부총리를 역임하였다.

그랬더니 얼마 전 각하 모시고 열차편으로 지방순시를 갔었는데 각하가 수행하는 장관들에게, 대한민국 공무원 중에서 경상도 사투리가 가장 심한 사람이 '나'라고 하셨는데, "내가 옆방에서 당신 전화하는 소리를 들으니 나보다 사투리가 훨씬 더 심하다"고 하면서 웃었다.

사투리는 억양과 말투에도 있나 보다

과천시장 때이다. 송해가 사회를 보는 전국노래자랑을 과천에서 하게 되었다. 주최 측에서 시장이 나와서 노래하라는 요청이 왔지만 못한다고 했다. 그랬더니 시장이 나와서 인사 겸 과천 소개라도 하라고 해서 나갔었다. 그리고 무대에 올라가 과천 자랑을 하고 내려오니까, 시민들이 여기저기서 시장이 노래 부르고 내려가라고 야단이었다.

그러자 사회자 송해가 해명을 하는데, "시장님이예~ 감기가 들어서예~ 노래를 못하십니더~" 하고 경상도 사투리로 말했다. 나는 미리 준비한 시나리오대로 표준말로 말하고 사투리는 일절 쓰지 않았다. 그럼에도 불구하고 내가 평소 쓰는 사투리를 흉내 내는 송해가 놀랍기도 했지만, 내가 아무리 표준말로 말해도 나의 억양과 말투에 사투리가 배어 있다는 것을 그때야 알았다.

내 사투리가 이토록 심했나 싶다

지방행정국장 때 국회 내무위에서, 전자주민카드 사업을 반대하는 야당 여성 의원과 일문일답이 있었다. 질의 내용상 답변이 길 수밖에 없었다. 긴 일문일답이 끝나고 잠시 정회 시간이었다. 복도로 나온 간부들이 답변 잘 했다고들 했다. 나도 편안한 마음으로 주저하거나 막

힘없어서 그러려니 했다.

    그런데 동료들과 복도에 있는 나에게 이재오 의원이 내게 다가와서, "사투리가 너무 심하여 야당 의원들로부터 미움을 받을 수 있으니 사투리를 줄이라"고 충고 해주었다. 그때서야 내 마음이 편안했던 것이 답변을 잘 해서가 아니라, 내가 편하게 쓰는 경상도 사투리로 답변하였기 때문이라는 것을 깨달았다.

    그리고 몇 년 후에 행자부 차관을 마치고 대한지적공사 사장 발령을 받아, 국회 행정자치위 소속 의원들에게 부임 인사를 갔을 때이다. 박종우 의원이 "장관은 운이 닿으면 하고, 운이 안 닿아 장관 못해도 섭섭해하지 마시오. 호남 정권에서 그 심한 경상도 사투리로 차관한 것도 대단한 거요"라고 했다.

    또 대한지적공사 사장 임기를 마치고 극동대학교에서 강의할 때이다. 어느 식사 모임에서 고등학교 동기로서 삼성물산 사장을 역임한 친구(김현출)가, "김 차관, 강의 듣는 학생들이 김 차관 하는 말이 무슨 말인지 알아듣나"라고 물었다. 비록 그 자리에서 웃긴 했지만 내 사투리가 이토록 심하나 싶었다. 평생 공직자로서 국민에 대한 예의가 아니었다 싶어 미안한 마음이었다.

7-6. 내가 남보다 잘하는 것, 잠

내 인생에서 빼놓을 수 없는 마지막 이야기는 잠 그러니까 바로 수면(睡眠)이다. 어느 날 불현듯 타고난 재주가 없어 잘하는 것이 없는데, 나도 잘하는 것이 있다는 생각이 떠올랐다. 나는 어릴 적부터 유별나게 잠이 많았다. 수면의 질은 예전 같지 않지만 지금도 때와 장소를 가리지 않고 자려고 마음만 먹으면 잔다.

그런데 내가 왜 잠을 잘 자는지는 심도 있게 분석해보지 않아 딱히 그 이유를 알 수는 없다. 하지만 아버지는 생전에 "이발소에 가면 잠이 쏟아져 이발하는 내내 주무신다"고 말씀하셨다. 따라서 나도 그런 걸 보면 잠 잘 자는 유전자를 물려받은 것 같다.

대입 예비고사 날 아침에도 깜박 졸았다

내 인생에 잠에 얽힌 에피소드는 수없이 많다. 대입 예비고사가 있는 날 여느 때보다 일찍 일어나고, 어머니도 일찍 아침밥을 차려주셔서 먹고 나니 시간이 많이 남았다. 집에서 고사장인 대구상업고등학교까지는 걸어서 30분 거리이므로 한 시간 이상의 여유가 있었다.

남는 시간에 책을 좀 본다고 책상에 다시 앉아 있다가 깜박 잠이 들었다. 어머니가 방문을 여시고 "영아, 시험 보러 안 가나"하는 소리에 시계를 보니 채 20분도 남지 않았다. 다행히 내가 달리기는 잘하는 편이라 정신없이 뛰어서 학교 뒷담을 넘고 운동장을 가로 질러가, 간발의 차로 시험 감독관보다 먼저 교실에 들어갔다.

그러다 보니 1교시 시험을 망치고 앉았는데, 친구(김정명)가 다가와서 "니 와 늦었노"라고 물어서 '깜박 졸았다'고 대답했다. 그랬더니 "니 참 배짱도 좋다"고 하면서 껄껄 웃었다.

아무튼 나는 이발소뿐만 아니라 자동차나 지하철이나 기차를 타도 곧잘 존다. 대학에 진학하고 첫 여름방학을 맞아 집에 가는 야간열차를 탔는데, 새벽녘에 깨어보니 대구역을 지나 경산역이라서 당황스러웠던 기억이 아직도 남아있다.

또 내가 정부종합청사에 근무할 때 지하철 3호선을 타고 출퇴근하면서, 잠결에 안국역이라는 안내방송을 듣고 나서 막상 눈을 뜨면, 경복궁역을 지나 독립문역인 것이 한두 번이 아니었다. 그런데 신통한 것은 독립문역을 지나간 적은 한 번도 없었다. 그래서 졸지 않으려고 가벼운 책을 읽기도 하지만 도움이 안 되었다. 또 버스를 타면 종점에서 예전에는 여차장이 요즘은 버스기사가 나를 깨우는 경우가 일쑤였다.

그런데 기차나 지하철이나 버스를 타고 조는 것은 하나의 해프닝일 수가 있다. 하지만 내가 직접 승용차를 몰면서 졸음운전하는 것은 문제가 다르다. 출근길 광화문 네거리 동아일보사 앞에 정지신호로 섰는데, 난데없이 빵빵하는 소리에 눈을 뜨니 앞 차와 옆 차는 저만치 가고 있고 뒷 차가 크락숀을 누르고 있었다.

특히 고속도로 주행 중에도 졸음이 몰려왔다. 졸음이 오면 쉬거나 자면 되는데 그러지 않고, 머리를 사정없이 때리면서 운전을 계속했다. 그래서 장거리 운전할 때면 졸음운전이 큰 걱정이었다. 이 같은 졸음운전은 국민안전을 책임지는 민방위 재난통제 본부장이 되고서야 끝났다. 운전 중 졸음이 쏟아진다 싶으면 무조건 차를 세우고 눈을 붙였다.

명상과 호흡수련 때도 졸음이 온다

잠이 나를 당황하게 하는 것은 이뿐이 아니다. 무엇에 집중하다 보면 졸음이 몰려온다. 자라면서 명상이나 호흡 수련을 선호했다. 명상은 나를 힘들게 하는 나를 다스리기 위해 필요하고, 호흡 수련은 공간에 존재하는 기(氣)를 받아 건강할 수 있다는 생각 때문이었다.

대학생 때 서울 우이동 법화사에서 3일간 단식기도 후에, 법화스님이 나무묘법연화경(南無妙法蓮華經)이라 쓴 벽걸이 액자를 주셨다. 이를 내방에 걸어놓고 이따금 조용한 시간에 편안하게 앉아 내 나름의 명상이란 것을 했었다. 눈을 감으면 세상과 단절되고 나만의 세상으로 들어가는 듯이 순간적으로 마음이 차분해진다. 그리고 생각을 비우면 될 것 같은데 되지 않았다. 잡념을 쫓다 보면 슬그머니 졸음이 왔다. 졸음만 넘기면 될 것 같다고 생각하면서도 결국 명상 다운 명상을 하지 못하고 언제부터인지 잊고 살았다.

중년이 되어 단전호흡을 배우러 갔다. 남들이 곧잘 하니까 쉽게 되는 줄 알았다. 그러나 가르쳐주는 대로 따라 한다고 하는데, 뭘 놓치거나 잘못하는지 집중하다 보면 졸음이 몰려왔다. 제대로 될 때까지 많은 시간과 노력을 하면서 꾸준히 해야 하는데 나는 끈기가 없었다.

졸음으로 명상 대신 108배를 하다

그러다가 암 투병 중에 관련 책들을 보니, 암 환자에게는 하루에 한두 차례 명상을 통한 이완 반응을 필수인 양 권고하고 있었다. 이번엔 국선도(國仙道)를 배우러 갔으나 역시 실패하였다.

암 투병 중에도 고스톱을 즐겼는데 고스톱 동료인 친구(이수영)가 건강 관련 책들을 주기도 했다. 그중에 KBS '생로병사'의 제작진이 지은 《108번의 내려놓음》이라는 책도 있었다. 그 책을 보니 어쩌다 법당에 가서 하는 절이 엉터리였음을 알았다. 절이 복식호흡이며 뇌와 몸을 건강하게 한다는 것이었다.

책에서 일러주는 대로 며칠을 해보니 복식호흡도 되고 심신이 안정되는 효과가 있었다. 무엇보다 조용히 앉아서 하는 것이 아니라 계속 움직이니 잠이 올 까닭이 없었다. 졸음을 이기지 못한 명상과 호흡 수련의 대안으로 108배를 하기로 하고 절할 때 편한 방석도 구입했다.

그리고 깨달음의 추구나 복을 비는 데에 관심을 두지 않고 건강을 위해 단지 절하는 횟수에 집중했다. 주로 추운 겨울철에 밖에서 걷거나 운동하기 어려울 때 했다. 처음에는 25분 정도 걸리다가 17분까지 당겨질 만큼 자주 하면서 겨울철 건강관리에 큰 도움이 되었다.

잠은 스트레스를 완화시켜준다

잠이 나를 난처하게만 한 것이 아니다. 현대의 복잡다난한 사회를 살아가면서 누구도 일이나 사람으로 인한 스트레스를 피할 수 없다.

특히 나처럼 쓸데없는 생각과 걱정이 많고, 남의 이목을 의식하면서 화를 뱉지 못하고 삼키는 사람은 여느 사람보다 더 많은 스트레스를 받기 마련이다.

인간 생체의 모든 정보가 담겨 있다는 유전자는 주인의 뜻에 따른다. 내가 즐겁고 기쁘면 엔돌핀이나 멜라토닌을 생성하면서 함께 신이 난다. 하지만 스트레스를 받으면 피곤해하면서 활성산소를 발생시키고 활성산소는 세포를 변질시키거나 죽인다.

그러므로 결국 스트레스는 모든 병의 근원이 된다. 방치하면 독이 되는 스트레스를 사람들은 의식적이던 무의식적이던 풀기 마련이다. 나 또한 만화나 무협지를 읽고 영화를 보며 고스톱이나 골프를 치는 것도 스트레스를 완화시키려는 노력의 일환이다.

그러나 나에게 최고의 스트레스 감소법은 잠이다. 잠은 단순히 몸을 회복시켜줄 뿐만 아니라 스트레스를 완화시켜주는 최고의 수단이다. 이렇듯 사람들이 힘들고 지치거나 스트레스를 받으면 음악을 듣거나 술을 마시듯이 나는 잠을 잔다.

잠은 나만의 스트레스 해소법

나는 아무리 걱정거리가 무거워도 자려고 들면, 평소보다 조금 더 큰 숨소리에 집중하면서 생각을 비우고, 정신줄을 놓으면 이내 졸음이 몰려온다. 잠이 들면 현실과 단절되어 자유롭다. 자고 나면 나쁜 감정이 반감되어 좀 더 안정된 기분을 느낀다. 여기에 달리기를 더하면 나만의 스트레스를 푸는 비법이 된다.

그동안 나는 잠을 현실로부터의 피난처나 스트레스 해소 방안으로 활용했다. 그러나 프랑스의 소설가인 베르나르 베르베르(Bernard Werber)의 장편소설 《잠》에서 다음과 같은 구절을 읽었다.

"우리는 인생의 3분의 1을 자면서 보낸다. 이 잠자는 시간을 단순히 몸을 회복하는 것이 아니라, 쓸모를 발휘해서 우리의 신체적·정신적 가능성을 극대화하여 꿈에서 20년 후의 자신을 만나 도움을 받을 수 있다." 잠의 세계는 우리가 탐험해야 할 신대륙이요, 캐내서 쓸 수 있는 보물이 가득 들어있는 평행세계다." 그리고 "앞으로 학교에서 아이들에게 단잠 자는 법을 가르치고 대학에서는 꿈꾸는 방법을 가르치게 될 것"이라 했다.

나는 이 내용을 읽고 나서는 내가 가진 잠 잘 자는 유전자가, 훗날에는 누구나 부러워하는 재능이 될 수도 있다는 상상을 하게 되었다. 이에 따라 그동안 자식들에게 아무 재능도 물려주지 못해 미안해하는 내 마음에 드디어 하나의 위로가 되었다. 잠 잘 자는 것이 기막힌 재능이 되는 정녕 그런 시대가 왔으면 좋겠다.

내가 나를 가만두지 못하고 힘들게 하는 성격을 가지고도, 지금까지 견뎌낼 수 있도록 한 가장 큰 힘은 잠에서 나왔다고 생각한다. 잠은 나에게 최고의 명약이다.

산과 강물을 먹색의 느낌으로 표현하여 차분한 분위기를 나타내었다.

한 장의 사진을 바라보면서

내 서재에는 한 장의 사진이 걸려있다. 그 사진에는 돌아가신 부모님과 그 자손들이 함께 들어있다. 지난해, 그러니까 2019년 세모에 온 가족이 모였다. 그때 내 아우의 제안에 따라, 먼저 맨 앞줄 가운데 두 자리는 비워두고 가족 촬영을 한 후에, 그 빈자리에 부모님의 모습을 넣은 합성사진이다.

일제 강점기였던 1935년, 아버지가 스물한 살, 어머니가 열아홉 살에 한 몸이 되어 일가를 일구셨다. 그로부터 팔십여 년이 지나 이제는 서른네 명이 된 김운용(金雲龍) 일가(一家)의 모습들을 담은 사진이다. 지금은 계시지 않는 사진 속 두 분을 보노라면, 나는 수많은 추억과 함께 늘 가슴이 아려온다.

김운용 일가 가족 사진 (최성익 작가 촬영, 2019년 12월)

아버지는 영양(英陽) 김 씨 26대손으로, 경북 의성군 신평면 쌍호리에서 5남매 중 넷째로 태어나셨다. 언젠가 아버지는 "의성 땅은 지나가는 철새들도 내리지 않을 만큼 척박해서, 일찍 고향을 등진 사람들이 많다"고 하셨는데 아버지 고향은 그중에서도 두메산골이었다.

어머니(禹甲乭)는 단양(丹陽) 우 씨로, 경북 의성군 단북면 노연리에서 7남매 중 맏딸로 태어나셨다. 외할머니는 어머니를 출산하신 후 돌아가시고, 외할아버지가 아들을 기대하고 '갑돌'이라는 이름을 지어 두었다가 그대로 호적에 올리셨다고 한다.

언젠가 어머니 제사 후 식사하는 자리에서 무슨 이야기 끝에 내가, "고등학교 때 변호사인 친구 아버지가 어머니를 보시고는 자기 아들에게, 재영이 어머니가 굉장히 미인이시드라고 했을 만큼 현대 여성처럼 얼굴이 갸름하고 미인이셨다"고 말했다.

그랬더니 어머니의 며느리들이 웃으면서 인물은 아버님이 더 좋으셨다고 했다. 그러나 둘째 아들인 나에게 어머니는 구원(久遠)의 여인상이며 영원한 미인으로 남아있다. 요즘은 내 딸의 얼굴을 보면 어머니의 모습이 스친다.

두 분은 결혼하고 아버지 형제분들과 일본으로 건너가서 노무자로 힘들게 일들을 하셨는데, 아버지는 방직공장에서 일하시며 기술을 배우셨다고 한다. 그래서 우리 5남매 중 4남매는 일본 오사카에서 태어났고 막내아우만 해방된 고국 땅에서 태어났다. 어머니 얘기로는 나를 받은 산파가 이토록 큰 아들을 낳으면서 신음소리 한번 내지 않느냐고 놀라워했다고 한다. 그리고 크고 건강하여 보건소 우량아로 뽑혀 상장은 조산원에서 걸도록 주고 부상으로 분유와 아기용품만 받아 왔다고 했다.

내 부모님은 비록 가난하고 배우지 못하셨지만 올곧으셨다. 남의 것을 탐내거나 누구를 비방하지 않으셨고 법 없이도 살 분들이셨다. 아버지는 내성적이고 성실하며 애주가이셨고 어머니는 자존심이 강하고 대범하셨다.

그리고 두 분은 말 수가 적고 자식들을 놓아기르다 보니, 자식들을 윽박지르시거나 무엇이 되라고 강요하지 않아서 가족 분위기는 조용하고 매우 자유로웠다. 그러다 보니 가족 간 대화에서 남다른 느낌이 있었다.

우리 형제자매들은 아버지에게만 존댓말을 쓰고, 어머니를 포함하여 나머지 가족 간에는 모두 말을 놓았다. 가까운 사이일수록 예의를 갖추라고 하지만, 우리 가족 간 반말은 몸에 밴 자유로운 집안 분위기에 연유해서인지, 존댓말을 붙이면 가족 간 벽이 생길 것 같은 우려에 아직도 그대로 말한다. 가족 간 호칭으로 나는 아버지는 '아부지' 어머니는 '어무이' 누나는 '누부' 형은 '시야'라고 불렀다.

어머니가 돌아가시고 문상 못 온 친구가 보낸 편지에, "어머님은 엄격하신 분 같으면서도 다감한 아주 특이한 분이셨다고 기억된다.

어머님에 대한 너의 표현도 언제나 자랑스럽고 당당했으며, 또한 어머님을 "어무이"라는 그 유별한 명칭은 매우 다정하게 느껴져, 어머니와 아들의 관계가 얼마나 부러웠는지 모른다"고 썼다.

자식들은 부모 뒤에서 큰다

부모님은 격동의 시대를 힘들게 사시던 여느 부모님들처럼, '자식들은 가르쳐야 당신들과는 다른 삶을 살 수 있다'고 믿었다. 그러다 보니 '자식들을 가르치는 게' 꿈이요 모든 것이었다. 그러나 가내 수공업이었던 우리 집 공장은 기계화로 인한 대량생산에 견디지 못했다.

따라서 장남인 형이 말없이 부모님의 역할을 맡게 되었다. 그리고 형이 해외근로자로 돈을 벌어 와서 나와 아우는 학업을 마쳤다. 언젠가 천만 관객을 돌파한 영화 국제극장을 보면서, 가족을 위해 희생하는 황정민(덕수 역)이 마치 내 형 같아서 눈물이 났었다.

아버지는 나와 아우가 사람들로부터 존경받고 안정된 직업인 교사가 되길 은연중 바라셨다. 그래서 내가 은행원을 그만두고 공무원이 되는 것을 걱정하셨다. 그러나 아우가 서울시 공무원을 그만두고, 고등학교 교사로 전직하자 매우 만족해하셨다. 그래서 훗날 아우가 양평중학교 교장이 되었을 때, 평생의 고생과 한을 잊으시고 자랑과 기쁨에 가득하셨을 생전의 부모님을 떠올리며 눈시울이 뜨거워졌었다. 아우는 일만 하시던 아버지처럼 아직도 문화해설사로 사찰문화 강사로 바쁘게 산다.

누나는 천생 여자였고 가족을 위해 힘든 생활 속에서도 언제나 한결같은 얼굴이었다. 누이동생은 어머니를 닮아선지 고집스럽고 대범했다. 언젠가 셋이서 식사하는 자리에서 어머니가 딸들에게만 했을 법한 이야기를 들려주었다. 어느 날 내 누이동생이 무슨 일로 "엄마는 와 작은 오빠만 편애하노"라고 대들었더니, 어머니가 "이년아 그런 소리 하지 마라. 니 살면서 오래비 도움 받을끼다"라고 하셨다고 했다. 어머니가 나를 무한정 신뢰했던 그 깊은 마음에 부응하지 못한 내 자신이 부끄러웠다.

어머니가 돌아가신 날은 사월 초파일 공휴일이었다. 혼수상태의 어머니를 뵙고 얼마 되지 않아 숨을 거두시자, 누나가 "니 볼라꼬 기다리싰나 보네"라고 했다. 어머니 생전에 귀가 따갑도록 들은 소리가, "내 없어도 느그들은 사이좋게 지내래이"라는 말이었다.

아버지는 돌아가시기 전 주말에 찾아뵈었다. 그날 아버지는 여느 때와 달리 말씀이 많으셨다. 대부분 내 어릴 때를 회상하신 후 말미에, "이제 내 갈 때가 된 것 같다" 하시고는 전에 없이 "내 죽드라도 느그들은 잘 지내거라"라고 말씀하셨다. 무심했던 나는 그 말씀이 유언인 줄 생각도 못 했다.

두 분 떠나고 많은 세월이 흐르고 형이 "부모님 산소 관리를 우리 자식들 까지는 하겠지만, 그다음 세대로 가면 어찌 될지 모르니 염려스럽다"고 했다. 이에 대안으로 관리가 쉽고 후손들 부담도 덜어주는 수목장을 마련하여 이장하기로 하고, 우리도 부모님 곁으로 같이 가기로 하였다.

그래서 부모님 나무로는 소나무를 가운데 심고 빙 둘러서 자식들 나무로는 전나무를 심어, 훗날 김운용 일가의 후손들이 함께 할 수 있도록 하였다. 그리고 2014년 11월 윤달에 부모님을 수목장으로 모셨다.

가만히 생각해보면 사람은 모든 걸 시간이 지나면서 잊기 마련인데, 불효에 대한 한(恨)은 시간이 지날수록 깊어진다. "생전에 못다 한 효도가 한이 되지 않은 사람은 없다"고 스스로 변명을 해보지만 전혀 도움이 되지 않는다. 불효의 한이 이렇게 깊을 줄은 미처 몰랐다.

부모님께 한 장의 사진을 바치며

아부지·어무이 살아계시는 동안 걱정만 잔뜩 끼쳐드렸던 5남매는 사이좋게 잘 지내고 있심더. 사진에서 보시듯이 자손들은 서른넷이나 되었고, 누나가 안고 있는 아기(김지호)는 은미 손자니까, 아부지·어무이한테는 고손자가 됩니더. 이제는 편안하게 자손들이 살아가는 모습을 지켜봐 주이소.

2019년 기해년 12월 마지막 날. 영이 올림.

책을 덮으며

책을 덮으며

나는 노력해야 따라가는 사람이어서 늘 쫓기듯 사느라 마음에 여유가 없었다. 여기에 성격마저 뱉지 못하고 삼키는 편이라 하고픈 이야기를 다 하지 못하고 살아왔다. 이 책에서만큼은 내가 살아온 이야기를 다 하고 싶었다. 내 삶의 고비마다 만난 인연들에 감사하고, 세상에 못다 한 이야기를 전하고 싶었다. 그리고 나와 닮은 자식들이 내 삶의 부끄러운 점들을 되새김하지 않도록 메시지도 전하고 싶었다.

긴 세월을 살고 보니 일체유심조(一切唯心造)라고 모두가 마음먹기에 달려 있었다. 그러고 보면 인생 또한 내 마음 안에 있는 셈이다. 그러나 삶은 마음보다 행동에 더 정직했다. 힘들어도 노력하면 애쓴 만큼 얻고 힘들다고 피하면 게으른 만큼 잃었다.

나는 승자라고 생각한 적도 없고 그렇다고 패자라고 생각한 적도 없다. 늘 어중간하게 살았던 것 같다. 나의 공직자 삶은 초심자의 행운으로 용기 있게 출발했지만, 변화의 고비에서는 도전이 힘들다고 외면해서다.

2008년 5월에 내가 존경하는 박경리 선생님이 원주에서 돌아가셨다. 그래서 내가 원주시장으로 일할 때 선생님께서 주신 대하소설

《토지》를 다시 읽었다. 그리고 월선이가 죽는 대목에서 책을 덮었다. 왜냐하면 월선이의 헌신적인 사랑을 받고도, 아무것도 하지 못하는 용이가 너무 답답하였기 때문이다. 아니 답답하다 못해 자신을 아낄 줄도 던질 줄도 모르는 맹추 같았기 때문이다.

그런데 내 한 몸을 가누기가 힘든 나이가 되고 보니, 그렇게 답답하고 맹추 같다고 생각한, 소설 《토지》 속의 그 용이와 내가 너무나 닮아 있었다. 내가 다시 새 삶을 산다면 나를 믿고 자아의 신화를 실현하기 위해 모든 것을 던지며 살아보고 싶다. 다시 한번 내 삶에서 만난 인연들에 고개 숙여 감사한다.

그리고 책 표지와 삽화 디자인·사진 촬영을 해준 수퍼빈(주) 임직원과 관계자 모두에게 고마움을 표한다. 특히 이 책이 나오기까지 여러모로 애써준, 나와 대구 신천동 이웃에 살며 경북중·고등학교를 같이 다녔고, 아울러 주춧돌회 활동도 함께한 친구 박삼옥(朴三玉) 수필가에게 진정으로 감사한다.

이제 또 봄이 왔다. 내가 사는 이곳 메밀꽃 피는 강원도 봉평마을에도 새싹들이 돋아나고 있다.

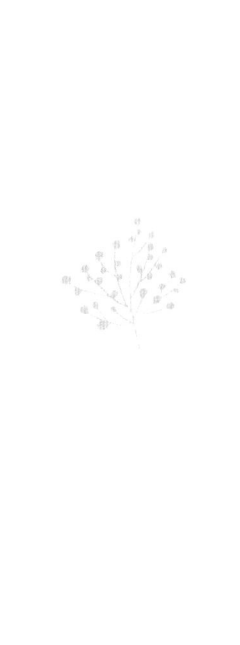

책을 읽고 나서

> 책을 읽고 나서

이 책은 회고록의 새로운 전형이다.

《흐르는 강물처럼》은 그야말로 회고록의 새로운 전형이다. 가장 자기적인 이야기를 가장 자기적인 방식을 빌어, 단순히 있었던 기록을 넘어 인생 내면을 진솔하게 내보인 글이다. 문장도 간결하고 쉬워서 누구나 재미있게 읽을 수 있다.

김 진 선 전 강원도지사, 평창동계올림픽조직위원장

읽으며 공무원 이미지도 달라졌다.

《흐르는 강물처럼》을 읽으며 공무원에 대한 이미지도 달라졌다. 가슴 뭉클하기도 하였고, 각가지 에피소드는 저자의 인간적 체취를 느낄 수 있었다. 이런 공직자가 있어 나라가 발전하고 있다는 생각도 들었다.

박 찬 원 사진작가, 전 삼성전자서비스 대표이사

이 책의 매력은 진정성이다.

《흐르는 강물처럼》은 저자의 소탈하고 담백한 이야기가 가슴에 와 닿는다. 그리고 이 책을 관통하며 흐르는 진정성이 사람들의 마음을 끌어당기는 매력이다. 보다 많은 사람들이 읽었으면 한다.

박 건 삼 시인, 전 SBS 라디오 본부장

《흐르는 강물처럼》 - 김재영 선생의 회고록을 읽고

박 번 순 고려대 경제통계학부 교수

나의 친구 김정빈 사장이 아버님의 회고록 "《흐르는 강물처럼-김재영 인생노트》"을 보내왔다. 여러 권의 책을 발간해 본 나도 누군가 내 책을 읽고 이야기해 줄 때는 낯이 뜨겁기도 하지만 감사한 마음이 더 컸다. 그래서 장황하지만 손이 가는 대로 쓰기로 했다.

책의 제목이 일단 그럴듯했다. 브래드 피트가 나왔던 한 영화의 타이틀이 "흐르는 강물처럼"으로 번역된 바 있고, 일본 소화시대를 상징했다는 엔카 가수 미소라 히바리의 마지막 노래가 "흐르는 강물처럼"이었다. 필자는 자신을 믿고 흐르는 강물처럼 순리대로 산다. 즉 내가 인생의 주인으로서 자유인으로 산다는 의미로 이 제목을 선택한 것 같다. 흐르는 강물이란 단어는 평탄한 삶을 나타내는 것 같지만 강물이 언제나 평화롭게 흐르는 것은 아니다. 그럼에도 책의 제목을 이렇게 짓는 것은 일생을 관조할 만한 나이가 되었다는 것을 의미하기도 한다.

회고록을 쓴다는 것은 어려운 일이다. 자신의 후손들이나 관계자에게 일종의 참고가 되는 작업을 하겠다고 마음을 먹지만 대체로 자신을 미화하고 잘못을 감추게 되는 것이 인간이 갖는 본성이다. 사실대로 적겠다고 해도 자기가 기억하는 사실과 상대편에서 기억하는 사실이 일치하지 않는 것이 일반적이다. 김재영 선생은 정치인도 아니고 우리 사회가 모두 알고 있는 분도 아니다. 회고록에 자신의 모습을 미화하여 담을 이유가 없었을 것이다. 그러니 사실을 사실대로 소박하게 기록했을 가능성이 크다. 이런 소박한 기록이 오히려 의미 있는 경우가 많다.

필자 부부와 딸이 유럽에서 단체 크루즈 여행 후 귀국 비행기 안의 풍경도 소박하다. 그룹에 참여했던 다른 사람들은 비행기의 비즈니스 좌석을 탔지만 세 사람은 그들이 앉은 자리를 지나 이코노미 석으로 가서 앉았다. 그때 일종의 자괴감이란 것은 충분히 짐작이 된다. 부인과 따님에게 얼마나 민망했을까? 여기서 필자는 "인생을 남과 비교하지 말라"고 했다. 진실되고 소박한 자서전이나 회고록은 독자에게 감동을 줄 수도 있고 특정 분야에 쌓은 경험은 좋은 참고 자료가 되기도 한다.

필자는 원주·과천·포항의 시장을 지내는 등 내무부(현 행정안전부)에서 공직 기간의 대부분을 보냈다. 공직 생활 중에는 언제나 "나의 주인이 특정인이 아니고 국민이라는 것이었다"고 썼듯이 국민의 관점에서 일을 했다. 사실 고민 없이 국민을 위해 일했다는 것은 행복한 일일 것이다. 책을 통해 보면 그는 이해관계자의 충돌과정에 직접 뛰어들어 피하지 않고 강단 있게 문제를 해결하려고 했다. 필자가 공직 생활을 했던 시기의 대부분은 산업화라는 이름으로 불리는 기간이었고, 그의 마지막 몇 년은 민주화 기간이었기 때문에 그가 젊음을 바쳐 치열하게 일했던 기간은 산업화 기간이었다.

따라서 산업발전 과정에서 한국의 지방행정을 포함한 행정이 어떻게 발전 진화해 왔는가를 직접 겪고 문제를 해결해 왔다고 봐야 한다. 수학여행의 목적지였던 설악산의 설악동 개발 과정, 그린벨트의 정책전개 과정, 지방교부세 배분의 전산화, 전자주민카드의 도입 시도와 좌절 등은 한국의 내무, 지방행정을 공부하는 사람들에게 중요한 자료가 될 것이다. 나는 박정희, 전두환, 노태우 대통령 아래서 TK 출신의 공직자가 어떤 생각을 했을까 알 수는 없다. 그러나 개인은 역사 속에서 자기가 서 있어야 할 때와 장소를 알고 그에 맞게 행동해야 한다. 사실 그것이 쉽지 않지만 필자는 그것을 알고 실천했다고 볼 수 있다.

필자가 이 책에서 공헌한 중요한 점의 하나는 기록의 중요성을 알려 준다는 것이다. 필자가 한탄하고 있지만 한국 고대사 연구의 부족 문제도 기록의 부재 때문이다. 현대사조차도 특정 사안에 대하여 의견이 갈리는 이유 중의 하나는 충분한 기록(국가적이든 개인적이든)이 부족하기 때문이다. 필자는 오래된 편지글, 이메일, 신문기사들을 모아서 회고록을 작성했다. 사람의 기억이란 한계가 있고 자신에게 유리한 것만을 기억하는 습성이 있다. 객관적인 기록을 남긴다면 그것 자체가 사회에 공헌하는 일이다.

필자가 시도했던 전자주민카드의 도입 좌절은 특히 여러 가지 생각을 갖게 한다. 주민등록증, 운전면허증, 의료보험카드 등 신분증과 기타 정보를 모아 전자주민카드를 만들겠다는 생각은 필자의 생각으로는 합리적인 것이었지만 반대에 직면하여 결국 실현시키지 못했다. 나는 필자의 아쉬움에도 공감하지만 반대자들의 견해도 일리가 있다고 본다. 개인의 삶에 국가가 얼마나 개입해야 하는가는 보수와 진보를 가르는 중요한 기준점이기도 하다.

대체로 보수는 개인의 자유와 책임을 강조하고 진보는 국가의 개입이 필요하다고 본다. 개인의 자유를 강조하는 서구사회에서는 주민등록증 같은 것은 보기가 힘들다. 나는 효율이란 이름 아래 개인에 대해 국가가 너무 많이 개입한다는 생각을 해왔고 독재시대를 겪어오면서 국가의 폭력이 얼마나 무서운 것인가에 대해서도 경험으로 배웠다. 그러나 코로나 사태는 국가와 개인에 대해서 다시 한번 정답이 없다는 사실을 알려주었다.

이 책의 뒷부분을 읽으면서 어느 경우에는 나를 보는 것 같이 재미있었다. 필자가 무협 소설을 좋아했다는 대목은 특히 공감이 되었다. 그가 처음 김광주 선생(소설가 김훈 씨의 선친)의 무협지로 무협의 세계에 입문했다 했는데 나도 마찬가지였다. 13살 소년에게 신비한 무협의 세계를 알게 해준 작품이었다. 그리고 김용의 《사조영웅전》이 1980년대 후반에 번역되어 나왔고 무협의 세계는 심오하게 펼쳐지기 시작했다.

국내 작가들의 무협소설 등이 대본소용으로 많이 나와서 나도 몇 번 읽기를 시도했지만 형편없는 스토리, 문장 등에 의해 필자처럼 다시 찾지 않게 되었다. 필자의 취미생활에서 오랜만에 듣는 사람들의 이름도 반갑다. 영화 '셰인'에서 알란 라드가 떠나갈 때 어린 꼬마가 "Come Back" 하고 외치는 장면은 나만 감동한 것이 아니었고, '초대받지 않은 손님'에서 스펜서 트레이시와 캐서린 헵번을 나만 좋아한 것이 아니었다. 나는 캐서린 헵번을 특히 좋아했다.

책을 통해 보면 필자는 합리적 보수주의자이다. 스스로 보수 꼴통으로 표현하고 있고 보수적인 입장에서 한국 사회를 보고 있는 것으로 보인다. 정치적 이념은 사실 선천적인 것보다 환경적인 것에 더 영향을 받는다고 본다. 우리나라에서 지역 간 표심이 달라지는 것은 지역감정 때문이라고 하는데 나는 그렇게 보지 않는다. 환경적 요인에 의해서 상대적으로 보수주의자가 되고 또 상대적으로 진보주의자가 된 결과라고 보는 것이다.

필자는 환경적으로 보수주의자가 될 운명이었다. 먼저 그가 경북고 출신이라는 점이다. 필자가 경북고를 나오고 관계에 투신함으로써 그는 자연히 TK의 그늘 속에서 살게 되었을 것이다. 내무부의 TK 출신들 모임인 낙동회의 회장을 지냈다고 서술했는데, 그가 TK와 깊이 관계를 맺었을 것으로 보인다. 또한 내무부라는 공직 환경 역시 그를 보수주의자로 만들었을 것이다.

평생을 내무공무원으로 지낸 분이기 때문에 안전과 안정이 삶이나 공직의 철학으로 스며들었을 것이니 당연히 이해할 만하다. 그래서 책 여기저기에 사용하는 단어들이 보수주의자임을 보여 주고 있다. 가장 대표적 사례는 가훈 "남자는 남자답게 여자는 여자답게"에서 발견된다. 물론 탄허 스님이 준 다른 가훈을 갖고 있다지만. 그러나 그의 보수는 합리적인 보수이다. TK의 일원이었음에도 불구하고 인사 문제 등에서 공정함을 유지하려 애썼고 인사상 불이익을 받았을 호남 사람들에 대한 이해도 하고 있었다. 개인의 이익보다는 DJ에 대한 평가나 햇볕정책에 대한 평가 역시 합리적이다. DJ의 공을 정권교체에 둔 것 자체 역시 높은 한국 사회에 대한 깊은 인식과 높은 역사적 안목을 보이는 것이다. 그는 태극기 부대가 성조기를 드는 것에 공감하지 못하고 있기도 하다.

동시에 그는 따뜻한 보수주의자다. 보수의 가장 중요한 점은 따뜻함이어야 한다. 정책을 변경하거나 새로 도입할 때 직면하는 이해관계자들 간의 충돌 속에서 가능하면 약자의 입장에 섰다. 그가 지방의 목민관으로 활동하는 가운데 도입한 정책의 변화 속에서 그는 늘 약자를 먼저 고려하고 낮은 곳에 서 있으려 했다. 설악동 개발과정에서 시민 대표로 상대역을 맡았던 사람을 나중에 찾아보고 그가 삼청교육대에 끌려가서 고초를 겪고 세상을 떠났다는 사실에 가슴 아파한다.

필자는 또 자신의 위치를 자랑하지 않았다. 포항 시장으로 근무하면서 혼자 지낼 때 시장통의 함바식당 아줌마에게 신분을 밝히지 않고 소찬을 즐긴 것은 그가 얼마나 낮은 곳에 임했던가를 알려준다. 지적공사 사장으로 재직할 때 임금을 대폭 인상했는데 인상률은 노조가 요구한 규모의 2배 이상이었다. 나는 이 말을 몇 년 전에 초등학교 4학년 때 짝꿍(50년 만에 만났다)에게 들은 바 있었고 그때도 감탄했던 기억이 있다.

《흐르는 강물처럼》은 또한 필자가 매우 지적인 사람임을 나타내준다. 원주에서 만난 장일순 선생, 박경리 선생 등을 비롯하여 이념과 관계없이 많은 지식인을 만나고 가르침을 청했다. 그리고 많은 책을 읽었다. 박경리 선생의 《토지》와 조세희 선생의 《난쟁이가 쏘아올린 작은 공》은 그러한 예였다. 이러한 그의 독서와 사고는 그가 세상과 역사 그리고 공직을 보는 관점을 정립시키는 데 도움이 되었을 것이다.

물론 이 책의 한계도 있다. 30년 공직생활에 반드시 겪었을 조직이나 인간관계의 문제들에 대해서는 거의 다루지 않았다. 아마도 세상사에 끼어들어 마음을 번잡하게 하지 않는 것이 나이 들어가는 사람의 지혜라고 생각하여 숙고 끝에 다루지 않았을 것이다. 또 일부 기간의 기록도 빠져 있다. 예컨대 내무부 공보관으로 10개월을 근무했는데 거의 기록이 없다. 언론의 자유가 없던 시절과 언론의 자유가 과도한 오늘날의 비교를 할 수 없었을까? 필자가 고심하여 현재의 책 모양으로 만들었다고 생각할 수밖에 없다.

필자의 책은 지방자치제가 실시되었지만 언제나 이해 충돌이 존재하는 지방행정에 큰 참고가 될 것으로 보인다. 그렇다고 필자의 생각에 내가 모두 동의하는 것은 아니다. 필자가 깊이 다루지 않았지만 몇 개의 정책에 대해서는 다소 부정적으로 생각하는 것 같다. 탈 원전, 공수처, 문재인 정부의 성격 등이 그러한 예라고 할 수 있다. 필자가 깊이 논의를 하지 않았기 때문에 나도 깊이 이야기할 바는 못 된다. 또 나와 생각이 다르다고 해서 큰일이 있는 것도 아니다. 세상에 생각이 모두 같은 사람만 산다면 그게 무슨 재미가 있겠는가?